MIESZKO WNUK MIESZKA

ZENON GOŁASZEWSKI

MIESZKO WNUK MIESZKA

wimana

Projekt okładki
Ewelina Sygut

Redakcja i korekta
Alicja Pawluk-Gołaszewska

Zrealizowano ze środków Miasta Gdańska
w ramach Stypendium Kulturalnego Miasta Gdańska

GDAŃSK
Mecenat Miasta

Wydanie I. Gdańsk 2015
ISBN 978-83-943149-5-8

Wydawnictwo WIMANA
ul. Żabi Kruk 9/11
80-822 Gdańsk
redakcja.wimana@wp.pl
www.wimana.pl

Druk i oprawa
Drukarnia Cyfrowa
OSDW Azymut Sp. z o.o.
ul. Senatorska 31
93–192 Łódź

W hołdzie naszym Przodkom

ROZDZIAŁ I
KLASZTOR NAD MOZĄ (1009 r.)

Za drzwi celi klasztoru w Maastricht dobiegał szczęk oręża. Przechodzący korytarzem mnisi, uśmiechając się drwiąco, wymienili ze sobą porozumiewawcze spojrzenia; nie zatrzymując się przeszli obok. W sklepionej celi, oświetlonej niewielkim i otwartym na oścież oknem, zmagali się na miecze dwaj młodzi ludzie. W koszulach z podkasanymi rękawami i w tonsurach sprawiali groteskowe wrażenie. Na oparciu ławy wisiały niedbale przewieszone habity. O dziwo, obaj – dobrze zbudowani i gibcy – na przekór swemu powołaniu byli znakomicie obeznani ze sztuką fechtunku. Strzegli zasad menzury – dystansu dzielącego walczących – wykonywali zwinne piwoty, którym towarzyszyły nieoczekiwane uderzenia i zręczne sparowania. Naraz wyprowadzone z łokcia krótkie cięcie niższego z nich wytrąciło przeciwnikowi broń z ręki.

– Poddaję się, Lambercie – pokonany zaśmiał się rozbrajająco. – Jeszcze trochę a będę zmuszony przyjąć na siebie rolę kukły do okładania. – Schylił się, by podnieść z posadzki miecz.

– Wicie, nie umniejszaj sobie chwały. Schowajmy jednak miecze i nałóżmy na powrót toto – Lambert skrzywił się – bo zdaje się, że cierpliwość naszego przeora jest na wyczerpaniu, mimo że broń nadaje się jedynie do robienia guzów.

– Byłaby na wyczerpaniu, gdyby nie hojne podarki twego ojca i twej siostry Regelindy – Wit uśmiechnął się znacząco.

– Dopóki przeor nie przekona się, że ojciec i siostra są hojni bynajmniej nie z powodu tego, co tu uprawiamy.

– Ee tam. Margrabina znana jest z poczucia humoru. W całej Miśni zwą ją „śmiejącą się Polką". Słysząc o tym, na pewno by przyklasnęła. Tym bardziej że nie jest rada z decyzji waszego ojca względem ciebie.

Schowali broń do kufra. Nałożyli habity. Lambert rozprostował ręce i się przeciągnął; podszedł do okna. Spojrzał na położoną poniżej wzgórza osadę, potem przeniósł wzrok na starożytny kamienny most przerzucony przez Mozę, zbudowany jeszcze przez Rzymian w okresie panowania Oktawiana Augusta. To on, zwany „Przeprawa przez Mozę", nadał nazwę miejscowości. Popadł w przygnębienie. Wit, stanąwszy z boku, dostrzegł tę zmianę na obliczu przyjaciela; pojął. Podszedł do niego, położył mu dłoń na ramieniu. – Nie upadaj na duchu. Mam przeczucie, że los przewidział nam inną rolę od tej tu – uniósł skraj habitu. – Nie trać nadziei!

Lambert westchnął nieprzekonany; przysunął się bliżej okna. Na moście pojawił się orszak bogato przybranych jeźdźców. – Wicie, zbliż się. Popatrz. Jacyś możni w otoczeniu wojów. Jakże zazdroszczę choćby temu ostatniemu z ich szeregu!

Wit powiódł wzrokiem za ręką przyjaciela. Patrzyli w milczeniu.

– Ciekawe co ich sprowadza do tej dziury? – Wit zmrużył oczy. – Na Bogów! – wykrzyknął naraz. – Przypatrz się uważnie. Toż to barwy margrabiego Miśni. Ani chybi! Są od twego szwagra Hermana lub Regelindy, a pewnie od obu.

Lambert wytężył wzrok. – Masz rację – orzekł po chwili. – I kierują się w naszą stronę. O co chodzi?! Tak bez zapowiedzi?...

– Zmykam. Niezadługo wstąpią do ciebie albo cię przywołają. Nic tu po mnie. – Wit ponownie poklepał przyjaciela po ramieniu i szybko wyszedł.

Lambert poprawił ubiór. Usiadł w kącie za małym pulpitem do czytania; wyciągnął pierwszy z brzegu wolumin. Minęło sporo czasu, gdy wreszcie zapukano i uchyliły się drzwi. Udał zagłębionego w lekturze. Odwrócił wolno głowę w stronę wchodzących; wstał. Chciał sprawiać wrażenie zaskoczonego, tymczasem autentycznie się zdumiał. Przeorowi towarzyszyli znani mu dworzanie siostry, ale też... wierny dworzanin i poseł jego ojca, Stoigniew! Tego z byle czym nie wysyłano. Pozdrowili go. Zaprosił ich szerokim gestem.

Weszli do środka. Stoigniew wysunął się naprzód i głęboko ukłonił: – Panie, przywożę wiadomość od mojego władcy a twojego ojca. – Sięgnął ręką w głąb wytwornej kalety. Wyciągnął pismo, podał Lambertowi, ukłonił się ponownie i wycofał.

Lambert spojrzał na pieczęć: ojcowska. Złamał ją. Podniecony rozprostował list. Napisano go starannymi łacińskimi literami, chociaż w języku słowiańskim. Nie był długi. Przebiegł oczami tych kilka linijek:

Synu,

Proszę Cię i nakazuję: opuść wraz z moimi posłańcami klasztor i czym

KLASZTOR NAD MOZĄ (1009 r.)

prędzej przybądź na dwór w Krakowie. Zawierz tym, którzy przybędą po Ciebie.
Droga obmyślona, bezpieczna.
Oczekuję Twojego powrotu. Rzecz wagi państwowej.

Wielki Książę Polski Bolesław, Twój ojciec

Poniżej znajdował się dopisek:
Władzom klasztornym mów, że zaprasza Cię Herman, bowiem spodziewa się
odwiedzin Twojej Matki w związku z przyznaniem mu przez króla Henryka tytułu
margrabi miśnieńskiej marchii.

– Dostojni panowie – odezwał się przeor, gdy Lambert podniósł na nich
oczy. – Wydałem dyspozycję co do pozostałych członków pocztu, są już rozlo-
kowywani. Wam też bracia zakonni wskażą cele, gdzie będziecie mogli spocząć
i przebrać się do posiłku. Jego czas obwieści dzwon. Proszę, byście udali się
wówczas na wyższe piętro. Tam, w końcu korytarza, znajduje się refektarz dla
gości. Posilając się po podróży, będziecie mogli i nam przedstawić cel waszej
wizyty. Ciebie, bracie Lambercie, oczywiście również zapraszam.

Przystosowane do poufnych rozmów pomieszczenie było niewielkie. Gdy
służba zakonna sprawiła się z wniesieniem obiadu, przeor dał znak, by opuściła
salkę. W towarzystwie gości pozostał przeor, jego zastępca oraz brat Lambert.
Posłowie margrabiny oraz Stoigniew wręczyli bogate upominki. Następnie,
po krótkiej modlitwie i zaproszeniu do spożywania pokarmu, przystąpiono do
oficjalnego wyłuszczania celu podróży. By rzecz uprawdopodobnić, mówili
przedstawiciele Regelindy; mówili przekonująco. Lambert, słuchając ich, rzucał uważne spojrzenia na przełożonych. Ci jednak, świadomi łask, jakimi ostatnio cieszył się mąż margrabiny u króla, połechtani nadto darami, zdawali się
wierzyć. Po kilku zdawkowych pytaniach przyzwolono na wyjazd cennego dla
zakonu mnicha.

Większą trudność sprawiła nieoczekiwana prośba Lamberta, by w tej
podróży towarzyszył im brat Wit.

– Łaskawi ojcowie – tłumaczył. – Wiemy przecież, że brata Wita, z urodzenia Redara[1], wychowujecie, by wysłać z misją do jego pobratymców tkwią-

---

1 Redarowie – główne i najbardziej wojownicze plemię wchodzące w skład Związku
Wieleckiego – Słowian północnych, zamieszkujących między dolną Odrą a Łabą. Ich
głównym grodem była Radogoszcz, centrum kultu Swarożyca.

cych w głębokim pogaństwie. Podróż przy moim boku przyniesie mu i naszemu klasztorowi dwojakie korzyści...

– To znaczy jakie? – przeor spytał wątpiąco.

– Po pierwsze, na dworze Regelindy służy kilku nawróconych Wieletów. Rozmowa Wita z nimi może stanowić ciekawe doświadczenie i dostarczyć mu odpowiednich wskazówek. A po drugie... – zawiesił głos, licząc w duchu, że ten argument przełamie opór – nie omieszkam prosić mą matkę, by wraz z ojcem wsparli w przyszłości jego misję. Wiecie przecież, wielebni ojcowie, że książę Bolesław nie skąpi na takie cele. Dobrze wyposażył biskupa Wojciecha. Po śmierci wykupił jego ciało za wagę złota. Teraz hojnie wspiera Brunona z Kwerfurtu w jego misji do Jaćwingów, a wraz z moją siostrą, poślubioną Światopełkowi Rurykiewiczowi, na Ruś powędrował jej kapelan, biskup Kołobrzegu Reinbern. Jestem przekonany, że jeśli moi rodzice wesprą misję Wita, wówczas i nasz klasztor na tym zyska... Mając to na uwadze, starałem zbliżyć się do niego, by jeszcze bardziej krzesać w nim myśl o jego przyszłym posłannictwie.

– Dochodzą nas, dochodzą, bracie Lambercie, odgłosy tego krzesania, z którego iskry nie raz się sypią – odrzekł mu przeor uszczypliwie. – Szczęściem, że klasztor z kamienia, bo mógłby spłonąć od tej żarliwości.

Ojcowie półgłosem wymieniali ze sobą uwagi. Wreszcie przeor, z wyraźnym ociąganiem, wyraził zgodę. Postanowiono wyjechać nazajutrz po porannej mszy i śniadaniu.

Lamberta zwolniono z codziennych obowiązków, by mógł przygotować się do podróży. Otrzymał pozwolenie na przedstawienie swej propozycji bratu Witowi.

Wszyscy zaczęli się rozchodzić.

– Panie – do Lamberta podszedł Stoigniew. – Pozwól, byśmy dziś jeszcze mogli rozmówić się w cztery oczy...

– I ja tego pragnę, Stoigniewie.

Umówili się na wieczór, zaraz po nieszporach.

Lambert czym prędzej skierował swe kroki do skryptorium. Podszedł do pulpitu, gdzie pochylony Wit przycinał, a następnie liniował arkusze pergaminu.

– Zostaw to i chodź za mną – szepnął mu do ucha. Odsunął pergaminy i zmusił Wita do szybkiego wstania. Poprowadził go do wirydarza. Usiedli w końcu ogrodu na kamiennej ławie w cieniu starej jabłoni. Podał mu bez słów list od ojca. Obserwował oblicze przyjaciela: zapałało ono entuzjazmem i radością, po czym dołączył do tego nieumiejętnie skrywany smutek.

– Lambercie, jakże się cieszę. Mówiłem! Mówiłem, że czeka cię inny los. Bogowie wysłuchali mych modłów. Powodzenia. Mam nadzieję, że wspomnisz mnie czasem, a i na Polaków rodzimej wiary będziesz patrzył odtąd łaskawszym okiem.

– „Los przewidział nam inną rolę od tej". Tak powiedziałeś.

– Co tam ja. Jestem nikim. Kiedyś zresztą i tak stąd ucieknę. To ciebie bardziej strzegli.

– Ale jest ci smutno, prawda?

– I radośnie i smutno zarazem. No cóż, wszystkie rozstania z bliskimi i przyjaciółmi są takie.

– Mam ci zatem coś od siebie do zakomunikowania... Jedziesz z nami!

– Powtórz.

– Jedziesz z nami! – Lambert potrząsnął nim wesoło. – O ile, oczywiście, wyrazisz zgodę. Jeszcze raz mam powtórzyć?

Wit szeroko otworzył usta; milczał. Wreszcie wstał i zaczął powtarzać w kółko: – Nie może być, nie może być... – Zrobił kilka kroków, stanął za drzewem, tyłem do budynków klasztornych. Wzniósł dłonie ku niebu; modlił się dziękczynnie.

– Nie czas na takie gesty – skarcił go Lambert. – Jeszcze kto ujrzy ciebie w tej niechrześcijańskiej pozie i doniesie przeorowi.

– Ci, którzy ukazali drogę ratunku, nie uczynią ją ślepym zaułkiem.

– Nie przepadają jednak za nieroztropnymi. Prawdę mówiąc, sam nie mogę poskładać myśli z wrażenia. Kłębią się, a i wątpliwości nachodzą. Bo może to podstęp? To nie sztuka sfałszować pieczęć. Ojca też niegdyś zaprosili, mile gościli i żegnali, a potem? Potem zaczaili się, by go zabić. Cudem uniknął śmierci[2]. Regelindzie ufam, ale jej mężowi?... A sam ojciec? Jeśli to istotnie jego pismo, to po co właściwie mnie wzywa? Na pastwę swego pierworodnego? A może, by jak Wojciecha posłać do Prusów z nadzieją, że i mnie łeb ukręcą?

Wit stropił się: – Spróbuj dowiedzieć się czegoś więcej przed wyjazdem. A kto ci to pismo wręczył?

---

2 Henryk II, król Niemiec (późniejszy cesarz). Próbował dokonać zamachu na Bolesława Chrobrego, gdy ten w 1002 r. opuszczał Merseburg.

– Stoigniew. Zaufany ojca… No tak, więc nie może to być podstęp Niemców. Przestaję od tej nowiny myśleć logicznie. Umówiłem się z nim na rozmowę, to znaczy on mi to pierwszy zaproponował. Wypytam go o szczegóły. Wystarczy! – zakończył, zrywając się gwałtownie. – Wracajmy. Czas się pakować.

– A nie obawiasz się, że ci po drodze umknę i wrócę do swoich?

– Nie. A wiesz czemu?

– No, czemu?

– Bo sam ci w tym pomogę.

Spojrzeli po sobie i parsknęli stłumionym śmiechem. Przybrali poważne miny, spletli bogobojnie dłonie i ruszyli wolnym krokiem, każdy do swojej celi.

* * *

– Panie, nie ma tu aby podsłuchu? – Stoigniew z uwagą przyglądał się ścianom i posadzce pomieszczenia.

– Podsłuchu?

– Tak, panie. Wiedzą kim jesteś i jak znaczące osoby od czasu do czasu cię odwiedzają. A to nęci uszy, zwłaszcza tych na usługach króla Henryka. Potrafią zlecać wykonanie różnych kanalików w murach, które niby tuby potęgują głosy u ich zakończeń.

– Niee, nie sądzę. Lata spędzone tutaj sprawiły, że znam na pamięć każdy szczegół powierzchni. Poza tym… to jednak jest Lotaryngia. Usiądź – Lambert wskazał na siedziska obok niewielkiego stołu, na którym paliła się świeca umieszczona w cynowym lichtarzu, obok zaś stała butla z winem i dwa gliniane kubki.

Stoigniew jeszcze raz zlustrował pomieszczenie, po czym usiadł na wskazanym miejscu. Lambert rozlał wino do kubków: – Wolałbym sycony miód – uśmiechnął się. – Więc co masz mi do powiedzenia, że wymaga to aż takich ostrożności?

– Już sam list daje ci odpowiedź – Stoigniew zaczął, zniżając głos. – Nie moja rzecz wtrącać nosa w sprawy rodzinne mojego pana… Ale nie ukrywam, uczułem ulgę, gdy przed laty oddalił poprzednią żonę, tę Węgierkę. Niestety, ma z nią syna, pierworodnego syna, podkreślam. Twój ojciec, gdy po śmierci Mieszka przejął rządy nad Polską, głosił wyższość pierworodnego nad innymi dziećmi, co miało usprawiedliwić w oczach postronnych wygnanie macochy i swych przyrodnich braci. Potem należało być konsekwentnym. Lecz Bezprym idzie w ślady matki, ma taki charakterek, że wszystkim zalazł za skórę...

– Jaki Bezprym, nie rozumiem?

– Aaa, no tak. Przecież, panie, nie wiesz. Otóż twój brat Weszprym tak dojadł naszemu władcy, że teraz jego wysłał do klasztoru, równie odległego, bo koło Rawenny w Italii. Książę Bolesław, po ostrej z nim rozmowie, w gniewie, przezwał go Bezprymem i tak nakazał na niego wołać. Już wcześniej bolał nad tym, że jesteś tutaj, syn jedynej szczerze kochanej przez niego kobiety, twojej matki. Nie mógł się pogodzić z myślą, że miałby po nim zasiąść na tronie potomek tej, której nie cierpiał. Uznał w końcu, że na tyle zdobył mir wśród rycerstwa i dostojników, iż może obecnie pozwolić sobie odsunąć Bezpryma na twą korzyść, panie. Zgadujesz teraz, co mam na myśli?

– Jestem zaskoczony. Zgaduję, że mnie, na odmianę, chce widzieć swym następcą? I mogę zdjąć ten strój – wskazał na habit – który się nijak ma do mojej postury i usposobienia?

– Twój ojciec nie widzi straty w tym, żeś tu spędził kilka lat. Dzisiaj, by rządzić tak rozległym krajem jak nasz, nie wystarczy silne ramię. Współczesny władca powinien mieć światły umysł, a zatem młodość poświęcić nauce. Co zaś do samego stroju – Stoigniew uśmiechnął się – to dla bezpieczeństwa się z nim nie rozstaniesz. Przynajmniej do czasu aż znajdziemy się na terenie Łużyc.

– A, właśnie, co do bezpieczeństwa – Lambert poruszył się niespokojnie. – Jakie mamy gwarancje, że dotrzemy bezpiecznie do kraju? Przecież ojciec jest w stanie wojny z królem Niemiec. Hermanowi, mojemu szwagrowi, też po tym, co uczynił Guncelinowi, nie ufam.

– Za Hermana, panie, poręcza twoja siostra, jego małżonka. Ale twój ojciec również, bo wywiad mamy dobry. Z Guncelinem inaczej przedstawia się sprawa, niż początkowo myśleliśmy. To zwykły zatarg rodowy. Herman nie oddał stryjowi Strzały, grodu nad Łabą. Guncelin w odwecie spalił mu jakąś osadę. Ten z kolei w zemście wraz ze swym bratem Ekkehardem spalili jego zamek, ograbiwszy przedtem znajdujący się tam skarbiec stryja. Dowiedział się o tym król Henryk, zatarł ręce i wykorzystał sytuację, by pozbyć się swego wroga. Jego ludzie zaczęli rozgłaszać wokół, że bracia postąpili tak wobec Guncelina, bowiem dowiedzieli się o jego zdradzie na rzecz naszego księcia Bolesława. Król odebrał na tej podstawie Guncelinowi Miśnię i osadził go w więzieniu, zaś margrabią miśnieńskim mianował Hermana. Szwagier twój zatem zyskał i jest za to – czemu nie ma się co dziwić – wdzięczny Henrykowi. W istocie nadal ma z nami dobre stosunki, a dla tamtejszych Słowian jest nawet lepszy od stryja. Ledwie uzyskał tytuł, udzielił wielu nadań słowiańskim wojom, a ludności obniżył daniny. Zresztą, przez wzgląd na Regelindę, na jego dworze przebywa też sporo Polaków. Ale to nie ma w naszej sprawie znaczenia... On o niczym nie wie! Zrobimy mu dowcip.

Lambert uniósł brwi: – Dowcip? Nie wie?! No to się pogubiłem w twoich wywodach.

Stoigniew nachylił się ku Lambertowi i zaczął szeptać: – Należy mu się, mimo wszystko, jakiś pstryczek w nosa. Nie wiem czy się zorientowałeś, panie, lecz posłowie i towarzyszący im zbrojni to dwaj Polacy z dworu Regelindy, pozostali zaś to miśnieńscy Słowianie. Już wcześniej zamierzali udać się na nasz dwór, by służyć Bolesławowi. Podarki, niby od nich, są od naszego księcia. Gdy wyruszymy, wszystkim, którzy będą nas wypytywać, wytłumaczymy, że wracamy z klasztoru w Maastricht, gdzie – zgodnie z prawdą – udzieliliśmy zakonnikom wsparcia i udajemy się teraz wprost do Miśni. A ty, panie, wraz ze swym towarzyszem, tym całym Witem, jedziecie z nami, by pokłonić się Hermanowi i podziękować mu za szczodrobliwość. Jednak w stosownym czasie skręcimy na Łużyce. W oznaczonym miejscu będą na nas czekać godni zaufania przewodnicy, którzy wskażą bezpieczny bród przez Łabę. Gdy ją przekroczymy, skierujemy się na Niemczę.

– Nieźle, nieźle to obmyśleliście – Lambertowi poprawił się humor.

– A teraz, panie, ja mam pytanie, które zaprząta mi głowę.

– Słucham.

– Kimże, na Boga, jest ten mnich Wit? Wiesz przecież, że ci pogańscy Wieleci sprzymierzyli się z królem Henrykiem. Może nas zdradzić w trakcie podróży.

– Wieleci mieli swoje powody i nie za wszystko ich winię. Wita zaś jestem pewien. Sasi zamordowali mu ojca, a jego porwali i umieścili w klasztorze, licząc, że zapomni o rodzinie i kiedyś stanie się misjonarzem. Ojca zamordowali dlatego, że mocno obstawał za zerwaniem z Niemcami. Wit nosi jednak w sercu urazę i poprzysiągł zemstę. W sposobnej chwili miał zamiar stąd uciec. Dobrze się zatem składa – w Łużycach dopilnujemy, by bezpiecznie przepłynął Szprewę i wrócił do swoich. Otrzyma ode mnie pismo do starszyzny wieleckiej z zaproszeniem do rozmów. Mam nadzieję, że ojciec w obecnej sytuacji nie zgani mnie za to, a raczej uzna, że to dobry pomysł.

– Kiedy tak, to się uspokoiłem.

Stoigniew dał się odprowadzić do miejsca swego noclegu. Lambert, wracając, zaskrobał do celi Wita, by podzielić się z nim kolejnymi nowinami. Obaj całą noc nie zmrużyli oczu. Wit rozmyślał jak przyjmą go rodacy, niezbyt zachwyceni postawą jego ojca. Lambert wspominał szczęśliwe dzieciństwo i późniejszy dramat, gdy usłyszał z ust surowego rodzica, że musi opuścić jego, matkę, dwór, pożegnać swoich rówieśników i udać się daleko nad Mozę, aby stać się jednym z mnichów, których niezbyt sobie cenił. To był cios, głęboka rana, która się nie zabliźniła. Czy kiedykolwiek się zabliźni?

Wstawał świt.

ROZDZIAŁ II
POWRÓT (1009 r.)

Piękny, prawda? – Stoigniew klepał po łbie karego konia. – To dla ciebie, panie. Dar twojego ojca.

– Piękny. Dawno nie dosiadałem wierzchowca. Aż się lękam, czy na takim ognistym rumaku się utrzymam.

– Toteż nie od razu go dosiądziesz – uśmiechnął się Stoigniew. – Do Łużyc będzie nam towarzyszył jako luzak. Czasem, gdy przyjdzie spocząć na jakiejś polanie z dala od ludzkich oczu, będziesz mógł się z nim oswajać, a on z tobą. Nie kuśmy losu. Wraz z Witem wyruszycie na niepozornych wałachach.

Pachołkowie oznajmili gotowość do drogi. Nastąpiło pożegnanie z przyglądającymi się przygotowaniom mnichami. Ruszono. Przeor uczynił znak krzyża za odjeżdżającymi.

– Lambercie? – Wit odezwał się do jadącego przy nim towarzysza. – A właściwie miłościwy panie, jak zwraca się do ciebie otoczenie… Mam pytanie.

– Jesteś i będziesz mi przyjacielem bez względu jak potoczy się życie nas obu. Nadal zwracaj się do mnie po imieniu. Ale nie przywołuj już więcej zakonnego imienia „Lambert". Mam swoje, nadane mi przez rodzica na cześć mojego dziada.

– A zatem Mieszko?

Potaknął.

– Skoro tak, to ty również zwij mnie imieniem, jakie nadał mi ojciec. Jestem Czębor.

Uśmiechnęli się do siebie.

– Ale chciałeś mnie o coś zapytać? Słucham.

– Raczej podzielić się wątpliwościami – odrzekł Czębor, poważniejąc. – Gdyśmy szykowali się do odjazdu, zerkałem na brata Hansa – drwiąco zaakcentował słowo „brata". – On też na nas zerkał. Ale jak! W tym wzroku nie dało się ukryć nieufności. Nie jest on tak naiwny, jak zaślepiony darami przeor, by nabrać się na bajeczkę, że w stanie wojny Bolesław pozwoli żonie udać się do Miśni. Bez urazy, ale mógłby twój *pater* znaleźć lepszy argument. Jestem pewien, że jeszcze dzisiaj pogna do kwatery króla Henryka.

– Też mi się ten argument nie zdał sensowny. Stoigniew tłumaczył ojca, że dopisek podyktował *ad hoc*, gdy był pochłonięty niezbyt miłymi wiadomościami, które mu przedstawiali jacyś wysłannicy. Masz rację. Ten kolejny mnich bez powołania – zaśmiał się sarkastycznie – pewnie już przygotowuje się do wyjazdu. Co robić?

– Myślałem o tym. Najchętniej wziąłbym ze sobą jednego z wojów, zawrócił i zaczaił się na trakcie, bo obaj wiemy, jaki kierunek obierze.

– Hm... Porozmawiam ze Stoigniewem.

Mieszko przesunął się na czoło pocztu.

Stoigniew wysłuchał go z uwagą. Tarł czoło w zafrasowaniu. – Tak źle, tak niedobrze...

– Czemu?

– Wiem, panie. Darzysz go zaufaniem. Mnie natomiast zaufaniem darzy książę Bolesław. Powierzył mi odpowiedzialne zadanie, bym przywiózł cię do Krakowa całego i zdrowego. A jeśli ten Wit, czyli teraz Czębor, służy jednak w podobnym charakterze jak Hans? Jeśli nas zdradzi?

– Mam do niego zaufanie. Ale nawet gdyby twoje założenie było słuszne, to co za różnica, czy zdradzi nas jeden czy dwóch? Bo jak mówi Czębor – kto da się, oprócz przeora, nabrać na wizytę mej matki w Miśni? Pierwszy drogą dedukcji, drugi z naszych ust – obaj wiedzą, że kierujemy się na Łużyce. Moja rada jest taka: wysłać go, jak prosił – z wojem – by dorwał tego szpicla. Towarzysz zda nam relację, czy zachował się lojalnie. Stoigniewie, decyzja musi być natychmiastowa!

– Zda relację, o ile wróci żywy. Ale cóż, podzielam wasze obawy. Woja mu jednak nie dam. Są zbyt dla nas cenni. Jeszcze wiele niespodzianek może kryć nasza podróż. Weźmie ze sobą dwóch pachołków. Jeden z nich... – zamyślił się – będzie nawet przydatniejszy od zbrojnego ramienia. Powinni wystarczyć. Przekaż mu też tę sakiewkę z pieniędzmi, może się przydać. I poinformuj, że czekamy w zajeździe w Kolonii. Łatwo trafi. Zajazd stoi u brzegu Renu, tuż przy przeprawie promowej.

W najbliższym lasku Czębora przebrano w prosty ubiór, nie odbiegający od okryć pachołków, tyle że podarowano mu pas z krótkim mieczem i sztyletem; przypiął go i ukrył pod narzuconym płaszczem. Podobnie uzbrojeni zostali pachołkowie. Rozdzielono się.

MIESZKO WNUK MIESZKA

* * *

W zajeździe w Kolonii panował gwar i ruch. Nic dziwnego, biegł tędy szlak handlowy, a wygodna przeprawa przez Ren w postaci dużych, płaskodennych promów cieszyła się popularnością. Na szczęście wtajemniczeni w sprawę ludzie Bolesława już wcześniej zajęli izby gościnne z góry je opłacając. By uniknąć zwracania na siebie uwagi i niepotrzebnych pytań, poczet Stoigniewa stołował się w osobnej jadalni, również zawczasu sowicie opłaconej. Gospodarz, widząc miśnieńskie barwy wojów, nie dostrzegał w tym czegoś nadzwyczajnego. Orszaki margrabiów nie były skore przesiadywać z kupcami czy pospolitować się z ludem.

Stoigniew, gdy tylko zasiedli do posiłku, naprzeciw Mieszka i siebie umieścił jakiegoś chłopca. Mieszko, nieco zdziwiony, chociaż widział go już wcześniej, przyjrzał mu się uważnie. „Syn Stoigniewa, czy co?". Kilkunastolatek był schludnie odziany, ze zdobnym mieczykiem u boku. Na szyi srebrny, misternie wykonany łańcuszek, zapewne uwieńczony medalikiem, który jednak ukryty był za jedwabną koszulą. Troskliwie zaczesane słomkowej barwy włosy opadały mu na ramiona, a nad oczami miał równą grzywkę. Oczy wpatrzone były w talerz z jadłem, jednak po ściągniętych brwiach znać było, że pozoruje spokój. Mieszko spojrzał pytająco.

– To syn kniazia wschodniego Mazowsza, Władywoja – Stoigniew przedstawił chłopca. – Niebezpieczna kraina. Otoczona przez Prusów, Jaćwingów i łakomie zerkające na ten zakątek Księstwo Kijowskie. Ojciec wysłał go na dwór Bolesława, by nabrał ogłady i wiedzy o najnowszej strategii wojskowej. Nasz książę uznał, że nauki te będzie nabywał pod twoim okiem, panie, bowiem zyskałeś w nim giermka... – Uśmiech zadrgał na jego ustach: – Od tej chwili.

– Witaj zatem, chłopcze – Mieszko odezwał się ciepło. – Mam nadzieję, że łącząc nasze siły poradzimy sobie z nowymi wyzwaniami. Jakże ci na imię i ile masz lat?

– Mojsław, panie. A lat skończyłem dwanaście – spojrzał ufnie na Mieszka i wypiął dumnie pierś.

– Ale nie rozumiem. Czemu go zabraliście w tę niebezpieczną misję?

– Uparł się – Stoigniew zaśmiał się pobłażliwie – że skoro ma być pańskim giermkiem, to od pierwszego dnia, gdy zdejmiesz habit.

– Skoro tak, to mogłeś czekać na mnie spokojnie przy granicy łużyckiej. Widzisz przecież, żem nadal w habicie.

– Dla mnie, panie, porzuciłeś go już w Maastricht.

– Ho, ho, widzę żeś nie w ciemię bity.

Wieczorem Stoigniew zaszedł do izby Mieszka, by omówić szczegóły dalszej trasy. Przy okazji dodał kilka znaczących słów o ojcu Mojsława. – Władywoj to dzielny kniaź. Dobrze strzeże naszych północno-wschodnich granic. I pewnie dlatego nasz pan łaskawie przymyka oko na jego wadę...

– Na jaką wadę?

– Jest zagorzałym poganinem, rodzimowiercą!

Mieszko, ku zdziwieniu Stoigniewa, wzruszył tylko ramionami. – No a Mojsław? – spytał. – Nie lęka się kniaź, że go na dworze łacinnicy przekabacą?

– Powiedział, że w tych kwestiach każdy powinien mieć wolność wyboru. Syn sam kiedyś zadecyduje kogo pragnie wielbić. Zastrzegł jednak, by go w tych sprawach do niczego nie zmuszać. Ale chłopiec jest bystry, wkrótce się przekona, że martwe bóstwa w obliczu Wszechmogącego są niczym.

Mieszko oczekiwał z niepokojem przybycia Czębora. Był go pewien, ale słowa Stoigniewa też robiły swoje. To go wprowadzało w stan rozdrażnienia; każda chwila zdawała się wiecznością. Spędzał czas za dyskretnie uchylonym okienkiem w swej izbie na piętrze. Miał stąd dobry widok na dziedziniec zajazdu. Pod koniec drugiego dnia, gdy zorza już utraciła swą purpurę i na niebie pojawiły się pierwsze gwiazdy, usłyszał stukot podków. Dojrzał sylwetki trzech jeźdźców prowadzących dodatkowego konia. Przystanęli, rozglądając się niepewnie. Czym prędzej nałożył kaptur i w kilku susach znalazł się na zewnątrz. Czębor poznał go po habicie. Podjechał ku niemu, zeskoczył z konia. Po uśmiechu było poznać, że wyprawa się powiodła. Pozostali też zeszli z koni.

W drzwiach zajazdu stanął właściciel, wycierając ręce w fartuch; patrzył na nowoprzybyłych.

Mieszko przytknął dyskretnie palec do ust; podszedł do gospodarza. – Moi panowie dobroczyńcy oczekują ich. Proszę zatroszczyć się o wierzchowce, ja wskażę im izbę.

– Tak uczynimy, świątobliwy bracie – gospodarz ukłonił się pobożnie. – Zaraz słudzy wprowadzą konie do stajni, oporządzą i dadzą obrok. – Gwizdnął znać w umówiony sposób, bo pojawiło się dwóch parobków i przcjęli uzdy z rąk przyjezdnych.

Mieszko poprowadził przybyłych; wskazał pachołkom ich izbę. Gdy znikli za drzwiami podał prawicę Cżęborowi. – Wierzyłem, głęboko wierzyłem w twą lojalność, chociaż pozostali mieli wątpliwości. Ale się nie dziw, jesteś w końcu Wieletem. Chodź, musimy iść do Stoigniewa, tam nam wszystko opowiesz. Ale widzę po twej gębie, że wracasz z pomyślną wieścią?

Stoigniew rozlał do kubków miód. Przypili do siebie.

– Wreszcie napój, którego łaknie słowiańskie podniebienie – Cżębor cmokał z zachwytu. Odstawił kubek, otarł usta. – No więc – zaczął – tak jak przewidzieliśmy. Wyjechał na jakiejś dychawicznej klasztornej szkapie. Mieliśmy trudności, żeby się za nim wlec: by nas nie zauważył, a z kolei ludzie, których mijaliśmy, nie wzięli nas za jakichś dziwaków, co każą koniom stawiać nogi w miejscu. Mało jednak brakowało, a czmychnąłby. Zajechał do niewielkiej gospody. Czekaliśmy na niego nieopodal, ukryci w kępie krzewów. Szkapina stoi uwiązana u płotu, jego nie ma. Kręciło się trochę ludzi. Patrzyliśmy gapowato jak z gospody wyszedł samotny woj z tęgim mieczem u pasa, w kaftanie i skórzniach. Przyprowadzono mu rosłego, okulbaczonego wierzchowca. Wskoczył i ruszył z kopyta tak ostro, że w jednej chwili nas olśniło. Tym bardziej że ten, co mu przyprowadził konia, teraz na odmianę odwiązał i zaprowadził do stajni tę szkapinę. Dobrodziejstwem losu okazał się jeden z tych, których mi powierzyliście, Zadar. To niesłychany tropiciel. Przyjrzał się śladom kopyt pozostawionych przez nowego konia Hansa i nie zgubił już tropu, niczym pies myśliwski. Całe szczęście, bo Hans chciał być na swój sposób przezorny i kilka staj za gospodą skręcił w leśną ścieżynę. Tu Zadar ukazał swój kunszt! Ślady były świeże, to akurat każdy widział, ale żeby orzec kiedy koń przyspieszył, kiedy zwolnił, jaki dzieli nas dystans, czy wreszcie: baczność! szuka miejsca na odpoczynek – to już graniczy z cudem!

– Wiedziałeś, Stoigniewie, jakiego masz przy sobie człowieka? – spytał zadziwiony Mieszko.

– Tak – Stoigniew kiwnął głową; uśmiechnął się. – Dlatego wysłałem go z Cżęborem. Ale kontynuuj.

– Zaskoczyliśmy Hansa zupełnie. Siedział oparty o pień sosny i pogryzał pajdę chleba. Gdy mnie zobaczył i poznał, oniemiał i wybałuszył gały. W pierwszej chwili chciałem go wezwać na pojedynek, bo ostatecznie się przekonałem, że to nie mnich, ale pomyślałem: każda chwila jest zbyt cenna, by bawić się w rycerskość z takim zdrajcą.

– Czyli?... – dopytywał się Stoigniew.

Czębor przejechał dłonią po szyi. – „Za śmierć mego ojca" – to były ostanie słowa, jakie na tym świecie usłyszał. Ukryliśmy zwłoki w najgęstszych krzakach. Wziąłem tylko jego miecz, bo głownia wyjątkowo solidna. Zabraliśmy też ze sobą konia, inaczej pewnie by wrócił do gospody i rzecz mogłaby się wydać przed czasem. I tak oto jesteśmy – zakończył jakby nigdy nic, wymownie za to zaglądając do pustego kubka.

Stoigniew, spostrzegłszy ten gest, uzupełnił kubki do pełna. Po spotkaniu nie omieszkał jednak zajść do izby, gdzie szykowali się do snu Zadar z towarzyszem. Obaj, na przemian, relacjonowali przyciszonym głosem swą eskapadę. Potwierdzili Stoigniewowi słowa Czębora.

* * *

Podróżowali ostrożnie, unikali szerokich traktów. Mimo że nie oszczędzali koni i siebie, odległość do upragnionych Łużyc była duża. Szczęście, że późna wiosna zaznaczała swą obecność dłuższymi dniami i krótszymi ciemnościami nocy. Napięcie rosło po przekroczeniu Wezery. Im bliżej Łaby, tym więcej napotykali zbrojnych, tym uważniej się im przypatrywano, niekiedy wypytywano. Wreszcie, umęczeni, dotarli nad Soławę w pobliżu Nowogrodu, zwanego przez Niemców Nienburg. Tu, w umówionym miejscu, przejęli ich słowiańscy przewodnicy z podbitego przez Sasów plemienia Żytyców. Przekroczyli Soławę i niebawem znaleźli się w pobliżu Łaby. Szeroko rozlana z wiosennym przyborem, stanowiła granicę dzielącą ich od wolności. Ale jakże niebezpieczną granicę! Wojna króla Henryka z księciem Bolesławem uszczelniła ją z obu stron strażami, czujkami, wojskami.

Dzień przesiedzieli ukryci w szuwarach, wśród niedostępnych bagien. Tylko zamieszkujący te okolice Żytyczanie byli w stanie ich tu przyprowadzić i stąd wyprowadzić. Czekali poduszani unoszącymi się z mokradeł trującymi oparami. Czekali zmierzchu. Pochmurny dzień i czas nowiu zwiększał ich szanse. Przewodnicy dali znak. Już...

Sprawdzono, czy miecze gładko wychodzą z pochew; większość się przeżegnała. Czębor odszedł na bok, z dala od towarzyszy; zdjął habit, cisnął nim w błoto i zdeptał. Potem uniósł dłonie ku górze i szeptał modlitwę. Widział to jeden świadek – bystry, ciekawy wszystkiego chłopiec...

ROZDZIAŁ III
ZIEMIE OJCZYSTE (1009 r.)

półmroku wyciągnęli dobrze ukryte pod głęboką warstwą torfu dwie tratwy, złożone jedna na drugą. Zadar obejrzał dokładnie wszystko wokół. Żadnych świeżych śladów. Zręcznie przeciągnęli tratwy do wody, między sitowie. Umieścili na nich bagaże, na szczęście nie było ich wiele. Konie miały płynąć obok, trzymane za uzdy. Teraz czekali aż zmrok przemieni się w noc. Otulała ich coraz gęstsza mgła, pożądany sprzymierzeniec.

Wreszcie odbili od brzegu. Rzeka pozornie płynęła leniwie, lecz jej nurt był silny. Konie, przebierając w wodzie nogami, okazały się bardziej pomocą, aniżeli kłopotem, pracowały bowiem za wiosła. Spychani prądem płynęli długim skosem. Niestety, zbyt długim! Tego lękali się przewodnicy, bowiem tylko na określonej długości nie było wirów i to miejsce wybrali na spływ.

Naraz, gdzieś na wysokości środkowego nurtu, spanikował jeden z koni. Zarżał, szarpnął silnie łbem! Trzymający go za uzdę woj wyleciał w odmęt niczym z procy. Wszyscy, strwożeni, patrzyli bezradnie jak koń i ofiara jego lęku szybko oddalają się, niesieni prądem. Ciszę nocną zakłócił przeraźliwy kwik wierzchowca przechodzący w ryczenie. Zakręcił nimi wir – zniknęli. Po chwili wynurzyły się głowy zwierzęcia i człowieka. Jeszcze jeden oszalały ryk, towarzyszący mu krzyk tonącego i… ponownie nastała cisza.

– Kto to był? – Stoigniew spytał głucho.

– Damił, panie.

Konie zaczęły niespokojnie parskać i chrapać. Po niemieckiej stronie dało się słyszeć nawoływania. W oddali pojawił się ogień, słabo widoczny przez mgłę.

– Odkryli, że się przeprawiamy – odezwał się jeden z Żytyców. – Rozpalili ognisko, będą wypuszczać płonące strzały.

Przewodnik wiedział co mówi. Wkrótce powierzchnię wody rozświetliły strzały owinięte zapalonymi pakułami. Kilka z nich upadło z sykiem w wodę tuż przy tratwach.

22

– Tak nas widzą jak my ich – orzekł po chwili drugi z przewodników. – Mgła nas ratuje. Wątpię, by wypuścili się łodziami. Zresztą, już wyłania się z zamglenia nasz brzeg.

Zaniechano wypuszczania ognistych strzał. Natomiast od łużyckiej strony pojawili się ludzie z pochodniami, aby przyjąć dobijających do brzegu. Kilkunastu wojów pomagało wszystkim wysiąść; wyprowadzono z wody konie.

– Czekamy tu od kilku dni. Baliśmy się o was, panie – odezwał się dowódca oddziałku do Stoigniewa. – Kiedy usłyszeliśmy ten przeraźliwy krzyk konia, a potem płonące strzały, już wsiadaliśmy do łódek, by was ratować. Co się stało?

– Koń się spłoszył i pociągnął za sobą naszego człowieka. Utonęli.

Dowódca pilnie szukał oczami Mieszka. Poznał po habicie, a potem, w świetle pochodni, po twarzy, tak podobnej do jego matki, księżnej Emnildy. Podszedł, skłonił się nisko: – Książę, witamy na polskiej ziemi.

– I ja was witam – odpowiedział wzruszony Mieszko. Zdjął habit, zmiął go i wrzucił do Łaby. Wojowie popatrzyli po sobie; uśmiechnęli się w milczeniu.

Teraz przystąpili do Mieszka dwaj przewodnicy; przypadli mu do nóg.

– Czegóż żądacie? Zostaniecie hojnie nagrodzeni. Zasłużyliście.

– Panie, książę – podniósł na niego oczy ten, który prowadził ich tratwę, o imieniu Juro. – My tam – wskazał za Łabę – już nie mamy po co wracać. I dobrze. Prosimy pokornie, byś przyjął nas do służby. Sam, książę, widziałeś, że w niejednym możemy być przydatni. Prosimy. To będzie dla nas największa nagroda. Nie chcemy żyć pod Niemcem.

Patrzyli na niego błagalnie, wyczekująco.

Mieszkowi oczy zabłysły wesołością. – Czemu nie, skoro obwołaliście mnie księciem? Czas mi zatem tworzyć dwór i przybocznych. Wstańcie, przyjmuję was do służby. Czyli mam już... – popadał w dobry nastrój – was dwóch, tego oto giermka – spojrzał na Mojsława – no i tego tam, wkrótce mego rezydenta w kraju Wieletów. Mam też chętkę na piątego – wskazał na Zadara – tropiciela śladów, o ile Stoigniew w tak podniosłej chwili mi go daruje – zerknął na Stoigniewa uśmiechając się chytrze.

– W takim dniu jak najbardziej oddaję go tobie, panie, choć nie bez żalu.

– Zatem mam piątkę pod sobą. Nieźle jak na pierwszy krok w ojczystej ziemi. Wiecie bowiem, że Łużyce to przekazane nam, Piastom, ziemie dziedziczne mego dziada po kądzieli, Dobromira, i mej matki, prawda?

Potaknęli.

Oddalili się od rzeki; weszli na leśną polankę. Rozpalono ogień. Zagrzano dla zziębniętych miód pitny z jałowcem; krojono dziczyznę, łamano chleb. Gdy każdy uczuł sytość i ciepło w żyłach, Stoigniew przywołał dwóch sług. Szeptał im, wskazując na duży wór. Skinęli głowami. Po chwili postawili ów wór u stóp Mieszka. Odwiązali go. W środku znajdował się wykwintny ubiór oraz pozłacany i wysadzany kamieniami pas z mieczem, buty z ostrogami, błyszczący w świetle ogniska szłom, zwany coraz częściej z węgierska szyszakiem – do jego tulejki włożyli barwione purpurowo pióra. Gdy z ich pomocą przybrał się w to wszystko, z ust otaczających go wydobył się okrzyk zachwytu; przywitano Bolesławowego syna oklaskami.

Wstawał dzień. Szykowano się do dalszej podróży. Stoigniew doniósł jeszcze i osobiście nałożył Mieszkowi zdobną kolczugę mającą postać tuniki. Wskazał na karego rumaka, który już miał zmienioną uprząż i nałożone siodło. Mieszko zręcznie na niego wskoczył. – Mała zmiana planu! – zawołał. Uniósł dłoń i uciszył wszystkich. – Najpierw udamy się na północ, nad Szprewę. – Widząc zdziwione twarze, tłumaczył: – Oto Czębor, mój wierny przyjaciel i współtowarzysz niedoli, za jaką obaj uznaliśmy życie klasztorne. W chwilach zwątpienia pocieszał mnie, dodawał otuchy, wierzył głęboko, że przyjdzie taki dzień, jak obecny. Jest Redarem z urodzenia, ale podobnym swemu ojcu – pragnie pojednania i współpracy z Polakami, Słowianami jak oni. Te pragnienia stały się przyczyną jego tragedii – Sasi zamordowali mu ojca, a jego porwali i pod przymusem umieścili w klasztorze. Przyrzekłem mu powrót do jego ojczyzny i dotrzymam słowa. Ale i on dotrzyma, wierzę – przekaże starszyźnie w Radogoszczy pismo ode mnie, zapraszające do Polski na rozmowy.

Zmarszczone początkowo czoła po ostatnich słowach Mieszka się wypogodziły. Podchodzili do Czębora, podawali mu dłoń; poklepywano go po plecach, uśmiechano się przyjaźnie. Zadar opowiedział, jak wypuścili się w pogoń za Hansem. Rósł do niego szacunek. Ogromna radość i jakaś nieodgadniona duma okryła oblicze Mojsława.

Skierowano się na północ. Podążali tam, gdzie rzeka Szprewa na niewielkim odcinku oddziela Związek Wielecki od ziem Bolesława. Trzeciego dnia dotarli do małego, przygranicznego gródka. Po obiedzie większość udała się na krótki odpoczynek lub drzemkę do izb przydzielonych im w gościnnych chatach. Mieszko ze Stoigniewem układali pismo do starszyzny wieleckiej.

Czębor przechadzał się z dłońmi splecionymi do tyłu. Był zbyt podniecony, wolał spacerować.

Siedzący na ławie w podcieniu i niewidoczny Mojsław nie spuszczał z niego oczu. Gdy tamten zbliżył się do jego chaty, zawołał z cicha: – Częborze, przyjdź no tu – wskazał mu miejsce na ławie.

Czębor usłuchał. Usiadł obok niego. – Tak?

– Wiesz, kiedyśmy mieli przeprawiać się przez Łabę, widziałem ciebie.

– A to mi nowina. Wyobraź sobie, że ja ciebie również. Co masz na myśli?

– Widziałem jakżeś wdeptał w błoto habit, a potem oddałeś cześć Bogom.

Czębor spojrzał na niego z ukosa, zmarszczył czoło: – Jestem Wieletem, cóż ci do tego?

Mojsław rozejrzał się wokół; szybkim ruchem wyciągnął zza koszuli płaski krążek zawieszony na srebrnym łańcuszku: – A temu!

Czębor patrzył zdumiony, wreszcie wydusił: Swaszczyca, symbol Swarożyca! Skąd to masz?!

– Od ojca, a ojciec od dziada. Zgadujesz?

– Czyżbyś był?...

– Tak, Częborze. Obaj modlimy się do Swarożyca, obaj jesteśmy jego dziećmi, wyznawcami naszej rodzimej wiary, wiary naszych ojców i dziadów.

– Jakże to? I Bolesław przyjął cię na swój dwór? Poganina, jak to obelżywie na nas wołają? Toż on za samo nieprzestrzeganie postów każe wybijać przednie zęby!

– Nie wobec wszystkich tak postępuje. To dyplomata. Tak jak był nim jego ojciec. Chrześcijaństwo uważa za tarczę przed zakusami chrześcijańskich krajów, zwłaszcza Niemców.

– Marna to tarcza. Dobrze, że choć dłoń silna – zakpił Czębor. – Zobaczymy co mu pomoże, gdy dłoń zacznie się starzeć, słabnąć i drżeć. Ale powiedziałeś, że nie wobec wszystkich tak postępuje. Kim zatem jesteś, że tak się obnosisz ze swaszczycą?

– Po pierwsze się nie obnoszę – Mojsław na powrót schował krążek za koszulę. – A po drugie nie tyle ja coś znaczę, co mój ojciec, kniaź wschodniego Mazowsza po Wiznę, gród nad Narwią, w którym się urodziłem. Ojciec jest rodzimowiercą, podobnie jak jego poddani. Co najwyżej znajdzie się czasami jakiś słowiannik...

– Słowiannik? A któż to taki?

– Tak nazywamy chrześcijan, wyznawców Cyryla i Metodego, coś pośredniego między łacinnikami a grekami. Wszystko to sprawia, że dobrze układają się nasze stosunki z Prusami i Jaćwingami. Baczenie mieć tylko trzeba na Księstwo Kijowskie. Co się dzieje na Pomorzu Wschodnim czy Zachodnim, to pewnie wiesz – wracają do swoich Bogów. Wygnany z Kołobrzegu biskup Reinbern służy teraz na Rusi Piastównie. Ojciec mój wspiera Bolesława, bo ten zbiera słowiańskie ziemie w jedno, ale mówi, że kiedyś zrzucimy to jarzmo, próbujące więzić naszą słowiańską, miłującą swobodę duszę. Częborze, gdy dotrzesz do swoich pobratymców, przekaż im co ci powiedziałem.

Wzruszony Czębor wstał: – Powtórzę, Mojsławie – rzekł uroczyście. – Powtórzę też memu wujowi, który jest kapłanem Swarożyca.

– Naprawdę? – wzruszenie udzieliło się Mojsławowi; również wstał.

– Naprawdę. I jeszcze ci powiem coś na odchodne. Ale nie dziel się tym, póki co, z nikim.

– Słowo.

– Wujowi zawdzięczam swą niezachwianą wiarę w rodzimych Bogów. On też nauczał mnie o naszych wspólnych korzeniach i dziejach, nauczał do chwili aż mnie Sasi poprowadzili w więzach. Tę nabytą wiedzę, kropelka po kropelce, przelewałem w Mieszka.

– Nieprawdopodobne! I co? Traktuje cię jak przyjaciela, więc chyba się nie zgniewał?

– Nie. To dyplomata, jak raczyłeś rzec o jego ojcu. Ale wiem jedno: nie będzie krzywdził rodzimowierców, jak jego ojciec. A jeśli dojdzie kiedyś do władzy... to kto wie? Bo sami Bogowie, Mojsławie, sprawili, żeśmy się poznali. I to chwilę przed naszym rozstaniem. Teraz ty zajmij moje miejsce u jego boku. Oho – spojrzał w kierunku dobiegającego go wołania. – Właśnie mnie wzywa. Muszę iść. Sława!

– Sława!

Uścisnęli sobie prawice.

Nazajutrz u brzegu Szprewy, jeszcze w ciemnościach, pożegnano Czębora. Mieszko przegadał z nim całą noc, więc oprócz uścisków i życzenia szczęśliwej podróży zdało się, że nie mają już sobie więcej do powiedzenia. A jednak...

– Mieszku, chcę ci coś jeszcze rzec dla twej świadomości. Bo... zdaje się, tego ci rodzice nie powiedzieli. Czy wiesz kim była twoja babka ze strony matki?

– Chyba pochodziła z Łużyc, jak dziad, ale nie jestem pewien. Istotnie, nie mówiono mi o jej pochodzeniu...

– Zatem dowiedz się: była Stodoranką![3]

Czębor podszedł na koniec do Mojsława. Szepnął mu coś do ucha, poklepał po plecach. Spuszczono na wodę czółno, w którym obok prowiantu leżały wiosła oraz sprzęt wędkarski. Płynąc w dół Szprewy na wszelki wypadek miał udawać rybaka.

* * *

Czębor miał na sobie prostą tunikę, tak zwaną sorokę, z doszywanym kapturem, którego nie zdejmował ze względu na tonsurę. Znalazł się w kraju nie cierpiącym chrześcijaństwa z powodu jego sposobów nawracania. Podróżował czółnem powoli; nie spieszył się. Oddychał ojczyźnianym powietrzem, niemal przy każdym malowniczym zakątku zatrzymywał się i – łowiąc ryby – podziwiał. Ze Szprewy wpłynął do Haboli[4]. Wieczorami wyciągał łódkę na brzeg, stawiał szałas, gdy był las, a gdy lasu nie było, spał w czółnie, ukryty w szuwarach. Rozpalał ognisko, piekł złowione ryby lub w niewielkim kociołku rozsalał suszone mięso, w jakie go zaopatrzono. Początkowo unikał ludzi, chociaż korciło go posłuchać rodzimej mowy, u Słowian Północy – od Lubeki po Gdańsk – nieco innej, twardszej, aniżeli w lechickiej Polsce. Wreszcie dotarł na teren swego plemienia. Porzucił czółno; szedł w stronę Radogoszczy pieszo. Zatrzymywał się teraz na nocleg lub posiłek w karczmach; wreszcie mógł pofolgować uszom.

Wszedł w puszczę pełną drzew-kolosów pamiętających chyba zaranie świata, puszczę nietkniętą ludzką ręką, była bowiem święta. I oto rozwarła się ta knieja i ukazała Radogoszcz, stolica Redarów, stolica Związku Wieleckiego, miejsce pielgrzymek Słowian do sławnej kąciny[5] poświęconej Swarożycowi. Wyniosły gród u brzegu jeziora robił imponujące wrażenie.

---

3 Stodoranie wchodzili w skład Związku Wieleckiego. Ich stołecznym grodem była Brenna, zwana również Braniborem. Ziemia Stodoran została ostatecznie podbita przez Niemców w 2 poł. XII w. Wówczas zmieniono nazwę Brenna na Brandenburg, a samą ziemię nazwano Brandenburgią.

4 dzisiaj Hawela na terenie Niemiec; prawy dopływ Łaby.

5 kącina – nazwa świątyni poświęconej słowiańskim bóstwom.

Otaczał go potężny wał w kształcie jakby trójkąta. Prowadziły do niego trzy bramy. Stanął przed główną, najruchliwszą; spojrzał na nią i łzy zakręciły mu się w oczach. Zdjął pobożnie kaptur; upadł na kolana, by ucałować ziemię.

– Ludzie, ludziska! Patrzcie no! – rozległ się naraz wzburzony głos. – Co za czelność! Przybył kolejny język kalający naszych Bogów! To kapłan bezbożnej religii!

Nim Czębor zorientował się w czym rzecz, potężny, wysoki mężczyzna chwycił go za kark. Wyrwał się, zostawiając w jego zaciśniętej pięści kawał materiału.

– Człowieku, dajże spokój! Jestem Redarem. Wracam po latach do mego grodu, a tu takie powitanie?!

– Redar? A to jeszcze gorzej, znaczy przeniewierca. My wiemy kto tak łeb sobie goli. Już my ci urządzimy powitanie!

Czębor teraz dopiero sobie uświadomił, że w wyrazie szacunku zdjął nieopatrznie kaptur. Tymczasem zrobiło się zbiegowisko. Otoczyli go ludzie, którzy na powtarzane z ust do ust słowo „chrześcijanin" przybierali groźne oblicza.

– Brać go i do starszyzny! – wołano zewsząd.

Czębor szarpnął tunikę i wyciągnął spod niej miecz. Cofnięto się w popłochu, by za chwilę się zdziwić, gdy rzucił go pod nogi temu, który go pierwszy zaczepił.

– Bierz i usłuchaj ludu. Prowadź mnie do starszyzny, bo właśnie do nich zmierzam.

– Ho, ho! Następny, co myśli, że przekabaci naszą starszyznę – ktoś z tłumu rzucił kąśliwą uwagę. – Wywyższą cię, oj wywyższą, jak każą uciąć ci ten w kółko strzyżony łeb i zatknąć na tyczce.

Teraz Czębor się zgniewał: – Dość! Powtarzam: jestem Wieletem z plemienia Redarów, którego za młodu Sasi uprowadzili i zamknęli w klasztorze. Tylko co im uciekłem.

Nastąpiła konsternacja; ucichły głosy. Nie wiedziano: prawda to czy próba wprowadzenia w błąd?

– Skoro tak powiadasz – odezwał się olbrzym, podnosząc z ziemi miecz i wręczając go Częborowi – to chodź z nami do starszych i udowodnij im to.

– Przecież o to właśnie proszę. Prowadźcie już, bo nic we mnie nie budzi takiego wstrętu, jak to właśnie pomówienie. Jak masz na imię, jeśli można spytać?

– Borko.

– A ja Czębor.

Szedł w asyście Borka i towarzyszącego im tłumu. Przeszli bramę i skierowali się ułożoną z równych dranic świętą drogą w kierunku widocznej z daleka kąciny Swarożyca. Czębor na jej widok przystanął, położył prawą dłoń na sercu i się pokłonił. Ruszyli dalej. Zatrzymali się przed jednym z budynków świątynnych. Służył on naradom i pełnieniu dyżurów przez starszyznę, która rządziła Wieletami. Borko gestem zatrzymał tłum. Wytłumaczył pilnującym wejścia zbrojnym wojom z czym przychodzi. Czębor przekazał im miecz. Borkowi też kazano zdjąć pas, do którego umocowany miał w pochewce nóż. Weszli.

Kilku poważnych z oblicza, bogato ubranych mężów rozmawiało ze sobą, siedząc za stołem, na którym stał dzban z miodem i kubki. Ucichli, patrząc zdziwieni nie tyle na Borka, co na towarzyszącą mu młodą osobę z tonsurą na głowie. Borko zrelacjonował sprawę, która słuchających wprowadziła w jeszcze większe zdziwienie.

Pozwolono Częborowi mówić. Ten zakończył wywód, powtarzając: – Powiadam, czcigodni, mam na imię Czębor, jestem synem Zdziewita, bratem Lutomira, moim wujem jest kapłan Swarożyca, Swaromir.

– Jeśli prawdą jest co mówisz – odezwał się jeden ze starszych – będziemy ci radzi. Jedną wątpliwość możemy zaraz rozwiązać, chodzi o twoją tożsamość. Chwileczkę – wstał, wyszedł na zewnątrz; rozmawiał półgłosem ze strażą. – Zaraz tu przyjdzie Swaromir – powiedział, wróciwszy po chwili. – Ale nie rozwieje to naszych wątpliwości. O Zdziewicie i tobie sądziliśmy, żeście uciekli do Bolesława. Twój brat zaś, gdy taka pogłoska się rozeszła, opuścił kraj ze wstydu i udał się na służbę do wikingów, czyli Normanów, jak to się dzisiaj ich nazywa. Powiadasz, że masz dla nas list od Bolesławowica, zachęcający nas do rozmów z Polakami? Ale to raczej wzbudza w nas nieufność...

– Czcigodni, wkrótce rozniesie się wieść, że uszedł on z klasztoru. Lecz z pewnością nie dotarł jeszcze do Krakowa. Jakżeby więc miał tak naraz stać się bezwolnym narzędziem Bolesława, do którego ma ogromny żal za zesłanie go w to samo miejsce co mnie.

– Tak, to jest jakiś argument. Pokaż nam pismo.

Czębor odpiął koszulę, uniósł rzemyk, który miał zawieszony u szyi ze skórzaną, płaską torebką. Wyciągnął z niej list i podał starszyźnie.

– Zapoznamy się z nim dokładnie, lecz w większym gronie – odpowiedział zapewne ich przewodniczący.

Do sali wszedł starszy mężczyzna. Siwe, długie włosy i powłóczysta biała szata lamowana złotą nicią wskazywały, że był to żerca[6] Swarożyca.

– Swaromirze, czy poznajesz tego młodego człowieka?

Zapytany zmrużył oczy; począł się uważnie przyglądać. Jego oblicze przybierało wyraz coraz to większego zdumienia.

– Czębor???…

* * *

Mieszko podążał z orszakiem daleką drogą do Krakowa. Zatrzymywał się po kilka dni w głównych grodach, począwszy od Niemczy, grodu, który swą nazwę wziął od zmuszonych przez Mieszka I do jego budowy niemieckich jeńców wojennych. Potem odwiedził Iławę, Legnicę, Wrocław, Opole, Bytom… Wszędzie był witany entuzjastycznie przez ludność, wojów, urzędników książęcych. Rozchodziły się po kraju wieści o złym charakterze Bezpryma; teraz budziły się nadzieje, że kiedyś na książęcym tronie zasiądzie jednak Mieszko, syn lubianej powszechnie Emnildy. Lecz im bliżej było do Krakowa, samym Mieszkiem targały sprzeczne uczucia – nie do końca dowierzał swemu ojcu, zbyt się na nim rozczarował w przeszłości. Jedyną ulgę sprawiał mu fakt, że na dworze nie zastanie Bezpryma.

---

6 żerca – u dawnych Słowian kapłan-ofiarnik; nazwa ma bliski związek ze słowem żertwa (ofiara).

ROZDZIAŁ IV
DOBRA MAZOWSZANKA (1010 r.)

ojsław słuchał z zadartą głową.

– To najwyższy słołp[7] od gór po morze. Drugi po nim, ale znacznie mniejszy, znajduje się w gdańskim grodzie – tłumaczył Mieszko. – W dzieciństwie lubiłem się na niego wspinać. Z góry rozciąga się widok, że dech zapiera. Czułem się jak orzeł, który rozpostarłszy skrzydła krąży nad własnym gniazdem. Tak i stamtąd widać pod sobą całe gniazdo – Wawel. Odważysz się? – spytał.

– Czemu nie, panie – Mojsław nadrabiał miną.

Wspinali się z poziomu na poziom po dębowych schodach bardziej przypominających szerokie drabiny. Na każdym piętrze wysokiej wieży, zbudowanej z ciosanego kamienia, znajdowało się pomieszczenie służące innemu celowi; najwyższe stanowiło zbrojownię. Wspięli się ponad nie, wchodząc na rodzaj blankowanego tarasu. Mojsław ostrożnie podszedł do krawędzi. Spojrzał w dół poprzez prześwit między blankami. Poczuł zawrót głowy; instynktownie się odsunął.

– Rzeczywiście, można poczuć się jak orzeł, panie – powiedział zmieszany, widząc maskowany uśmiech Mieszka. – Gorzej, gdy się przypomni, że brak nam skrzydeł... – dodał.

Obeszli taras, przystając od prześwitu do prześwitu. Pod nimi, najbliżej, był Wawel usadowiony na skalnym wzgórzu i otoczony potężnym wałem. Widać było stąd jak wiele tam kamiennych budowli, począwszy od palatium. Dalej, u jego stóp, obronne podgrodzie, zwane Okołem, również otoczone umocnieniami – drewniano-ziemnymi. W jego centrum wznosił się dwiema smukłymi wieżami kościół św. Andrzeja. W dalszej perspektywie, między licznymi odnogami Wisły, znajdowały się malowniczo położone osady, częściowo ukryte między drzewami owocowymi. Wśród nich niewielki kościół św. Wojciecha.

Nasyciwszy się widokiem Mieszko wskazał ustawioną na środku ławę. Usiedli.

---

7 słołp – wieża obronna, najczęściej na planie koła lub prostokąta, o znacznej wysokości. Stanowiła we wczesnym średniowieczu ostateczny punkt obrony.

– W mojej Wiźnie, panie – odezwał się Mojsław, ciągle pod wrażeniem, lecz już oswojony z wysokością – też mamy stołp, ale niewysoki. Większy zresztą by się nie przydał. Tu, oprócz funkcji obronnych, możecie, panie, obserwować okolice i widzieć, w razie czego, ruchy nieprzyjacielskich wojsk. A u nas? Puszcza i puszcza... Ale za to jaka! – wyrwało mu się z marzycielskim westchnieniem.

– Tęsknisz za Mazowszem?

– Mam tam rodziców i starszą siostrę. Trudno też, panie, nie mieć sentymentu do miejsca swego urodzenia. No, chyba że się urodziło w skrajnej biedzie. Ale na Mazowszu nie ma biednych. Ziemia, rzeki i lasy wszystkich wyżywią. Nie zrozum mnie jednak, panie, źle – wyrwał się z rozmarzenia. – Tak uprzywilejowana służba u ciebie jest dla mnie wielkim zaszczytem.

– Szybko łapiesz dworskie maniery i przypochlebianie się swym zwierzchnikom – Mieszko zaśmiał się. – Nie trzeba. Bądź sobą, takich lubię. Nie uwierzysz – spoważniał; oczy rozbłysły mu ognikami – ale mi też tęskno za Mazowszem...

– Tobie, panie? – Mojsław spojrzał na niego zdziwiony. – Przecież mówiłeś, żeś nigdy tam nie był?

– Bo nie byłem. Ale tęskno mi, Mojsławku. Tam bowiem, nad Narwią, przebywa królewna rusałek o dużych, błękitnych jak toń wody oczach i pięknych złotych włosach w panieńskim wianku...

Mojsław przyjrzał się bacznie rozmówcy: – Eee, panie. Zgaduję o kim mówisz. Widziałem. Przez cały pobyt mojej rodziny na Wawelu z upodobaniem przyglądałeś się mej siostrze. Nikomu nie poświęcałeś tyle czasu na rozmowy co jej. Tego nie dało się ukryć, nawet postronni szeptali. Prawda, jest pięknego lica i zgrabnej sylwetki. Powiedziałbym to o Dobrej, nawet gdyby nie była moją siostrą. Trafne też imię nadali jej rodzice, bo istotnie jest dobra i łagodna. Ale nie myśl o niej, panie, bo czynisz i jej i mnie wielką przykrość.

– A to czemu?

– Czemu? Jeszcze pytasz, panie? Nasz dwór kneziowy to za niskie progi dla syna wielkiego księcia. Ot, czemu. To byłby... jak to na krakowskim dworze mówią?... – poskrobał się w głowę. – Aa, mezalians! Nie taką ci partię pewnie twój ojciec, panie, szykuje. A skrzywdzić jej się nie godzi! – Mojsław urwał; zląkł się własnej śmiałości.

– Masz mnie za osobę niemoralną?! – Mieszko spojrzał na niego gniewnie, z wyrzutem.

– Nie, panie. Tak mi się wyrwało. Wybacz. – Mojsław skurczył się pod jego spojrzeniem.

– Ot i lojalność mego najbliższego otoczenia. „Kto wyżej stawia ojca i matkę nade mnie, nie jest mnie godzien!". Tym bardziej odnosi się to do pozostałych członków rodziny, a zwłaszcza sióstr. – Mieszko patrzył na zalęknionego chłopca i naraz się roześmiał: – To Jezus tak powiedział o sobie, nie ja. Nie jestem Bogiem.

– Obce mi jest chrześcijaństwo i jego nakazy, zwłaszcza takie...

– Ale w kościele bywasz i kazań słuchasz?

– Bywam, bo taki mój obowiązek. Inaczej pewnie by mnie stąd szybko wyrugowano. A Czębor nakazał mi troszczyć się o ciebie, panie, bardziej niż ktokolwiek. Kazań zaś nie rozumiem, podobnie jak i lud cały, bo w obcej dla nas mowie, po łacinie. Tak obcej i odległej, jak ten Bóg, którego nam gwałtem narzucają. Poza tym wiesz, panie, żem ciekaw wszystkiego. Potraw nowych, choć niesmacznych, też próbuję. Taką mam naturę.

– Czębor? A to przechera – zaśmiał się Mieszko. – Już ja wiem o jaką mu troskę chodzi. Jak to szybko swój swego pozna. Posłuchaj, Mojsławie – przyoblekł twarz w powagę. – Ojciec już raz mnie upodlił, wyrzucając hen, na obce, odległe ziemie, do klasztoru. Jestem dorosły. Nie pozwolę, by ktoś za mnie wybierał żonę. Zapamiętaj to! I po drugie, twój ojciec jest kniaziem. Należycie do rodu możnowładców równych nam stanem, chociaż nie Piastów. A po trzecie... choć to powinno być po pierwsze... Mojsławie, muszę to tobie wyznać, no bo komuż innemu. Kiedy Dobra odjechała zaznałem dziwnej pustki w mej duszy, wszystko wokół straciło sens. Trudno mi było na czymkolwiek się skupić, a myśl uciekała... uciekała... ku Dobrej. I wówczas zrozumiałem co to za choroba. Owładnęło mną uczucie, które zwie się miłość... Ty jeszcze tego nie pojmujesz, zbyt młodyś na to, ale i ciebie to kiedyś dopadnie. Jesteś jej bratem, jeszcze bliższą mi odtąd osobą, do której... po co ja ci to gadam na swoją biedę? – uśmiechnął się dobrodusznie – bardzo się przywiązałem. Dlatego ci to szczerze mówię.

Zamilkli. Mojsławem targały sprzeczne uczucia: radość, duma mieszały się z wątpliwościami: „To skończy się niepotrzebną burzą, to będzie klin, który rozewrze związki między moją rodziną a wielkim księciem...".

– Rozmawiałem z matką – Mieszko przerwał milczenie. – Podobała się jej Dobra. Widzi w niej same zalety... ale, podobnie jak ty, lęka się ojca, każe czekać jego powrotu. Ojca zaś nie ma, odkąd król Henryk nakazał wyprawę przeciw Polsce. I długo nie wróci. Koncentruje wojska w pobliżu Głogowa, umacnia kontakty z Wieletami. A to moja korzyść i triumf. Korzyść, bo tym bardziej jestem usprawiedliwiony, gdy pod jego nieobecność wezmę ślub, a triumf, bo uczyniłem to, czego mu się przez lata nie udało: Wieleci zerwali pokój z Niemcami i gotowi są nas wspomóc. Będzie więc się liczył z moimi postanowieniami. Mojsławie! – zerwał się z ławy. – Nie, nie będę się dłużej spalał uczuciem do Dobrej. Zaraz każę słać na Mazowsze swatów! Jeszcze dzisiaj! Tylko... czy Dobra się zgodzi? Wszak wy, poganie...

– To prawda, panie: my, poganie. Kobiety mają u nas znacznie więcej praw niż w chrześcijaństwie, o ile tam w ogóle mają jakieś prawa. Powiem ci jednak na pocieszenie, jeśli to wszystko, co mi mówisz, jest rzeczywiście prawdą a nie zabawą moim, mojej rodziny kosztem...

– Jak możesz, Mojsławie!

– ... więc jeśli to prawda, to powiem ci panie, że przy każdej sposobności, niby to chwaląc, że odesłano mnie w tak godne ręce, wiecznie trącała o ciebie. Szybko pomiarkowałem, że nie jesteś jej obojętny. Ja tę możliwość, jako nierealną, odrzucałem i jak mogłem gasiłem w Dobrej niepotrzebne zapędy...

– Chyba nie wygadywaniem niestworzonych rzeczy o mnie?! Oj, Mojsław, uważaj!

– Boję się, panie, boję, że z tego nic dobrego nie wyniknie. Mówisz, że się spalasz, panie? Pewnie, że jestem w takich sprawach za młody, niedoświadczony. Ale słyszałem jak starzy mówią, że pierwsza miłość to słomiany ogień – spala się, tyle że szybko i nawet popiołu niewiele po nim zostaje. Panie, zdobądź się na rozwagę. Minie trochę czasu, a nie takie gładkolice zaprzątną twoją uwagę. Nie bądź zbyt szybki, popędliwy. Bo inaczej, niestety, obawiam się, że swaci wrócą z chustą[8].

Mieszko chwycił go mocno w ramiona, uniósł i zawirował niczym panną w tańcu. – Chociaż to mi wykracz! – zawołał radośnie.

– Panie! Litości, puść mnie! – Mojsław, świadom gdzie się znajdują, znów poczuł lęk wysokości. – Zważ, że nie mam skrzydeł.

Mieszko postawił go na powrót: – Tak czy siak, jeśli nawet przez opory waszego ojca chusty mi posłańcy nie przywiozą, na Mazowsze jedziemy.

---

8 darowanie chusty nagłownej przez dziewczynę temu, kto prosił o jej rękę, było wśród Słowian północno-wschodnich wyrazem zgody na poślubienie obdarowanego.

Jedziemy, skoro obaj za nim tęsknimy. Taką mam wolę! Udamy się tam z Częborem.

– Z Częborem?! – Mojsław, przygładzając rozwichrzone włosy, znów został zaskoczony.

– Usiądźmy jeszcze na chwilę. Bo to druga rzecz, o której ci chciałem powiedzieć. Dostałem wiadomość, że niebawem przybędzie na Wawel delegacja Wieletów, i... wyobraź sobie! z Częborem na czele. Pomyślałem, że jak ich zabierzemy na Mazowsze, to sami się przekonają, że Polska to nie tylko chrześcijanie...

* * *

Kto mógł na Wawelu wyległ, by oglądać uroczysty wjazd delegacji Wieletów. Byli wysocy jak większość Słowian Północy. W bogatych, zdobnych zbrojach i dumnych obliczach wzbudzali respekt. Szczególne wrażenie sprawiał jadący tuż przy Częborze potężny Borko z długim mieczem, nietypowo przewieszonym do tyłu, za plecy, oraz wielkim toporzyskiem u łęku. Poczet poprzedzał woj o sumiastych wąsach dzierżący stanicę[9]. Na jej widok chrześcijanie skrycie żegnali się, by odczynić urok.

Pod nieobecność Bolesława delegację przyjmował Mieszko. Wyszedł ku nim; zgodnie ze słowiańskim obyczajem przywitał chlebem i solą. Serdecznie uściskał się z Częborem. Odsunął go nieco od siebie, popatrzył z podziwem: – Jakże ten strój korzystnie ciebie odmienił od tamtego w Maastricht – zaśmiał się.

– Ciebie twój tym bardziej.

– A poznajesz tego oto, stojącego przy mnie wyrostka? – Mieszko wskazał na Mojsława. – Doniósł mi lojalnie, żeś mu nakazał strzec mnie na swój sposób.

– A jakże, rad jestem, że i jego widzę. Tym bardziej po tym, co słyszę – puścił do niego oko i przygarnął do siebie.

Rozmowy z delegacją Wieletów odbywały się w Sali Kolumnowej palatium, w wąskim gronie, bez informowania większości o jej przebiegu. Stronę polską reprezentował Mieszko wraz z częścią doradców Bolesława.

– Zdecydowaliśmy się – mówił przedstawiciel wieleckiej starszyzny – żeby dalsze negocjacje były prowadzone u nas, bądź w Polsce na terenach Polan lub

---

9 stanica – u Słowian północnych chorągiew z symbolem bóstwa, przechowywana w kącinie. Wynoszono ją podczas wypraw wojennych lub uroczystych poselstw.

Wiślan. Wysyłanie poselstw bezpośrednio do Bolesława stało się zbyt niebez-pieczne. Sasi wiedzą już, że prowadzimy ze sobą rozmowy. Utraciliśmy z tego powodu kilku znacznych ludzi. Ostatnio dwóch z nich, z Branibora, schwytało wojsko Henryka w pobliżu Jarego Grodu. Byli dzielni, mimo tortur do niczego się nie przyznali. Niestety, powieszono ich.

Rozmowy były długie, niekiedy burzliwe, gdy wypominano sobie prze-szłość – z jednej strony współpracę Wieletów z Niemcami przeciwko Polsce, z drugiej próby agresywnego narzucania chrześcijaństwa przez Polaków na Pomorzu. Ale opanowanie Mieszka i Czębora robiło swoje. Uświadamiano stronom, że obecnie największym zagrożeniem jest niemiecka polityka parcia na wchód i północ.

– Spójrzcie co się dzieje ze Słowianami, których ziemie Niemcy prze-kształcają w swoje marchie! – tłumaczył Mieszko. – Jeśli wgryzą się teraz w Polskę, zabierając nam Łużyce, ich dalszym krokiem będzie chęć przebicia się do Bałtyku. Bo morze to handel i rybołówstwo, a handel i rybołówstwo to bogactwo. Kto jak kto, lecz wy wiecie o tym najlepiej. A jak wyrąbać sobie najkrótszą drogę do morza? Nie zgadujecie?! Oczywiście podbijając was! Z nami, chrześcijańskim krajem, się nie patyczkują, o ile więc łatwiej będzie zebrać wojska z całego cesarstwa, tłumacząc, że to święta wojna z poganami, i że oprócz łupów każdy zyska odpust zupełny z grzechów i cieplutkie miejsce w niebie.

– Książę, jesteśmy tego świadomi – odpowiedział jeden z Wieletów. – Dlatego tu razem siedzimy. Chcę jednak przypomnieć, że to my pierwsi prze-strzegaliśmy przed tym niebezpieczeństwem. Ale – wybacz książę – twój dziad wolał w nas widzieć wrogów krzyża, niż słowiańskich pobratymców.

– Skończmy tę pustą mowę o przeszłości, dostojni – Mieszko uciszył go. – Tak było za mego dziada, ale to się obecnie zmienia. A kiedyś, gdy może obejmę władzę, skoro taka jest wola wielkiego księcia, tym bardziej to się zmieni. I nie są to bynajmniej czcze słowa. Sami niebawem się przekonacie, że jest jak mówię.

– W jaki niby sposób, książę? Racz nas oświecić.

– Krótko przed waszym przybyciem postanowiłem, że część z was wróci do siebie, by przedstawić starszyźnie w Radogoszczy treść naszych rozmów i ustaleń. Pozostałych zapraszam na nasze północnowschodnie granice, na Mazowsze.

– A cóż my tam mamy robić na waszym krańcu świata? – Czębor udał zdziwienie.

– Przekonacie się, czy istotnie mamy w nieposzanowaniu rodzimowierców. A przy okazji będziecie świadkami moich zrękowin i ślubu.

– Ślubu?... – ta wiadomość zaskoczyła również Czębora.

ROZDZIAŁ V
GODY WESELNE (1010 r.)

podróż wybrano się drogą najłatwiejszą – rzeczną. Płynęli w kilka łodzi: Wisłą z prądem, potem na Mazowszu mieli krótko płynąć Bugiem pod prąd, a następnie Narwią. W Bródnie będzie ich oczekiwał kniaź Władywoj, by wspólnie udać się do miejsca docelowego – Wizny.

Mieszko wybrał spośród swych dworzan i drużyny takich, o których – dzięki nieocenionemu w tej mierze Mojsławowi – wiedział, że sprzyjają rodzimowierstwu, a w chrześcijańskim Bogu widzą co najwyżej hipostazę Trzygłowa, mającego swą świątynię w Szczecinie. To posunięcie jeszcze skuteczniej przełamywało lody z Wieletami.

Po kilku dniach dopłynęli do mazowieckiej osady Czersk. Leżała ona na skarpie przy skrzyżowaniu dróg, gdzie była dogodna przeprawa przez Wisłę. Mieszkańcy, zawczasu powiadomieni o orszaku, przygotowali gorące powitanie. Pod wieczór wydali wystawną ucztę na świeżym powietrzu. Niczego na niej nie brakło, zwłaszcza syconego miodu i dziczyzny.

Na zachwyty Mieszka i pozostałych gości nad jakością i świeżością potraw, Mojsław, rad z pochlebstw, wyjaśniał: – Mazowsze, jak sami dostrzegliście, to głuche i nieprzebyte knieje, głównie sosnowe bory. Stanowi raj dla bartników i myśliwych. Z tego też powodu Mazowszanie sami siebie nazywają Puszczakami.

Uczcie towarzyszyły śpiewy. Były nawet tańce, których brakowało w Krakowie z powodu gromów, jakie ciskali księża, uważając je za pogańskie wybryki. Dopiero tu Wieleci pojęli Mieszkowy zamysł. Chociaż, jak to Słowianie Północy, z natury bardziej powściągliwi od swych południowych pobratymców, jednak serca i oczy radowały im się na ten widok.

Następnego dnia zaprowadzono Wieletów na świętą polanę, usytuowaną na niewielkim wzniesieniu. Jej środek zajmował rozłożysty dąb okolony głazami ustawionymi w równej od siebie odległości – święty krąg, *sacrum*. Przystęp do niego miał tylko miejscowy żerca. Przybrany w długie białe szaty przekroczył krąg, wylał pod dębem miodową żertwę, po czym uniósł dłonie ku koronie dębu i złożył na głos dziękczynienie Swarożycowi. Osadnicy oraz wysłannicy Władywoja spozierali z niepokojem na Mieszka. Ten jednak zachowywał spokój, sam za to dyskretnie zerkał na Wieletów.

Równie serdecznie pożegnani jak przywitani przez mieszkańców Czerska udali się teraz do Bródna. Obraz panujących tu wierzeń dopełniały co rusz napotykane przydrożne świątki, tak wytrwale tępione przez chrześcijańskich kapłanów w innych rejonach Polski.

Dzień był pogodny. Słońce wczesnego lata dostarczało miłego ciepła. Lekki ożywczy powiew sprowadzał żywiczny zapach sosnowego boru ciągnącego się po obu stronach Wisły.

Czębor, widząc pobłażliwy uśmiech Mieszka i zapadającego w drzemkę Mojsława, skończył swój przydługi monolog o wyższości morskich łodzi Wieletów nad „tymi łupinami". Zdążył wcześniej wymienić wszystkie zwycięstwa swoich krajan nad smoczymi łodziami wikingów. Miarowy plusk wioseł ostatecznie go pokonał – rozciągnął się wygodnie i po chwili z gardła dobyło się chrapanie.

Mieszko przeszedł na tył łodzi. Zdjął kaftan, zrobił z niego poduszkę, położył się na wznak. Utkwił zamyślony wzrok w błękitne niebo poprzetykane niewielkimi białymi obłokami. Zmarszczone czoło nie wskazywało jednak, by – wzorem towarzyszy – poddał się błogiemu nastrojowi. Myśl o rodzicach mąciła mu radość spełnienia swojego gorącego, miłosnego marzenia. Miał przed oczami zaniepokojoną twarz matki, na której malował się raz lęk a raz nadzieja. Przeważał jednak lęk, lęk przed mężem. Bolesław, świadom swej potęgi, był apodyktyczny również w stosunku do rodziny. Wiedziała jak potraktował poprzednie żony, była świadkiem chłodnego odsunięcia Mieszka, potem Weszpryma. Jak przyjmie samodzielną, nie konsultowaną decyzję syna? Zawieranie małżeństw książąt i głów koronowanych nie uwzględniało uczuć, opierało się na rachunku korzyści dynastycznych. Czy władca jednego z największych państw tej części świata, z aspiracjami, uzna małżeństwo syna z kresowianką, córką niewiele znaczącego kniazia? Na dodatek obnoszącego się ze swym pogaństwem? A jeśli w gniewie dokona kolejnej roszady? Rozmawiała o tych wątpliwościach z Mieszkiem. Błagała, by się powstrzymał ze swą decyzją do powrotu ojca i... milkła w zderzeniu z murem stanowczości syna. Owszem, pobłogosławiła go na drogę, powiedziała wiele ciepłych słów pod adresem Dobrej, sama jednak nie zdecydowała się przyjąć zaproszenia. Nie nalegał, rozumiał. Kochał matkę, była czułą, troskliwą rodzicielką w jego dzieciństwie. Widział jej radość, kiedy powrócił, a jednak... było mu przykro. Jeszcze bardziej sposępniało mu czoło na wspomnienie krakowskich duchownych i ich min, gdy dowiedzieli się z jakiego powodu udaje się na Mazowsze. Pierwsi podniosą przed ojcem larum! – zżymał się. Co za zaborcza religia! No i Władywoj... Wiedział, doniesiono mu, że się wahał. Znalazł się jak Emnilda – między młotem a kowadłem. Partia dla jego jedynej córki znakomita, był tego świadom. Większość księżniczek ze Wschodu i Zachodu pragnęłaby takiego związku. Ale Bolesław! Co powie Bolesław?!... Czy nie zwróci się przeciw niemu?

Mieszko rozpogodził czoło – jednego przynajmniej był pewien: uczucia Dobrej! Swaci dużo mu opowiadali o jej reakcji; z początku zdumieniu, zakłopotaniu, a potem radości, z którą nie potrafiła się już kryć do dnia ich odjazdu. – A niech tam! Jak zawrę związek to mnie ojciec, żonatego, do klasztoru nie odeśle. Zaś wszędzie gdzie indziej... proszę bardzo, choćby na kraniec świata, byle z Dobrą! A kysz czarne myśli! – wyszeptał. Spojrzał naraz innymi oczami na niebo: dwa obłoki, jakby złączone dłońmi, zdawały się ze sobą pląsać. W wyobraźni ujrzał w nich Dobrą i siebie. Wydobyło mu się z piersi westchnienie; uśmiechnął się czule.

* * *

W całej Wiźnie czuło się i widziało podniosłą, radosną atmosferę. Wszyscy byli ożywieni, a dolatujące zewsząd żarty, śmiechy i pogodne oblicza dowodziły, że nie był to przymus codziennych obowiązków. Gdy słońce – uosobienie samego Swarożyca – stanie w zenicie, rozpocznie się swadźba, gody weselne. Wieść o mającym nastąpić poślubieniu córki Władywoja przez młodego księżyca, syna samego Bolesława, lotem błyskawicy obiegała grody i sioła Mazowsza, wprawiała jej mieszkańców w dumę. Traktowani nieco z góry przez Polan, Wiślan a nawet Lędzian, oto teraz urośli – z ich krwi pochodzić będą kolejni Piastowie! Na uroczystość przybywali do Wizny zaproszeni przez kniazia kasztelani grodów, a nawet wielu możnych kmieci z obu części Mazowsza.

Kilka dni wcześniej drużyna Władywoja wraz z gośćmi udała się na wielkie polowanie. Wspomagali ich mieszkańcy Łomży, niewielkiego gródka położonego na cyplu, oraz – jako naganiacze – okoliczna ludność. Polowanie udało się znakomicie, na miarę puszczy, do jakiej się wybrali. Na wyładowanych wozach było wszystko, czym prezentowała się knieja: potężne tury i żubry, jelenie, sarny i dziki. Wypatroszone, natarte solą, czosnkiem i wieloma przyprawami, poddane zostały macerowaniu – wszystko pod bacznym okiem doświadczonych gospodyń. Zakupiono dodatkowo wiele świń, baranów i jagniąt. Ich mięso również podlegało podobnej obróbce. Nic dziwnego – wolą Władywoja było ugościć, poza bezpośrednio zaproszonymi, także wszystkich wiźnian, zaś drugi dzień wesela przenieść do Łomży, również z udziałem mieszkańców tamtejszego gródka i osady.

Rozproszone grupki młodszych wiekiem wojów – Wieletów i drużynników Mieszka – przechadzały się po grodzie i podgrodziu. Przyglądali się przygotowaniom, ale i pannom, które na całej Słowiańszczyźnie rozpoznawano po długich warkoczach lub rozpuszczonych włosach i wianku bądź zdobnym czółku na głowie. Te zaś, również w grupkach, zerkały na nich ciekawie, wymieniały ze sobą uwagi, chichotały. Bawiła je nieco inna mowa Wieletów, w głębi duszy patrzyły z podziwem, niekiedy pożądaniem na dobrze zbudowanych młodzieńców, przewyższających co najmniej o głowę wszystkich tutejszych. Ale i krakowianie, ustępujący jedynie wzrostem, robili nie mniejsze wrażenie, zaś bogate ubiory jednych i drugich burzyły spokój, nęciły odległym i – zdawało się – lepszym światem. Póki co mierzyli się jedynie oczami, świadomi, że kilkudniowa weselna biesiada zakrapiana miodem i piwem, urozmaicana tańcami, przełamie pozorowaną obojętność. Te wzajemne podchody zwarzyły humor miejscowym chłopakom i młodym wojom kniazia. „Nic dziwnego – drwił któryś z kwaśną miną – że tak wlepiają gały w nasze dziewuchy, bo pewnie te ich baby chodzą długaśne niczym chmielowe tyki".

Goście przyglądali się sposobom pieczenia mięsiw. Na podgrodziu, gdzie było więcej przestrzeni, ciągnął się długi szereg pieców ziemnych. Były to w istocie wykopane jamy: jedne wypalano ogniem, czekając aż drzewo całkowicie się spopieli, drugie zarzucano rozgrzanymi, wyciągniętymi z żaru kamieniami. Do takich jam wkładano przygotowane wcześniej zwierzęta w całości, niekiedy po parę sztuk obok siebie. Przysypywano je gorącym popiołem i warstwą ziemi, którą solidnie ubijano. Niekiedy zwierzę pokrywano najpierw pokładem uliścionych gałęzi przemieszanych z gałązkami jałowca i dopiero potem przykrywano popiołem i ziemią. Stała też duża pryzma dobrze wyrobionej gliny. Kobiety szczelnie oblepiały nią drób i układały dziesiątkami do ziemnego pieca. Objaśniały krakowskim mieszczuchom, że po upieczeniu obłuskiwana glina będzie odpadać wraz z przywartym do niej pierzem, pozostawiając gotowe do spożycia pieczyste. Zapewniały, że mięso z tych pieców będzie się rozpływało w ustach niczym masło. Ale pieczono też na otwartym ogniu. Wrażenie robiły niesłychanie długie żelazne rożna, na których obracano, polewając masłem i miodem, całe wypatroszone tury, żubry, łosie i jelenie.

Najbardziej z całego towarzystwa niecierpliwił się oblubieniec – Mieszko. Od kiedy znów ujrzał Dobrą, płonął miłością. Cóż, kiedy przygotowania do swadźby i związane z tym obrzędy niemal nie pozwalały mu na rozmowy z nią, nie mówiąc o przebywaniu sam na sam. Strony długo omawiały warunki zawarcia małżeństwa. Zgodę przypieczętowano obopólnymi darami. Wiano było bogate, ale Władywoj z małżonką przekazali równie bogaty posag, starając się, by – zgodnie ze zwyczajem – posag równał się wianu.

Jeszcze trochę, jeszcze trochę – uspakajał Mieszko samego siebie. W gronie najbliższych mu przyjaciół i drużbów, wśród których znalazł się Czębor, zerkał przez okno na słońce wędrujące po nieboskłonie ku miejscu stanowiącemu sygnał do rozpoczęcia uroczystości. Kierował wzrok na dziedziniec: wkopany na jego środku gładki i zwężający się ku górze słup odliczał swym cieniem czas. Słup stanowił miejsce, gdzie mógł przemawiać mówca podczas zwoływanego wiecu, ale też stanowił swoisty czasomierz. Po jego północnej stronie znajdował się półokrąg utworzony przez wbite w równej odległości kołki. Przesuwanie się cienia słupa z kołka na kołek wyznaczało upływ czasu.

Jeszcze wczoraj Dobra w towarzystwie druhen i starszych gospodyń uwijała się przy pieczeniu korowajów – wielkich, okrągłych, pszennych bochnów chleba – tradycyjnego, obrzędowego pieczywa. Dekorowano go wyrobionymi z ciasta zajączkami – symbolizującymi płodność, ale też kwiatami i czerwonymi owocami kaliny poświęconej Godunowi, Bogu weselnych godów. Niestety, przy wypieku nie mogli być obecni mężczyźni.

Również rano Dobra się nie pokazała, zobowiązana spędzić przedpołudnie w gronie druhen i swych najbliższych przyjaciółek. Rozpoczęły się rozpleciny – symboliczne pożegnanie panieństwa. Druhny, śpiewając rzewnie, przystrajały kwiatami i kolorowymi kokardkami splecione w warkocz złociste włosy Dobrej. Po wykonaniu zadania całą tę ozdobę okryto chustą.

Dobra skinęła na jedną z druhen, Jagodę: – Powiadom – usta drżały jej z emocji.

Jagoda skłoniła się i wybiegła z izby.

Kolejny etap ceremonii przedślubnej wymagał, by teraz uformował się orszak weselny – złożony ze starosty, swatów, drużbów – i udał się dokonać rozplecin. Jagoda wybiegła tym żwawiej, że miała powiadomić o tym nie tylko Mojsława, lecz również Czębora. Sierota, córka poległego niegdyś w walce z Rusinami przybocznego samego kniazia, matki w ogóle nie znała, zmarła bowiem krótko po wydaniu jej na świat. Serdecznie zatroszczyła się o nią kniahini. Była rówieśnicą Dobrej i wychowywały się obie niczym siostry. Smukła, zwinna szatynka o dużych, zielonych, wpadających w szmaragd oczach, od pierwszej chwili wzbudziła zainteresowanie Czębora. Nie, na nic nie liczyła – wiedziała, że wkrótce pożegna ich na zawsze, kiedy odjadą do odległego, położonego gdzieś hen nad morzem kraju. Ale nie mogła oprzeć się pokusie, by bodaj przez chwilę być w jego pobliżu, posłuchać jak do niej się zwraca tym niby twardym, ale mile w jej uchu brzmiącym językiem.

– Z czym Jagódko tak biegniesz? I z jak daleka, że ci tchu zabrakło? – żartował Mojsław, zgadując po spojrzeniu, jakie szybko rzuciła na Czębora, że to nie odległość odbiera jej dech.

Zaczerwieniła się: – Oczepiny, Mojsławie, czas przyjść wraz... – znów śmignęła wzrokiem na Czębora – wraz z drużbami...

– No a ja? – jęknął Mieszko.

– Ty, panie księżycu, musisz jeszcze pozostać. Zwyczaj zakazuje oblubieńcowi być przy rozplecinach – dygnęła wdzięcznie.

– Ludzie, ratunku! – Mieszko wywrócił oczami. – Toż w kościele przy udzielaniu ślubu tak nie udręczą. Na co ja się zgodziłem?

Roześmiali się.

Uformowany orszak, przy dźwiękach muzyki, ruszył na drugi kraniec dworu, do izby Dobrej. Zwyczaj wymagał, by brat dziewczyny, jeśli zaś nie miała brata – starosta lub pierwszy drużba, dokonał rozplecin. Mojsław, wzruszony, podszedł do siostry. Delikatnie zdjął jej z głowy chustę, usunął bez pośpiechu ozdoby, po czym chwycił w lewą dłoń warkocz i nożycami podanymi przez Czębora uciął go nieco poniżej ramion. Jedna z druhen zbierała w tym czasie datki na grzebień. Gdy skończyła tę czynność, wyciągnęła grzebień zza zapaski, nowy, misternie urobiony z kości, i podała Mojsławowi. Mojsław podszedł do ognia i wrzucił do niego warkocz. Druhny na ten widok zaintonowały smutną pieśń żegnającą panieńską wolność, podczas gdy brat, znów zwrócony ku Dobrej, rozczesywał jej włosy.

Nastało południe. Na znak dany przez kapłana-ofiarnika oblubieniec i oblubienica stanęli na ślubnym kożuchu ułożonym włosem do góry – przypisywano mu bowiem moc płodności. Za nimi stali pierwsi drużba i druhna – przy Mieszku Czębor, przy Dobrej Jagoda. Na wypełnionym szczelnie gośćmi dziedzińcu grodu zapanowała uroczysta cisza. Ofiarnik przywitał uczestników obrzędu. Na jego znak drużba wręczył Mieszkowi upleciony z liściastych gałązek wieniec, druhna zaś Dobrej. Oboje włożyli je na głowy.

Ofiarnik – zwracając się do wszystkich – wyjaśnił sens uroczystości: związek mężczyzny z kobietą oparty na wzajemnej miłości, poszanowaniu religii ojców i wychowywaniu potomstwa; służeniu sobie i społeczności. – Swadźba jest obrzędem mającym uświetnić połączenie tej oto pary: Mieszka Bolesławowica i Dobrej Władywojówny – zakończył wprowadzenie do uroczystości. Chwilę później uniósł dłonie ku górze. Rozpoczął na głos modły, zwracając się po kolei do Boga Wszechrzeczy Swaroga, zwanego też Dadźbogiem; do jego Syna Swarożyca, opiekuna rodzaju ludzkiego; do Gromowładcy Peruna, od woli i mocy którego zależał obieg wody i ognia w przyrodzie; oraz do Goduna, Boga weselnych godów, i jego przyjaciela Lubczyka, pilnującego dotrzymywania wierności małżeńskiej. Potem zaintonował starowieczną pieśń pochwalną, którą zawtórowała większość zebranych:

O, Swarożycu! O, światła nasz Panie!
My twoje dzieci, chwalim twe władanie...

Mieszko milczał; Dobra przyłączyła się do pieśni.

Młodożeńcy prezentowali się wspaniale. Mieszko okryty był jedwabnym, purpurowym, obszytym złotą nicią płaszczem wykonanym w Bizancjum; narzucony na kształt togi i spięty na ramieniu złotą fibulą z nabitymi na niej rubinami sięgał kostek. Spod rozcięcia płaszcza wystawał miecz o złotej rękojeści i pozłacanej pochwie. Palce dłoni przybrane były w pierścienie. Dobra miała na sobie długą, leistą, błękitną suknię z najdelikatniejszego bisioru, bez rękawów po to, by uwydatnić złote naramienniki na kształtnych ramionach i bransolety nabijane szlachetnymi kamieniami, również ze złota. Wąską talię zdobił cienki pas złożony ze złotych kółeczek. W uszach kołysały się zausznice z rubinowymi paciorkami, sprawiające wrażenie malin. Biżuterię uzupełniały bursztynowe korale i pierścionki. Stopy obute miała w ażurowe, safianowe pantofelki, ozdobione złoto-błękitnym haftem w kształcie rozety.

Po odśpiewaniu pieśni ofiarnik poprosił młodożeńców, by podeszli do stołu przykrytego białym, lnianym obrusem.
– Stańcie po obu jego stronach. To stół zaręczynowy, a na nim chleb, od wieków symbol życia, pracy, gościnności, zamożności i domowego ładu. Oby go wam nigdy nie zabrakło! A stół w waszej izbie niechaj będzie ołtarzem domowego chleba. Teraz, Mieszku i Dobro, połóżcie na chlebie wasze prawe dłonie – ofiarnik przewiązał je chustą. – Łączmy dłonie w tak zacnym gronie! – zawołał. Odwiązał im na powrót ręce, wziął ze stołu srebrny nóż o kościanej rękojeści; odkroił dwie cząstki chleba, podał panu młodemu i pannie młodej. – Oto chleb wasz wspólny, jak wspólny odtąd będzie wasz los. – Kiedy młodzi spożyli podane im kęsy, zwrócił się do nich po raz kolejny, donośnym i jeszcze bardziej uroczystym głosem: – Nadszedł czas, aby oblubieniec w dowód swej nieskazitelnej miłości odtąd aż po kres życia, oddał oblubienicy swój wieniec, zaś oblubienica swój odda wzajemnie.

Do młodej pary podeszli Czębor z Jagodą, pomagając im zmienić wieńce na głowach. Rozległy się oklaski zebranych w dowód świadectwa i aprobaty dla tego aktu. Ofiarnik uniósł ze stołu dzban z miodem, wypełnił nim róg i podał młodożeńcom: – Oby się wam wiodło, a wasze życie przepełniał nastrój, jaki zwykle jest udziałem nas wszystkich po wypiciu tego daru Bogów.

Mieszko przechylił róg, pociągnął łyk, po czym podał go Dobrej. Uczyniła to samo i przekazała róg na powrót ofiarnikowi. W tym czasie drużbowie i druhny poczęli rozdawać niewielkie, jednorazowe kubeczki gliniane napełnione miodem.

Wypito toast. Obecni zaczęli skandować: – Gorzko, gorzko!...

Mieszko czekał na ten moment: przywarł ustami do ust poczerwieniałej w jednej chwili Dobrej.

– Słodziej, słodziej, miodziej, miodziej! – wołano, gdy skrępowana Dobra odsunęła po chwili głowę. Mieszko uśmiechnął się, ponownie zanurzył się w koralowe usta.

Ofiarnik, wskazując na korowaj, zawołał:

Oto korowaj godowy,
O którym rzec można śmiele:
Kto go nie spróbuje, znaczy tu niewiele!

Ponownie drużbowie i druhny uwijali się, podając wszystkim wokół drobno pokrojone cząsteczki pieczywa.

Na koniec ceremonii obrzędowej ofiarnik obwieścił gromkim głosem: – Spełniło się! Łącząc się miodem i chlebem, łączymy się we wspólnotę, więzami z tymi oto – wskazał na Mieszka i Dobrą – mężem i żoną!

Znów rozległy się oklaski. Władywoj ze starostą zapraszali do stołów. Rozpoczynała się biesiada. Młodożeńców zaprowadzono do honorowego stołu na podwyższeniu. Przed nimi duży talerz; dzisiejszego dnia mieli jeść z jednego talerza na znak, że odtąd dozgonnie będą spożywać wspólny chleb. Po ich bokach zasiedli Czębor z Jagodą i główni gospodarze – Władywoj z małżonką. Wznoszono toasty. W miarę opróżniania kielichów, rogów i mis robił się coraz głośniejszy i weselszy gwar.

Na znak starosty zagrali muzykanci na piszczałkach, rogach, gęślach, bębnach i bębenkach. Wszyscy powstali; wziąwszy się za ręce utworzyli zamknięty krąg symbolizujący wspólną więź – korowód. Rozpoczęły się tańce.

Nastała noc. Ofiarnik wraz z jej upływem przyglądał się co pewien czas rozgwieżdżonemu niebu, a właściwie odmierzającym nocną porę Dzieciom Welesa[10]. Wreszcie, zerknąwszy po raz ostatni, wstał. Wyciągnął zawieszony za pasem róg i zadął. Gdy towarzystwo ucichło, oznajmił: – Północ. Oczepiny...

Mieszko z Dobrą powstali na te słowa – on spragniony, ona drżąca. Goście zaintonowali głośno i wesoło pieśń swadziebną:

Oj, chmielu, chmielu, ty bujne ziele,
To dzięki tobie mamy wesele.
Oj, chmielu, chmielu, oj, nieboże,
Raz na dół, raz ku górze,
Chmiel wam w tym pomoże!
Gdybyś ty chmielu nie lazł po tyce,
Zamiast mężatek byłyby dziewice.
Oj, chmielu, oj, nieboże...

W trakcie śpiewu Jagoda zdjęła z głowy Dobrej wieniec. Chwilę później starsza kobieta nałożyła jej czepiec, na niego zaś welon, który miał chronić

---

10 *Dzieci Welesa* – taką nazwę Słowianie nadali *Plejadom*. *Weles* – słowiański bóg zaświatów – był opiekunem dusz zmarłych.

poślubioną przed nieszczęściem, jakie mogłyby podczas oczepin uczynić zło- śliwe biesy. Formował się pochód; otwierali go Czębor z Jagodą, za nimi – wziąwszy się za ręce – kroczyli młodożeńcy, po nich reszta drużby i pozostali goście. Dla zapobieżenia nieszczęściom czyniono hałas, mający odstraszyć zło. Obsypywano młodożeńców chmielowymi szyszkami, aby dać im siłę płodności. Dotarli do dwuskrzydłowych drzwi izby przeznaczonej na noc poślubną. Czębor z jednej, Jagoda z drugiej strony otworzyli je wolno. Młodzi, coraz mocniej ściskając swe dłonie, przekroczyli próg, stawiając wysoko nogi, by go przypadkiem nie dotknąć, bowiem próg symbolizował granicę dwóch światów, granicą tą zaś była śmierć.

Czębor z Jagodą, z namaszczeniem, na powrót zamknęli drzwi. Obrócili się twarzami do biesiadników, kładąc palce na ustach. A potem machinalnie... zwrócili się ku sobie. Czębor spojrzał Jagodzie głęboko w oczy. Wytrzymała to spojrzenie, spłonęła jednak panieńskim rumieńcem, na szczęście nie dla wszyst- kich dostrzegalnym w świetle migocących pochodni...

MIESZKO WNUK MIESZKA

ROZDZIAŁ VI
BOLESŁAW WNUK BOLESŁAWA (1011- 1012 r.)

Mieszku, sumienia nie masz. Wieczerza stygnie, Bolko zasypia bez ojcowskiego pocałunku. A ty co? Dręczysz Czębora, chociaż wiesz, że jutro czeka ich daleka, wielodniowa podróż...

Mieszko uniósł miecz, ale nie odparował ciosu, tylko się uchylił. Spojrzał na Dobrą, trzymającą w beciku niemowlę, i na stojącą przy niej Jagodę. Uśmiechnął się rozbrajająco. Rzucił miecz i tarczę, zdjął rękawice, otarł nimi pot z czoła i też cisnął w kąt. – Wybaczcie. Istotnie, zagalopowałem się. Właśnie z tego powodu, że Czębor z Jagódką nas jutro opuszczają. Chciałem sprawdzić, co nam dały wspólne lekcje fechtunku. – Podszedł do niemowlęcia, ucałował je w policzek. – Zaraz będziemy.

Dobra zerknęła na Jagodę; wzruszyła ramionami: – Duże dzieciaki.

Obie jednak z lubością patrzyły na swych mężów.

– Teraz dzieciaki, ale jak ruszą na nieprzyjaciół, to będziecie z trwogą się zastanawiały, czy tych ćwiczeń było wystarczająco dużo – odburknął Mojsław wstając ze stołeczka, z pozycji którego sekundował obu szermierzom.

– A ty tak nie mędrkuj. Na szczęście tobie wojaczka jeszcze nie grozi, gołowąsie – odcięła się Dobra, jednak po oczach widać było, że ta uwaga zamąciła jej spokój ducha, podobnie zresztą jak Jagody.

– Czekamy – wycofały się z sali.

Mojsław odebrał broń ćwiczebną od Czębora i zawiesił na kołku. Podniósł też tę, porzuconą przez Mieszka, i podobnie zawiesił. Gdy się umyli, podał im do wytarcia lniane ręczniki.

Na wieczerzy pożegnalnej było zaledwie kilka osób, a i tak księżna matka dość szybko opuściła towarzystwo. Nie czuła się najlepiej w roześmianym gronie młodych, podczas gdy mąż znów potykał się gdzieś z Niemcami.

Mieszkowi i Dobrej towarzyszyli Czębor z Jagodą oraz Mojsław i na ogół milczący, ale za to jedzący za kilku Borko.

– Chyba wielki książę rad jest z tego, cośmy dokonali? – spytał Czębor, gdy za Emnildą zamknęły się drzwi.

– Jest mało wylewny – odpowiedział Mieszko – ale wystarczająco rozmowny, bym wyczuł w nim jego uznanie dla naszych zabiegów. Król Henryk szykował wielką kampanię przeciwko Polsce. Kiedy się dowiedział o naszym przymierzu, musiał zmienić plany. Wolał pilnować tego, co ma: strzec Saksonii. Oczywiście przed wami, moi drodzy Wieleci – ukłonił się dwornie. – Ojciec z wojami urządzili sobie raczej popas w Głogowie, a z nudów organizowali turnieje. Teraz też bardziej bawi się wycinaniem jakichś niemieckich maruderów, czy desperatów, aniżeli prowadzi wojnę.

– Domyślam się, że ta mała wylewność teścia wynika w dużej mierze z mojego powodu – w głosie Dobrej odczuło się gorycz. Popatrzyła Mieszkowi w oczy i oparła głowę na jego ramieniu.

– Nawet nie waż się tak myśleć! – Mieszko żachnął się. – On taki jest dla wszystkich. Jedyną osobą, którą naprawdę kocha i liczy się z jej zdaniem, jest moja matka. Pewnie, nie był zachwycony, że ślub odbył się pod jego nieobecność, wie jednak, iż stało się tak wyłącznie z mego powodu.

– Raczej, książę, jest ci wdzięczny, żeś wybawił go z niezręcznej sytuacji – wtrącił Borko, grzebiąc bezceremonialnie nożem w misie w poszukiwaniu co lepszych porcji pieczystego. – Chrześcijaństwo na pokaz zobowiązuje. Wybacz panie za te słowa, jeśli cię uraziły.

– Wybaczam – Mieszko złożył dłonie i schylił głowę parodiując gest mnicha. – Nie mogłeś tego ująć trafniej i krócej – zaśmiał się po chwili.

– Jeśli nawet – włączyła się z ożywieniem Jagoda – to wasz prześliczny Bolko zasypał fosę uprzedzeń. Nic dla koronowanych i książęcych głów nie jest lepszą nowiną jak ta, że doczekali się wnuka i to jeszcze noszącego ich imię. Ile już sobie liczy nasz dzielny następca następcy? – zwróciła się do Dobrej.

– A dzielny, dzielny – roześmiała się Dobra. – I następca, bo tak władczo żąda pokarmu, że słychać go po całym Wawelu. Ma już blisko pięć miesiączków. Zresztą, łatwo policzyć, skoro z powodu bliskiego rozwiązania nie mogliśmy przybyć na wasz ślub.

– Dobrze, że macie na kogo zwalić winę – Czębor udał nadąsanego. – Ale Mieszko mógł być, nie on w końcu rodził...

– Hola, hola! Nie musiało was tak pilić do ożenku. Trzeba było zaczekać aż Dobra porodzi, a mnie ojciec uwolni od części obowiązków. Zabawia się z drużyną w wojenkę, a ja? Obdarzony zostałem administrowaniem tego ogromnego państwa. To znojny chleb i niewiele pozostawia czasu na sprawy osobiste.

– No a Otton, twój młodszy brat? – spytał Czębor.

– Przykro mówić, ale to sympatyczny głuptas. Nic go oprócz jedzenia i pustej zabawy nie interesuje. Szwankuje na umyśle, niestety.

– Znaczy – podsumował Borko, odsunąwszy wreszcie talerz od siebie – czekaliby Czębor z Jagódką do dzisiaj, co najwyżej tęsknie do siebie wzdychając.

– Byłoby to, Borko, z korzyścią dla mnie i waszych pobratymców – Mieszko zrobił wesołą minę.

– Niby dlaczego?

– Bo to był mój fortel. Właściwie... nasze fortele – spojrzał porozumiewawczo na żonę. – Dobra była na tyle dobra, że wyprosiła od rodziców Jagódkę, aby została jej dwórką w Krakowie. W istocie chodziło o to, by Czębor, przybywając z misją od Wieletów, miał sposobność się z nią spotykać. A moja korzyść jest taka, że nasze kontakty, dzięki wiadomo dlaczego ochoczemu bieganiu Czębora na trasie Radogoszcz – Kraków – Radogoszcz, bardzo się pogłębiły – zrobił minę zadowolonego.

– Jeden powód nie umniejsza drugiego. Ale przynajmniej w smaleniu cholewek do naszych lubych okazałem się równy tobie – odciął się Czębor.

Roześmiali się.

– Czy jeden powód nie umniejsza drugiego przekonam się, odmierzając czas między twoim odjazdem a kolejnym przybyciem do nas. – Mieszko skinął na Mojsława, by wszystkim, oprócz karmiącej Dobrej, polał miodu. Ująwszy pełen puchar, dodał po chwili: – Ciekaw też jestem, czy będziesz równie szybki w postaraniu się o potomka. Wznoszę toast na tę intencję.

Męskie towarzystwo znów się gromko roześmiało; opróżnili puchary do dna. Jagoda z Dobrą uśmiechnęły się zmieszane; umoczyły usta – Dobra w mleku wypełniającym pucharek – i skryły oczy za spuszczonymi powiekami.

Borko zaczął sobie stroić żarty krępujące obie niewiasty. Dobra, ucinając je, spytała młodożeńców: – A jak i gdzie zamierzacie się tam zagospodarować?

– Czębor powiedział – Jagoda uniosła rozjaśnioną twarz – że skoro nie widziałam morza, to się go napatrzę do woli, bo zamieszkamy w jego pobliżu. A zagospodarować się przyjdzie nam łatwo – spojrzała z wyrazem wdzięczności na Dobrą – skoro obdarzyliście nas taką wyprawką.

– To niewielka rekompensata za to, że nie było nas na ślubie – odpowiedziała Dobra.

– Przeprowadziłem się do Wolina – przejął głos Czębor. – Dzięki wstawiennictwu mego wuja, żercy z kąciny Swarożyca wydali mi zostawiony tam na przechowanie przez ojca skarbczyk. Wziąłem z tej skrzyneczki połowę, drugą zostawiłem pod ich opieką na rzecz mego młodszego brata, Lutomira, jeśli kiedyś zdecyduje się wrócić. Wasza wyprawka oraz to, wystarczyły, by zakupić kilka łodzi morskich, nająć żeglarzy i zająć się handlem. Zaczyna mi się szczęścić, bo prowadzę interesy z Wołogoszczą, Kołobrzegiem i Gdańskiem. Twój zaś ojciec – zwrócił się do Dobrej – jest w dobrych stosunkach z Prusami. Obiecał nam, kiedyśmy się zjawili w Wiźnie, by odebrać od kniazia i kniahini błogosławieństwo, że pomoże nam nawiązać kontakty z Sambią. Tam podobno wydobywa się w ogromnych ilościach najlepszy bursztyn. Największy jednak skarb – spojrzał z miłością na Jagodę – już zyskałem i uwożę właśnie ze sobą...

Biesiadnicy nagrodzili oklaskami tę wypowiedź.

– A wiesz coś o twym bracie? – zagadnął go Mojsław.

– Niestety – Czębor rozłożył bezradnie ręce.

– Ktoś ponoć widział go aż w Tonsbergu, w dalekiej Norwegii – wtrącił Borko. – Nie tak jednak odległej dla naszych. Wielu zaciągnęło się tam na służbę u normańskiego króla. Prędzej czy później dotrze do jego uszu, że wyjaśniła się sytuacja Czębora i jego ojca.

– Nie chciej tyle szczęścia naraz, bo się nim zadławisz. Wszystko w swoim czasie – Mieszko napełnił mężczyznom puchary miodem, jako że Jagoda zdecydowanie postawiła swój dnem do góry. Przypili do siebie. – Wspomnij jak to jeszcze niedawno obaj pojękiwaliśmy w klasztornych murach.

Przyszedł czas na wspominki.

– Późno już – rzekł w końcu Czębor, widząc jak Jagoda z Dobrą co pewien czas ukradkiem ziewają. A jutro czeka mnie nie lada przeprawa. Będę musiał czuwać bez przerwy, póki nie dojedziemy na miejsce, żeby jakiemuś Polaninowi nie przyszła chęć „połknąć" mojej Jagódki.

– Nie obawiaj się – odrzekł mu poważnie Mieszko. – Wianka nie nosi, widać, że jest mężatką. Prawda, Kościół trochę tu namieszał. Niby gani niemoralność, ale jeszcze łatwiej odpuszcza ten grzech, byle dobrze potrząsnąć mieszkiem. Na szczęście słowiańskie prawa mocno w nas tkwią. – Wstał, dając pozostałym sygnał do uczynienia tego samego. – Jeszcze jutro przed waszą podróżą wypijemy strzemiennego – zwrócił się do Czębora.

* * *

Mieszko nie oszczędzał się. Pracował wytrwale – od świtu do wieczora. Wszędzie było go pełno. W kancelarii – znakomicie władając łaciną w mowie i piśmie – każdego dnia dyktował, sprawdzał, wskazywał na błędy, które należałoby poprawić. Nie mieli z nim kanceliści łatwego życia. Inaczej pozostali dworzanie, jego drużyna i ludność, o których dbał i pośród których sprawował sądy – zyskiwał wśród nich powszechne uznanie i życzliwość. Ceniono go za jego energię, troskliwość, trafne sądy, sprawiedliwość. On sam zaś, mimo trudów, które wziął na swe barki, cieszył się każdym dniem. Posiłki i noce spędzał u boku Dobrej. Kochali się namiętnie – często po sam świt. Zgodnie uznawali, że są to najszczęśliwsze chwile w ich życiu. Patrzyli z tkliwością jak rozwija się owoc ich miłości – mały Bolko. Posłuszni byli woli wymagającego wielkiego księcia Bolesława – ojca, teścia i dziada zarazem. Nawet nie przeszło im przez myśl, jak bardzo okrutny los on im szykuje.

ROZDZIAŁ VII
BOLESNE ROZSTANIE (1012 r.)

ieszko kurczowo zaciskał drżące dłonie na poręczach krzesła. Krew odpłynęła mu z twarzy. Z półotwartymi ustami patrzył jak zahipnotyzowany w lodowate, utkwione weń oczy. Językiem zwilżył pobladłe wargi. – Ojcze – wydusił słabym głosem. – Powiedz, że się przesłyszałem. Powiedz, że się ocknąłem, że przebudził mnie koszmarny, zły sen!

Surowy wyraz twarzy Bolesława począł wykrzywiać grymas narastającego gniewu. – Nie, synu – odezwał się po chwili, próbując się opanować. – Nie przesłyszałeś się. A jeśli chcesz to, co ci przedstawiłem, przyrównać do snu, to jest to sen złoty! Twoja rozwaga zapewni nam tak potrzebny na zachodniej granicy pokój. Wdzięczny ci będzie podległy nam lud, a wśród chrześcijańskich krajów zyskasz szacunek. To dobry prognostyk dla twych przyszłych rządów, gdy opuszczą mnie siły.

– Ojcze. Ożeniłem się z czystej, wzajemnej miłości. A córka kniazia mazowieckiego jest czymś więcej, niż córka jakiegoś tam palatyna. Z Dobrą mamy dziecko, syna, który nosi twoje imię. Jakże miałbym ją teraz, za życia, opuścić?! Tak się nie godzi, to wbrew prawom ludzkim i boskim!

– Widać, że za krótko kazałem cię trzymać w klasztorze, skoro nie wiesz, iż życie z tą kobietą Kościół nazywa rozpustą!

– Jakże to?

– Jakże? – Bolesław powtórzył drwiąco. – Nie udawaj. Nie macie ślubu kościelnego. Odprawiliście tam, wśród dziczy, jakieś niewiążące pogańskie gusła. W oczach Boga i chrześcijan uprawiacie nierząd, a mnie próbujecie jeszcze pohańbić nadając bękartowi moje imię. Nie równaj też palatyna reńskiego z pogańskim barbarzyńcą siedzącym w odległych, zapomnianych przez świat kniejach, i tylko dlatego, że na to pozwalam. Rycheza, twoja przyszła prawdziwa małżonka, jest wnuczką Ottona Drugiego a siostrzenicą Ottona Trzeciego. W żyłach twoich potomków popłynie błękitna krew cesarzy! Jest też dalszą siostrzenicą króla Henryka. A wspólny język ze sobą znajdziecie, bo – podobnie jak ty – młodość spędziła w klasztorze – zaśmiał się urągliwie.

– Ojcze, ty drwisz ze mnie! – Mieszko zerwał się z krzesła wzburzony. – W tym kraju, którym rządzisz, ślub krajowy, rodzimy, w oczach jego mieszkańców ma taką samą wartość jak ślub kościelny. Nie zmuszaj mnie do nikczemności! Nie zmuszaj mnie do poślubienia Niemki, kobiety z narodu, który odwiecznie jest nam wrogi. Krewnej króla Henryka, z którym od lat walczysz. Dla pokoju to robisz? Jak długiego pokoju? Wieczystego? Nie łudź się. Nie godzę się na taką podłość!

Próbował odejść, ale Bolesław wstał i stanął mu na drodze: – Siadaj! – syknął. – Siadaj. Rozkazuję jako ojciec i jako władca! A twój psi obowiązek nakazuje mi posłuszeństwo.

Mieszko, zgromiony słowem i spojrzeniem despoty, który nie znosił sprzeciwu, na powrót usiadł. – Nie w takich kwestiach... – odrzekł tylko.

– Nie w takich?! To już zapomniałeś, czemu pozwoliłem ci zdjąć habit? Zapomniałeś jaką rolę ci wyznaczam – ja i państwo, którym rządzę, a i ty kiedyś będziesz rządził? Zgodziłeś się. A godząc się uznałeś, że dobro państwa i rację stanu należy postawić ponad swe osobiste słabostki i zachcianki. Obecna zaś racja stanu wymaga tego związku. Król Henryk już wyraził zgodę. Jeśli go odrzucisz, stanie się to, co zamierzał, a co pewnie z jeszcze większą zaciekłością będzie chciał uczynić: całymi siłami na nas uderzy, uderzy wraz ze wszystkimi swoimi sprzymierzeńcami! Nikt takiemu natarciu nie sprosta, nawet ja. Uzmysłów to sobie wreszcie niedojrzały człowieku! Nie będzie to pompatyczne co powiem, lecz po prostu prawdziwe: w twoich rękach leży los Polski, w tym Mazowsza, które inaczej nie będzie miało sił obronić się przed Księstwem Kijowskim.

– Co będzie jeśli odmówię?

– Co będzie? – Bolesław zaśmiał się urągliwie. – Będziesz miał prosty wybór: wrócić do klasztoru i odpokutować za wszeteczny związek lub czekać Weszpryma, którego zawezwę na powrót, by zajął twoje miejsce. Podobno miota się jak dziki zwierz w klatce, spragniony władzy. Pamiętaj, to on jest moim pierworodnym, nie ty. Myślisz, że jak kiedyś uzyska władzę, to zostawi cię przy życiu? Po tym wszystkim? Wątpię. Znam jego charakter. W najlepszym razie oślepi cię, bo tak się rozprawiamy ze spowinowaconymi. Tak jak ja niegdyś oślepiłem Rudego, chociaż wcześniej był moim faworytem[11]. Jeśli staniesz mojej polityce okoniem,

---

11 Bolesław III Rudy – książę czeski z dynastii Przemyślidów, spokrewniony z Bolesławem Chrobrym. Rządy jego cechowały się niezwykłym okrucieństwem i stały się sprzeczne z polityką polskiego władcy. Chrobry podstępem ściągnął go do Krakowa, a następnie kazał oślepić.

mogę okazać się dużo bardziej okrutny dla Władywoja i nic dla mnie nie znaczącej jego córki! Mówię poważnie, więc lepiej zostaw ich, bo zostawiając, darujesz im życie... Synu, przemyśl to na chłodno. Daję ci na podjęcie decyzji dwa tygodnie, nie więcej.

– A ty, ojcze, czy dla racji stanu, gdyby tego wymagała, pozbyłbyś się mej matki, a twej umiłowanej żony?

– Głupio pytasz. Kiedy trzeba było, to się ich pozbywałem, bo wiesz dobrze, że nie jest moją pierwszą żoną. Ale dojrzałem z czasem. Twa matka jest tą, która przynosi nam zaszczyt i korzyści. Więc nie zdarzy się taka okoliczność. Ty zaś nie musisz powielać moich błędów. Jeśli były, to widocznie po to, by stanowiły dla ciebie przestrogę. – Bolesław wstał, klasnął w dłonie; zawołał: – Straże!

– Gdy te ukazały się w drzwiach, rozkazał, wskazując na Mieszka: – Młody książę ma wielki problem do rozwiązania, który wymaga ciszy i odosobnienia. Odprowadźcie go do jego komnaty i pod żadnym pozorem nie pozwólcie, by mu ktokolwiek przeszkodził. Nawet jego żona. Odpowiadacie za to gardłem. Zrozumiano?

– Tak jest, wielki książę.

– Wyprowadzić!

– Aresztujesz mnie, ojcze?!

Bolesław skrzyżował ręce na piersi; nie odpowiedział.

* * *

Dobra i towarzyszące jej dwórki zajęte były kobiecymi robótkami. W świetnym humorze zabawiały się opowiadaniem wesołych historyjek. Jedna z nich kończyła opisywać niezdarne zaloty młodego Bolesławowego dworzanina; krztusiły się ze śmiechu. Nagle stojąca za drzwiami komnaty straż otworzyła je szeroko. Zamilkły zdziwione, a po chwili spłoszone – dostrzegły wśród przybyłych biskupa w towarzystwie dwóch mnichów, a wraz z nimi jednego z bliskich doradców wielkiego księcia.

Dobrej zamarł uśmiech na ustach. Jeszcze nigdy tak wysokiej rangi duchowny nie przekroczył tego progu. Czasami podsyłano tu szeregowych zakonników, by próbowali przekonać ją do chrześcijańskiej wiary. „I ten mnich Ekbert, wiecznie szpiclujący swymi rozbieganymi oczami, szczujący na mnie i me dwórki. Po co?" – zastanawiała się intensywnie. Kiedy biskup, nie skłoniwszy się nawet,

otworzył usta, mówiąc: „Dobro, córko Władywoja...", zmroziło ją; instynktownie wyczuła czające się nieszczęście.

– ...pozwól, by twe dwórki opuściły to pomieszczenie. Sprawa bowiem,
z którą przychodzimy, dotyczy wyłącznie ciebie.

Dobra ruchem dłoni dała dziewczynom znak do wyjścia i znieruchomiała.
Dwórki, równie pobladłe, ukłoniły się i czym prędzej odeszły do przyległej
komnaty.

Gdy drzwi się za nimi zamknęły, biskup, odchrząknąwszy, kontynuował:

– Przybyliśmy, by obwieścić ci wolę Kościoła, wielkiego księcia Bolesława
i chrześcijańskiego ludu. Wszyscy uznaliśmy zgodnie, że nie możemy tolero-
wać dłużej rozpusty, jaka uprawiana jest w naszym grodzie. Jest ona bowiem
obrzydliwa Bogu i budzi wstręt jego ludu. Nie takich wzorców tu oczekujemy.

– Wielebny biskupie, o czym ty prawisz?! Ja ciebie nie rozumiem.

– Zaraz zrozumiesz. Powiem zatem bez ogródek: żyjesz bez ślubu z synem
naszego pana. Takie współżycie może i jest akceptowane w pogańskich krajach,
lecz nie wśród chrześcijan. Pismo słowami świętego Pawła apostoła powiada,
że ci, którzy dopuszczają się takich rzeczy, Królestwa Bożego nie odziedziczą!

– Przecież jestem związana z Mieszkiem ślubem. Jest moim mężem od
dwóch lat i od tyluż on mnie zwie żoną. Mamy też syna ochrzczonego w waszym
Kościele – odpowiedziała Dobra drżącym głosem. – Co wam po dwóch latach
przyszło na myśl?

– Liczyliśmy na opamiętanie z twej strony. Ale mylisz się, niewiasto, jeśli
uważasz, że jakiś obrządek przeprowadzony przez pogańskiego żercę w obliczu
martwych bogów uznamy za prawnie zawarty związek małżeński. Nie chciej,
żebyśmy tu użyli wobec ciebie słowa, jakim określamy kobiety dopuszczające
się nierządu.

Dobra, blada, patrząc przerażonymi oczami na ludzi, którzy wtargnęli bez
zapowiedzi, naraz poczerwieniała. Narastające wzburzenie nie pozwoliło jej
w pierwszej chwili wydobyć głosu; wzięła kilka głębokich oddechów:

– Nasyłaliście tu do mnie waszych duchownych, by mnie przekonać o wyższości waszego Boga. Boga obcego mi, wywodzącego się z odległego, pustyn-
nego, prażonego słońcem kraju. Nie przekonaliście mnie, ale z szacunku do
wszelkich religii i Bogów nie ubliżałam wam w niczym, ba, byłam obecna
w kościele, gdyście chrzcili moje dziecko. Za to wy nie szczędzicie mi przykrych, godzących w moją cześć słów. Więc teraz ja wam powiem: jeśli któryś

z Bogów jest martwy, to wasz, bo go martwego obnosicie na krzyżu, chlubiąc się jeszcze tym wizerunkiem!

– Bluźnisz! – wykrzyknął biskup i przeżegnał się ze zgrozą.

– Zaraz przez sługi poproszę męża, któremu od pierwszego dnia jestem wierna, aby tu przybył. Pragnęłabym, żebyście w jego obliczu powtórzyli te bezecne, ubliżające mi słowa!

– Pani – odezwał się Ekbert, tłumiąc drgający mu w kącikach ust złośliwy uśmieszek. – Książę Mieszko nie przybędzie na twe wezwanie. Ani teraz, ani nigdy. Usłuchał głosu Kościoła i swojego sumienia. Poczuł skruchę i uznał, że już cię widzieć więcej nie pragnie.

Dobra na powrót pobladła. W głowie poczuła zamęt; miała wrażenie, że serce jej przestało bić. Mężczyźni patrzyli na nią w ponurym milczeniu – Ekbert ironicznie, pozostali z kamiennymi twarzami.

Gądziel, doradca Bolesława, rozwinął niewielki zwój: – Wolą i rozkazem moim jest – zaczął czytać podniosłym, choć ostrym głosem – aby Dobra, córka mazowieckiego kniazia Władywoja, siejąca zgorszenie na naszym dworze zarówno swymi poglądami i zabobonami, jak i nieobyczajnością, którymi to zaraża mego syna, księcia Mieszka, czym prędzej opuściła nasz dwór wraz z osobami, które tu z nią przybyły. Podpisano: Wielki Książę Polski Bolesław. Masz to uczynić, pani – dodał unosząc głowę – najpóźniej do jutra, do południa.

– Zwinął na powrót pismo.

Po odejściu upiornej delegacji, podsłuchujące za drzwiami dwórki usłyszały hałas. Otworzyły drzwi; wbiegły. Na posadzce leżała nieruchomo Dobra. Z rozbitej głowy sączyła się krew. Jedna z dziewcząt uklękła przy niej. Odsunęła delikatnie spoczywającą na sercu dłoń i przyłożyła ucho.

– Żyje?! – pytano szeptem z trwogą.

– Żyje.

* * *

– Ja chcę, ja żądam widzieć się z moim panem! – Mojsław krzyczał do strażników, którzy skrzyżowali przed nim włócznie.

Podszedł do niego dowódca straży. – Uspokój się, paniczu. Przekazano nam, że twój pan nie wyraża ochoty, by cię widzieć, a tym bardziej z tobą rozmawiać. Natomiast nasz pan, książę Bolesław, rozkazał, żebyś opuścił Wawel i wrócił wraz ze swą siostrą tam, skąd przybyliście! Wasz orszak jest już gotowy do drogi i czeka niecierpliwie na ciebie. Pospiesz się i nie pozwól, by z twego powodu opóźnił swój wyjazd. Inaczej będziemy musieli zastosować się do woli księcia, to znaczy zamknąć cię w lochu, jeśli w dalszym ciągu będziesz próbował wszczynać tu burdę.

Mojsław opuścił zrezygnowany dłonie. – Bądźcie przeklęci! – zawołał. Splunął, odwrócił się na pięcie i począł zbiegać kamiennymi schodami prowadzącymi na dziedziniec. Wkrótce za orszakiem Mazowszan i asekurujących ich Bolesławowych wojów zamknęła się brama.

ROZDZIAŁ VIII
RYCHEZA ZA POKÓJ (1013 r.)

osłowie wrócili, z potwierdzeniem woli zawarcia pokoju.
– Książę Bolesław, przymrużywszy oczy, patrzył uważnie na Mieszka. – Teraz pozostaje twoje małżeństwo, ale to już czysta formalność. Zysk po naszej stronie. Właściwie twojej – zreflektował się, widząc, jak syn niespokojnie poruszył się na krześle. – Spróbuję ci to teraz, przed samą podróżą, dokładniej przybliżyć. – Zmarszczył czoło, zastanawiał się chwilę. – Widzisz... – zaczął – gdy matka Rychezy, Matylda, wychodziła za mąż za Ezzona, małżeństwo to zdecydowanie nie było równorzędne. Cesarz Otton Trzeci, jej brat, nie był tym zachwycony. Żeby jednak nie zaznała uszczerbku rodzinna ambicja i duma, zdecydował się przyznać Matyldzie całkiem spore dobra, między innymi okręg Saalfeld nad rzeką Salą. Po jego śmierci konkurentem dla Henryka do tronu niemieckiego stał się właśnie Ezzon. Doszło między nimi do ostrej rywalizacji. Kiedy Henryk uzyskał tron, pomścił się na palatynie, odmawiając mu nadań poprzednika. To stało się zarzewiem waśni, a nawet wojny między obu rywalami, wyzwoliło też wrogość Lotaryngii wobec króla Henryka. I oto rzecz nieoczekiwana – Henryk zmienił swój stosunek do Ezzona i uznał alodialny charakter nadań Ottona na rzecz Matyldy.
– Skąd ta zmiana? – zaciekawił się Mieszko.
– Wiem już, że ma to związek z zamierzoną przez Henryka wyprawą do Rzymu po cesarską koronę i po to, by rzymianie nie rozprawili się z proniemieckim papieżem. Łatwo tego bez siły zbrojnej nie uzyska. Czeka go rozprawa z królem Arduinem i jego italskimi wojskami. Więc... Henrykowi zależy, by w kraju panował spokój. Poza tym potrzebuje wsparcia. Już się rozpowiada, że jeśli zawrzemy pokój, to będzie mnie prosił o dostarczenie mu wojów na tę wyprawę.
– Dostarczysz, ojcze?
– Jeszcze czego! Henryk, ten świętoszek, to chytry lis. Ale my wiemy jak się z lisami obchodzić! Jest zadowolony, że mam zamiar uderzyć na Ruś, bo jest ona sojusznikiem Bazylego, cesarza bizantyjskiego, zwłaszcza odkąd Włodzimierz,

książę kijowski, poślubił jego córkę. A Bazyli lubi mieszać w Italii. Ja zaś, skoro wyprawię się na Ruś, nie będę miał dodatkowych sił, by go wesprzeć, co mu się oczywiście odpowiednio wytłumaczy. Zresztą, prosił mnie o to sam król Arduin... – Bolesław zrobił porozumiewawczą minę. – Hojnie o to prosił – zaśmiał się.

– Ale po co do tego moje małżeństwo, poza – jak zgaduję – czysto materialnymi korzyściami?

– Ha! – Bolesław zatarł dłonie z zadowolenia. – Decyzja o twym małżeństwie to mój majstersztyk! Król Henryk od początku lękał się kontaktów, jakie nawiązałem z palatynem reńskim. Lotaryngię nie do końca spacyfikował. Ale ma to też związek z Miśnią i Merseburgiem. Miśnią zarządza Herman, będący pod dużym wpływem twej siostry, zaś Merseburg to siedziba margrabiego Ekkerharda. Niechętnego nam, oczywiście – zaśmiał się znacząco – lecz którego wplątało się w posądzenie, że utrzymuje z nami podejrzane stosunki. Za moją zaś radą Emnilda z Regelindą, sięgając do swych powiązań rodzinnych, pomogły w porozumieniu się nadreńskiej opozycji ze mną. To ostatecznie wystraszyło Henryka. Dziedziczne nadania, które kiedyś, w przyszłości, przypadną Rychezie, a więc i tobie, sprawiają, że zarówno dla niego, jak i dla mnie Rycheza staje się poręką pokoju. Jako przyszły dziedzic owego majątku wejdziesz przy okazji w krąg książąt niemieckich.

– Ojcze. Z tego co słyszę wnioskuję, że okazałeś się nieszczery wobec mnie. Tłumaczyłeś, że racja stanu wymaga, bym porzucił Dobrą na rzecz Rychezy, a jeśli odmówię, to Henryk uderzy takimi siłami, iż mu nie sprostamy. Teraz dowiaduję się, że jeśli Henryk zbiera siły to po to, by Rzym zaśpiewał jak on mu zagra. I prawdopodobnie bez mojego ożenku gotów byłby się z nami układać! – Mieszko tłumił wzburzenie i rozczarowanie.

– Bo z tobą inaczej rozmawiać się nie da! – Bolesław się naczupirzył. – Jesteś tak niedoświadczony, że trzeba ci krok po kroku uzmysławiać czym jest rządzenie. Natomiast co do racji stanu, to tak! Właśnie tego wymaga racja stanu! Nie możemy wojować na dwa fronty, a muszę iść na Ruś, by ratować twego szwagra i siostrę! Wiesz przecież, że książę Włodzimierz uwięził ich wraz z biskupem Reinbernem?

Mieszko zagryzł wargi, by nie zadrwić z tego tłumaczenia. Wiedział, że jego szwagier, Światopełk, zbuntował się przeciwko Włodzimierzowi, swemu ojcu. Ale wiedział też dobrze, że stało się to z inspiracji Bolesława, który lubił podsycać wewnętrzne animozje w krajach sąsiednich, by zdobyć wpływ na tych, których popierał. „Pomaga temu, który zbuntował się przeciwko ojcu – myślał z goryczą – podczas gdy ode mnie, syna, żąda bezwzględnego posłuszeństwa. Co za zakłamanie! A biskup? Gdyby nie mącił grekom w głowach swoją religią łacińską, to w najgorszym razie bezpiecznie wróciłby do Polski".

Bolesław, widząc po minie syna, że zanosi się na burzę, wstał. – No, cóż... To tyle, co chciałem ci powiedzieć. Wzywają mnie obowiązki. A ty szykuj się do podróży – wyszedł czym prędzej z komnaty.

Mieszko zgrzytnął zębami. Uderzył bezsilnie pięścią w oparcie krzesła.

* * *

Mieszko nie potrafił się poddać udawanemu nastrojowi; siedział sztywno, odpowiadał zdawkowo. Niekiedy wymknął mu się nieznaczny, cierpki uśmiech, gdy siedzący naprzeciw siebie wieloletni wrogowie komicznie silili się na „przyjaźń". Sama uczta wydana na cześć wielkoksiążęcej pary, Bolesława i Emnildy – niesłychanie bogata, oprawna w kosztowne naczynia, strojnych paziów, muzyków i wesołków – też śmieszyła Mieszka. Był już tu, w Merseburgu, od lutego. Jego rodzice zjechali dopiero teraz, pod koniec maja. Przebywał wystarczająco długo, by poznać graniczącą ze skąpstwem oszczędność Niemców. Ta pokazowa uczta miała zademonstrować Bolesławowi bogactwo Henrykowego dworu, w istocie zaś pokryć zakłopotanie wynikłe z hojnych, kapiących od złota i szlachetnych kamieni darów, z jakimi przybył władca ponoć zacofanego i biednego w tego rodzaju precjoza kraju. Dla Mieszka był to też najlepszy dowód, jak bardzo królowi zależy w obecnej chwili na pozyskaniu księcia polskiego.

Henryk maskował miną swą porażkę – oto po kilku latach wojny przegrał ją, odstępując Milsko i Łużyce w ramach traktatu, który lada chwila miał podpisać. Nic dziwnego, że jedyną szczerze rozbawioną i zadowoloną z siebie osobą był Bolesław. Mieszko porównywał obu władców: Bolesław – coraz bardziej otyły, o nalanej czerwonej twarzy i mięsistym, wpadającym w fiolet nosie – zdał się przeciwieństwem Henryka, kreującego się na władcę pobożnego, o ascetycznych rysach, wysmukłych jak u kobiety dłoniach. Król miał starannie wyfryzowane rude włosy i brodę; w oczy rzucał się jego przydługi, spiczasty nos. Bolesław liczył sobie czterdzieści sześć lat, Henryk był o sześć lat młodszy. Wyglądem skrajnie różni, ale było w nich coś wspólnego – wyrażały to oczy:

ostre, przenikliwe, pod napiętymi brwiami pozwalające bystremu obserwatorowi dostrzec, że w ich głowach wre ciągła praca ważenia korzyści i strat, snucia planów i intryg. Przypominali ambitnych szachistów, których treścią życia jest sama gra. Mieszkowi, lubującemu się w studiowaniu twarzy, błysk w oczach Henryka, ilekroć kierował wzrok na Bolesława, mówił: „Dałeś mi dzisiaj mata, ale jutrzejszy rewanż będzie należał do mnie". A może inaczej: „Ha! podsunąłem ci znaczną figurę, a ty się na to nabrałeś, uznałeś mnie za marnego gracza, nie jesteś już tak uważny. To dobrze, bo szykuję ci niespodziankę". Mieszko nie musiał natomiast wpatrywać się w twarz ojca, zbyt dobrze ją znał. Ten gracz myśli: „Niemądry ruch, Henryku. Straciłeś figurę, zbyt ważną i zbyt łatwo, bym cię nie przejrzał".

Mieszko, przyglądając się uważnie innym, unikał jednak spojrzeń na usadowioną po jego prawicy Rychezę. Studiując ludzkie twarze wiedział, że i jego oblicze może jej i otoczeniu łatwo zdradzić, co myśli i co do niej czuje. „Cóż ona winna. Jeszcze mniej ma w tej sprawie do powiedzenia". Ale nie spodobała mu się ani z wyglądu, ani z charakteru. Jeszcze chudsza od króla, koścista, niemodnie u Słowian biała, miała wąskie, ściągnięte usta, bladoniebieskie, wodniste oczy i matowe, nieokreślonej barwy włosy. W porównaniu z piękną, złotowłosą, pełną życia i rumieńców Dobrą, stanowiła zaprzeczenie kanonów kobiecości uznawanych na wschód od Łaby. Niemiłym dopełnieniem tego była jej wyniosłość i pogardliwo-pobłażliwe patrzenie na Polaków. Traktowała ich jak na wpół ucywilizowanych dzikusów. Podobnie odnosiła się do Emnildy, świadoma jej słowiańskiego pochodzenia. Nie miała w sobie na tyle zmysłu krytycznego, by dostrzec, że to jej ziomkowie, mimo bogatych szat, cuchną potem i niemytymi ciałami, a ich głośne siorpanie zup i piwa budzi zdziwienie i niesmak polskich dworzan. „Jakie to żałosne – Mieszko zżymał się, im bardziej myślał o Rychezie. – Za kogo ona się uważa? Zwykła poddana niemieckiego króla, w której płynie tak rozrzedzona krew cesarzy, że już z pewnością nie błękitna, co najwyżej bladosina jak jej cera". Myśl o niedalekim poślubieniu jej i współżyciu, odbierała mu apetyt i napawała wstrętem. Miał wrażenie, jakby los, wyzwalając go z niemieckiego klasztoru, zakpił, oddając w jeszcze gorsze niemieckie więzy. Czuł się bardziej upokorzony od króla. „Tamten w swej stracie widzi i zysk, ja zaś jedynie straciłem, a zysku nie widzę i nie przewiduję". Stanęła mu przed oczami Dobra; siłą powstrzymywał cisnące się do oczu łzy. Zaciskająca się na złotym pucharze dłoń omal go nie zgniotła. Pił, mając wrażenie, że podano mu cykutę.

RYCHEZA ZA POKÓJ (1013 r.)

* * *

Rozmowy przebiegły pomyślnie. W Zielone Świątki zawarto pokój i przymierze. Król Henryk i wielki książę Bolesław wystąpili jak równy z równym. W sposób niezwykle uroczysty zaprzysiężono wzajemną pomoc przeciw swoim wrogom. Bolesław bez zająknięcia przyobiecał dostarczyć Niemcom kontyngent wojskowy na wyprawę do Rzymu. Henryk odetchnął z ulgą – czas biegł dla niego niekorzystnie, książę polski zaś nie spieszył się. Przykro doświadczony, gdy jedenaście lat temu w podobnych okolicznościach napadli go ludzie Henryka, teraz zabezpieczył się należycie. Przyjazd uwarunkował przybyciem zakładników wywodzących się z najlepszych niemieckich rodzin. Umieścił ich w Gnieźnie pod bacznym okiem swoich wojów. Gdyby cokolwiek się mu przydarzyło, zostaliby co do jednego ścięci. Stąd jego obecność w Merseburgu dopiero po blisko czterech miesiącach od przybycia tu Mieszka.

Późnym wieczorem po uroczystościach i wydanej z tej okazji uczcie, Bolesław poprosił Mieszka, żeby wstąpił do użyczonej mu zamkowej komnaty. Udzielił kilku rad i wskazówek dotyczących sposobu prowadzenia negocjacji.

Mieszko, potakując, w pewnej chwili spytał: – Rozumiem twój hołd lenny złożony z Milska i Łużyc. Wiem, że na chwilę obecną było to stosowne. Natomiast dziwi mnie i moje otoczenie, czemu pozwoliłeś sobie, ojcze, by nieść przed królem jego miecz, gdyśmy szli w procesji do kościoła? Czy nie demonstrowałeś w ten sposób, że czujesz się jego poddanym?

– Ani trochę. Owszem, niesienie miecza przed królem czy cesarzem stanowi dla znamienitych lenników zaszczyt. Zapoznałem się z pełnym znaczeniem tego zaszczytu. Jest to jednak również wyróżnienie, przywilej, jaki król pragnie wyrazić przebywającym na jego dworze niepodległym władcom. Nie umniejszyłem zatem swej godności.

– Znaczy, że każdy może rozumieć to po swojemu. Obawiam się, że ich kronikarze wykorzystają tę dwuznaczność na swoją korzyść. Ale, skoro już mnie przywołałeś, chciałem cię o coś prosić w związku z moim ślubem. I nie odmawiaj, błagam, bo już wystarczająco zostałem skrzywdzony w tej grze…

– Nie zaczynaj! O co chodzi? – Bolesław nasrożył brwi.

– Właściwie prośba ta nie pochodzi tylko ode mnie. Tak by chcieli to widzieć król ze swą małżonką Kunegundą i rodzice Rychezy…

– …czyli co? – niecierpliwił się Bolesław.

– Żeby ślub zawarty został tutaj, u Niemców, w Merseburgu.

– Hm... nie widzę przeszkód. Nie pojmuję natomiast, czemuż to – na odmianę – taki pośpiech?

– Nie chodzi o pośpiech. Chcesz iść na Ruś, prawda? Więc pamiętaj, ojcze, że w takich razach wspiera cię Mazowsze. A na Mazowszu, odkąd kazałeś mi porzucić Dobrą, są nastroje niesprzyjające nam. Może pozwólmy im uwierzyć, jak ja na początku uwierzyłem tobie, że to cena za pokój z Niemcami...

– Noo, wreszcie, synu! – Bolesław się rozpogodził. – Jeszcze będzie z ciebie Piast godny rodu. Dobrze, nazwijmy tę sprawę niemiecką intrygą. Rzeczywiście, ślub i wesele w Gnieźnie mogłyby nie w porę rozjuszyć te pogańskie osy.

* * *

Ślub 23-letniego księcia Mieszka Bolesławowica z młodszą od niego o trzy lata Rychezą Ezzonówną odbył się, ku zadowoleniu wszystkich, w Merseburgu.

Na pytanie arcybiskupa para wypowiedziała sakramentalne „tak". Nałożono sobie wzajem na palce ślubne pierścienie.

Mieszko, wiedząc, że zarówno Rycheza, jak i duchowny ani w ząb nie znają języka polskiego, dodał słyszalnym szeptem: – Poślubiam cię, Rychezo, dla pozoru. Bądź mi małżonką racji stanu. Nie licz na mą miłość, co najwyżej na litość.

Rycheza z arcybiskupem popatrzyli na niego zdziwieni. Uznali, że to jakaś dodatkowa formułka stosowana w kościołach na terenie Polski. Przytaknęli głowami na znak aprobaty.

W miarę gdy uczta weselna zmierzała ku końcowi, Mieszkowi na samą myśl o nocy poślubnej przechodziły ciarki po plecach; ale naraz się rozpogodził.

Znaleźli się sam na sam w wyznaczonej im gościnnie komnacie sypialnej, przebrani w nocne koszule. Mieszko przypatrywał się spod oka siedzącej na krawędzi łoża z baldachimem swej nowej połowicy. Milczał. Ona, skrępowana, spuściła powieki. Splatała w zakłopotaniu kościste dłonie. Oddychała szybko piersią bez szczególnych, spodziewanych w tym miejscu, wypukłości. Wzdrygnęła się na jego głos, gdy w końcu się odezwał:

– Pani. Obydwoje spędziliśmy młodość w klasztorze, ucząc się żyć pobożnie. Wpojono w nas miłość do Boga, którą należy pielęgnować i postawić na pierwszym miejscu w życiu, i... wskazano na potrzebę poskramiania naszych grzesznych ciał i myśli...

– Tak, mój panie – odpowiedziała drżąco, nie rozumiejąc do czego zmierza.

– Pomyślałem, że stosowne będzie w naszej sytuacji, a Bóg zapewni nam błogosławieństwo na nowej drodze życia, jeśli się mu ofiarujemy. Jeśli złożymy śluby, że zachowamy swą czystość, dopóki nie znajdziemy się w swoim miejscu zamieszkania, a twoim nowym domu i ojczyźnie.

– Tak, mój panie – odpowiedziała ponownie. W jej głosie czuło się bardziej ulgę, aniżeli zawód.

Mieszko rzucił się na kolana; opierając się łokciami o łoże złożył dłonie: – Módlmy się!

Rycheza klęknęła z drugiej strony. Powtarzała za Mieszkiem *Pater Noster*, po czym, zdziwiona nie mniej, jak kiedy stała na ślubnym kobiercu, słuchała, gdy jej małżonek zakończył modlitwę w swym rodzimym języku:

– Boże, dzięki ci za tak miłosierne kruczki. – Wstał, podszedł do niej, ucałował w czoło. Wskazał na łoże. Gdy posłusznie weszła do niego, nakrywając się po nos pierzyną, zdmuchnął świecę przy jej stoliku. Obszedł łoże, zdmuchnął świecę po swojej stronie. Ogarnęła ich ciemność. Położył się na wznak; poczuł niewysłowioną ulgę.

Nazajutrz po mszy i śniadaniu odbyła się publicznie jeszcze jedna uroczystość. Mieszko złożył królowi hołd wasalski, który dotyczył go osobiście: w posagu otrzymał beneficjum leżące na terenie Niemiec, nie w Polsce. Od tej chwili wchodził w poczet książąt niemieckich.

Wkrótce do Mieszka poczęła lgnąć część panów niemieckich; zyskiwał stronników w samych Niemczech. Henryk patrzył na to krzywo, Bolesław odwrotnie – zacierał ręce, rad z syna.

ROZDZIAŁ IX
TĘSKNOTA (1013 r.)

Uroczysty orszak zbliżał się do Ostrowa Lednickiego. Mieszko, za zgodą ojca, postanowił umieścić Rychezę w tutejszym palatium i zorganizować jej tu mieszkanie. Podążali z Gniezna, gdzie nowożeńcy w kościele katedralnym zostali pobłogosławieni przez arcybiskupa Radzima Gaudentego, brata świętego Wojciecha. Tam też odbyła się uroczysta uczta, zorganizowana przez księcia Bolesława dla oczekujących ich możnowładców; stanowiła namiastkę merseburskiej uczty weselnej. Potem nastąpiło pożegnanie z ojcem i matką; rodzice udawali się do Krakowa. Bolesław postanowił tam czekać na obiecany niemiecki kontyngent, by wraz z nim i polskimi wojskami ruszyć na Ruś.

Pogoda sprzyjała orszakowi; zaczynało się lato. Było ciepło, lecz nie gorąco. Przyroda ukazywała swą bujność i ożywienie – drzewa przybrały odcień głębokiej zieleni, ptaki popisywały się swoimi trelami, pszczoły brzęczały pracowicie zajęte przygotowywaniem pożądanej przez nie, ludzi i... niedźwiedzie słodyczy.

Mieszko jechał na swym ulubionym karym wierzchowcu tuż obok basterny, krytej lektyki unoszonej przez dwa konie – jeden zaprzęgnięty był z przodu, drugi z tyłu. Siedziała w niej Rycheza. Uchyliwszy zasłony zerkała znudzona na okolice; nie imponowała jej natura. Nie poddawała się pogodnemu nastrojowi drużyny małżonka. Umiłowanie przyrody uznawała za niegodny cywilizowanej osoby odruch „dzikusa". Mieszko przeciwnie, napawał oczy widokami. Cieszył się powrotem do kraju. „Zaraz będziesz miała, co lubisz: wał grodowy, spoza którego nic nie widać, i zimne, zbudowane z ciosanego kamienia palatium. Przypasuje do twojego charakteru" – zżymał się w myśli. – A jak ci będzie mało, to jest jeszcze obok zbudowany z otoczaków kościół. Możesz go obdarować swym bogactwem". Nie był łasy na majątek, ale wypowiedzi ojca, ile na tym ożenku zyska, budziły w nim pusty śmiech. Rycheza w otoczeniu skromnego niemieckiego dworu, a jedynie wielu księży, wiozła ze sobą wyjątkowo ubogi posag, za to, jak na ironię, wyprawę bogatą w sprzęty kościelne i nabożne

66

księgi. „Ja, Mieszko, ale nie pierwszy, a ty nie Dobrawa. Kazań mi głosić nie będziesz ani mnie nawracać!" – sarkał w duchu.

Oczom wszystkich ukazało się długie jezioro, a na jego środku duża wyspa. W jej południowej części wznosiły się fortyfikacje grodowe: drewniano-ziemny wał. Reszta wyspy – podgrodzie – upstrzona była drewnianymi domkami, mieszkaniami rzemieślników i rybaków. Trakt przechodził w niezwykle długi most szeroki na osiem kroków. Wjechali płosząc stukotem końskich kopyt ukryte w przybrzeżnych sitowiach wodne ptactwo. Mieszko zerkał na Rychezę; ta drewniana droga nad jeziorem i jeszcze dłuższa od drugiej strony robiła na przybyszach wielkie wrażenie, budziła podziw dla ich budowniczych. Oba mosty łączyły trakt z Gniezna do Poznania. Rycheza – dostrzegł to po jej twarzy – też się ożywiła; po chwili jednak wydęła wargi i odsunęła się w głąb lektyki. Już nie po raz pierwszy przekonywał się, że będzie lekceważyła wszystko co polskie, co słowiańskie.

Wjechali przez główną bramę od strony północnej. W samym grodzie rzucały się w oczy dwa obiekty: kościół i dalej dwupiętrowe, prostokątne palatium, zbudowane z okrzesek kamiennych łączonych gipsową zaprawą.

Orszak się zatrzymał. Mieszko zeskoczył z konia. Pomógł Rychezie wyjść z lektyki; poprowadził do wnętrza palatium. Wchodzili po pięknie rzeźbionych w dębie, szerokich, wygodnych schodach. Na piętrze, w zachodniej części, mijali urządzoną ze smakiem reprezentacyjną salę. Na najwyższym piętrze Mieszko wskazał Rychezie jej komnatę i kolejne, dla jej dwórek. Otworzył drzwi, zaprosił. Weszła, rozglądając się wokół. Trudno jej było ukryć przed bystrym wzrokiem męża, że zaskoczył ją zastany tu przepych: wschodnie kobierce na ścianach i podłodze, wygodne łoże z baldachimem, zdobne skrzynie, stół, krzesła; na stole i wokół złote świeczniki.

– To twoja prywatna komnata, Rychezo – zwrócił się do niej. – Ale, oczywiście, jeśli uważasz, że jest zbyt skromna – oczy błysły mu kpiarską wesołością – zawsze możesz ją urządzić po swojemu.

– Dziękuję, mężu. Jak mi to często przypominasz, wychowałam się w klasztorze. Cenię zatem skromność – odpowiedziała, zgadując kryjącą się za wypowiedzią ironię. – Myślę, że przyzwyczaję się do otaczającej mnie prostoty – dodała.

Mieszko ukłonił się w milczeniu. Po odpoczynku i posiłku zaprowadził ją wraz z jej księżmi do sąsiadującej z palatium kaplicy. – Tu będziesz mogła spędzać pożytecznie czas, zgodnie z twoim upodobaniem i pobożnością – powiedział kąśliwie, gdy przekroczyli jej próg.

Kaplica zbudowana była na planie krzyża greckiego. Cztery filary wznosiły się w miejscu przecięcia się naw i równocześnie wspierały usytuowaną centralnie wieżę. Wschodnią ścianę zamykała apsyda ołtarzowa. Do wieży prowadziły stopnie okrągłej klatki schodowej, która równocześnie zapewniała komunikację z emporą.

Nie minęło kilka dni, gdy Mieszko oznajmił Rychezie, że został pilnie wezwany do Krakowa. Pożegnał się z nią bez czułości. Nie doszło między nimi do cielesnego zbliżenia. Od tej pory widywano go wszędzie, lecz nie w grodzie lednickim. Przez swych gońców słał od czasu do czasu pozdrowienia. Usprawiedliwiał się wieloma obowiązkami; pytał o jej pomyślność. To wszystko. Coraz częściej rozmyślał o Dobrej i popadał w melancholię.

* * *

Mieszko wraz z doradcami słuchał sprawozdania, z jakim przybył goniec od księcia Bolesława. Wyprawa na Ruś okazała się pomyślna. Do bitwy z księciem Włodzimierzem nie doszło, bowiem udało się zawrzeć umowę. Światopełk został uwolniony i powrócił do łask ojca. Bolesławowi towarzyszyli w wyprawie koczowniczy Pieczyngowie, ustawicznie wyprawiający się na bogatą Ruś. Spodziewali się łupów, tymczasem władca polski odsyłał ich nawet bez okupu, którego nie uzyskał od Włodzimierza. Doszło do buntu. Zostali... wycięci przez Bolesławowych wojów.

Mieszko nie podzielał entuzjazmu otoczenia. Wiedział, że król Henryk opuścił Merseburg i przez Bawarię udawał się do Rzymu. Podążał do Italii wściekły na Bolesława, który ani myślał dosłać mu obiecanych wojów. To wróżyło kłopoty. Spacerował po wawelskim dziedzińcu. Myślał o Dobrej i swym synku. Ileż to już razy gotów był rzucić wszystko, wsiąść na wierzchowca i pognać do nich. Lecz zawsze w takiej chwili stawała mu przed oczami gniewna twarz ojca i jego słowa: „Mogę okazać się jeszcze bardziej okrutny dla Władywoja i nic dla mnie nie znaczącej jego córki! Mówię to poważnie, więc lepiej zostaw ich, bo zostawiając, darujesz im życie...". Znał go, to nie były słowa puszczone na wiatr, i... rezygnował. Gotów był mu wybaczyć klasztor, ale Dobrej już mu nie wybaczy. Nic nie pozostało z synowskiego oddania, ani krzty miłości, jedynie suche, formalne podporządkowanie się swemu zwierzchniemu władcy. Rezygnował, gdyż zdawał sobie sprawę, że gdyby udał się na Mazowsze, ba, gdyby nawet próbował wysłać tam gońca z pismem, natychmiast doniesiono by o tym ojcu. Wiedział, że jest pod szczególnym nadzorem duchownych. Ocknął się z zamyślenia na widok Jura, Żytyca, który go niegdyś przeprawiał przez Odrę. Uczynił go dowódcą swoich przybocznych. Szedł ku niemu spiesznie; towarzyszyło mu czterech wojów.

– Panie – Juro stanął przed nim i się ukłonił. – Doniesiono nam, że do Krakowa zbliża się Czębor i prowadzi ze sobą ponad setkę Wieletów. Niebawem tu będą. Nikt go nie zatrzymywał, bo taka zawsze była twoja wola, panie. Ale teraz? Wieleci znów się od nas odwrócili. A jeśli przybywa w złych intencjach, by się zemścić? Puścić go na Wawel z tyloma zbrojnymi?

– Tak, musicie ich puścić. A jeśli wyleje na mnie swą gorycz, to mu nie zabronię, zasłużyłem na to.

– Zatem, panie, będziemy zmuszeni nie odstępować ciebie...

– Nie trzeba – Mieszko machnął ręką zrezygnowany.

– Trzeba, panie – Juro odpowiedział stanowczo. – Wylać gorycz może równie znaczyć rozlać krew!

* * *

Czębor stanął przed drzwiami książęcej komnaty zdziwiony, że skrzyżowano przed nim włócznie.

– Panie – podszedł do niego z boku trzeci woj. – Prosimy, żebyś odpiął pas nim cię wpuścimy.

– Taka to przyjaźń z chrześcijaninem – Czębor odpowiedział z goryczą, odpinając jednak posłusznie pas z krótkim mieczem.

– To rozkaz naszego dowódcy – tłumaczył zażenowany woj przyjmując pas. Skinął na pełniących straż. Cofnęli włócznie. Czębor wszedł bez pukania.

W komnacie, w półmroku rozpraszanym ledwie kilkoma świecami, za zastawionym stołem siedział Mieszko, zaś po jego bokach – uzbrojeni w miecze – Zadar oraz Juro.

– Siadaj – Mieszko wskazał gościowi miejsce naprzeciw siebie.

Mierzyli się wzrokiem w niezręcznym milczeniu. Podczas oficjalnego posłuchania dowiedziano się, co przygnało Czębora z aż tyloma ludźmi do Krakowa.

Wieleci pokój Polski z Niemcami i hołd Mieszka złożony Henrykowi z lennych ziem na terenie Niemiec uznali za zdradę i zerwanie przymierza. W samym Związku doszło na tym tle do niesnasek. W rezultacie najzagorzalsi zwolennicy dalszego zachowania przymierza z Polską zostali zmuszeni do opuszczenia ojczyzny. Jedni udali się do normańskich krajów, drudzy – pod wodzą Czębora – do Polski.

– Chciałem rozmawiać z tobą w cztery oczy – przerwał kłopotliwą ciszę Mieszko, ale ci dwaj – wskazał na Zadara i Jurę – nie pozwolili mi. Sam więc widzisz, ile mam tutaj władzy, skoro nawet sługom muszę ulegać. Cóż dopiero mówić o woli mego ojca.

– Książę… – zaczął Czębor.

– Mieszku – poprawił go ten, do którego skierowano słowa.

– Tak mi zezwoliłeś zwracać się do ciebie, gdyśmy byli w przyjaźni, ale jej nie dotrzymałeś. Dzisiaj muszę się z tego powodu tułać z moimi ludźmi po obcych ziemiach i wpraszać na służbę do tych, których moi ziomkowie na powrót uznali za swych wrogów i przeniewierców. Przyjaźń to zaufanie, a mnie przed wejściem do ciebie pozbawiono pasa.

Mieszko zmarszczył brwi i spojrzał groźnie na Jura. Ten jednak wzruszył ramionami. – Znam swoje obowiązki – odrzekł beznamiętnie.

Mieszko rozłożył ręce: – No i sam słyszysz i widzisz, co ja mam tu do gadania. Ale to są moi wierni towarzysze. Tak też traktują ciebie. Po prostu nie chcą, by nieuzasadnione emocje pogłębiły te nieszczęścia.

– Nieuzasadnione! – Czębor prychnął gniewnie.

– Proszę, częstuj się. Posilmy się wszyscy, nim zaczniemy rozstrzygać swoje racje.

– Już mnie tu tak nasyciliście, żem utracił łaknienie.

– To chociaż przypijmy do siebie, bo chyba nie jesteśmy wrogami, skoro przybyłeś, by zaoferować nam swoje usługi? – skinął na Zadara.

Zadar nalał miodu z dzbana do pucharów.

– Sława!

– Sława!

Przypili. Wszyscy, oprócz Mieszka, strącili po kilka kropli na posadzkę w ofierze dla bóstw domowych.

– I ty, Zadar? – Mieszko nie krył zdziwienia.

– Wystarczająco, panie, nadokonywałem porównań, by dojść do wniosku, że nie należało pochopnie zrywać z wiarą i mądrością naszych ojców.

TĘSKNOTA (1013 r.)

– Wiesz, Czębor? – Mieszko począł kiwać głową. – Krąży u nas od kilku pokoleń taka powiastka. Na dworze mojego dziada wychowywał się niejaki Sambor. Nie lubił Pomorzan, uważał was za barbarzyńców. Jego ojciec na odwrót, chętnie z dyplomatycznymi misjami wyprawiał się do Słowian Północy. Pewnego razu zabrał ze sobą do Gdańska syna. Gdy ów Sambor, niezbyt temu rad, się wykręcał, tłumacząc, że nie ma upodobania w kontaktach z dzikusami, ojciec mu powiedział: „Ta podróż nauczy cię, synu, że nim osądzisz sądzonego, warto go przedtem zobaczyć i wysłuchać jego racji". Usłuchał, pojechał. Zobaczył na własne oczy wysoką kulturę Pomorzan i ich bogactwo. Osądził, pokochał, a nawet został w Gdańsku poślubiając Pomorzankę i stając się ogniwem jednającym Pomorzan z Polanami[12].

– Do czego zmierzasz?

– Do tego samego. Wysłuchaj mnie osobiście, a nie – jak dotąd – przez osoby trzecie. Potem osądź.

– No więc słucham – Czębor sięgnął bezwiednie do misy; nałożył na talerz mięsiwa i począł jeść, wbiwszy oczy w Mieszka.

– Przedtem jednak chciałbym, żebyś wyjaśnił mi pewną nieścisłość – Mieszko przypomniał coś sobie. – Mówiłeś w obliczu rady, że przyciągnąłeś ze sobą stu pięćdziesięciu ludzi. Tymczasem przybyłeś tu z setką?

– Tych pięćdziesięciu było z żonami i dziećmi. Woleli udać się na Mazowsze, do Władywoja. Wraz z nimi pojechała też moja Jagoda z córeczką. One stanowią cały mój majątek, jaki mi pozostał dzięki kontaktom z wami – wyjaśnił rozgoryczony Czębor.

Mieszko zmieszał się: – Przecież mogłeś ich zabrać ze sobą do Krakowa. Niczego by im nie zabrakło – powiedział z wyrzutem.

– Mogłem, ale Jagoda oświadczyła, że nie chce cię widzieć na oczy, chybaby po to... – Czębor zamilkł.

– Chybaby po to, żeby mi napluć w twarz? To ci powiedziała?

– Mniej więcej.

Zadar z Jurą żachnęli się; spojrzeli niespokojnie na Mieszka. Ten poczerwieniał; dłonie mu zadrżały, spuścił głowę. Po długiej, pełnej napięcia chwili, wyprostował się. Zmierzył wzrokiem całą trójkę:

– Traktuję was jako moich najbliższych przyjaciół. Nie mam zamiaru mieć wobec was tajemnic. Miałem jeszcze jednego, młodego przyjaciela, Mojsława

---

12 historia ta zawarta została w zbiorze opowiadań autora pod wspólnym tytułem: *Pomorskie Orlęta* (Wydawnictwo *Triglav*, Szczecin 2014)

– westchnął – ale już go nie mam. Odjechał z Dobrą przeklinając mnie, tym bardziej, że wcześniej sam mnie przestrzegał przed tym związkiem. Posłuchaj więc Częborze, a i wy dwaj, bo też nie wszystko wiecie, zwłaszcza co czuje moja dusza... Potem mnie osądźcie.

Potoczyła się pełna bólu, żalu i skargi opowieść. O decyzji i groźbach Bolesława, o tym, że wierny Dobrej do dziś dnia nie współżył z Rychezą, o tęsknocie za Dobrą i ich synkiem...

Słuchający coraz bardziej się wzruszali w miarę jak Mieszko – co pewien czas łamiącym się głosem – snuł przed nimi swą spowiedź...

ROZDZIAŁ X
NIEWOLA (1014 r.)

Sprytny jesteś, Czębor – Mieszko nie krył zadowolenia. – Tak pokierować moim ojcem, że wysyła właśnie ciebie na Mazowsze ze swoimi rozkazami? Nie widzi, jak jesteś mi bliski?

– Wielki książę nie jest naiwny, chociaż nieraz – dla własnych celów – chce sprawiać takie wrażenie. Teraz, kiedy Niemcy przebąkują o wypowiedzeniu Polsce wojny, ponownie jest łasy na nas, Wieletów. To po pierwsze. A po drugie... – przygryzł wargi, spojrzał przyjacielowi w oczy – może się mylę... ale coś mi się zdaje, że nie patrzy już tak łaskawym okiem na Rychezę... A jeśli po powrocie zagada, niby od niechcenia, jak się chowa jego wnuk, to... No, co ja ci będę mówił. Tak to jakoś czuję przez skórę.

Mieszko zamyślił się. – Kiedyś, tam, w Maastricht, czułeś, że się uwolnimy. Przez skórę... – uśmiechnął się. – Może i teraz intuicja cię nie zawiedzie? Oby... Ale czy zdołasz nakłonić Dobrą, Mojsława i ich rodziców, by choć trochę mnie zrozumieli? Kochasz Jagodę, kochasz swoją córeczkę, prawda?

– Jakżeby inaczej!

– Tak ja kocham moją prawdziwą i jedyną żonę i mojego synka. Miej to w pamięci, gdy będziesz rozmawiał z Dobrą.

– Będę... będę o tym pamiętał – Czębor gorąco się zaklinał.

– Kiedy jedziecie?

– Już za trzy dni.

Mieszko westchnął ciężko; położył dłoń na ramieniu Czębora: – Dzięki. – Zdjął rękę, jakby się ocknął: – Ojciec mnie wzywa. Znów mnie pewnie czymś zaskoczy. Nie raz uczyniłbym inaczej, a tu muszę w milczeniu go słuchać, potakiwać, ewentualnie rzucić naiwne pytanie. Innej opcji nie ma.

– Współczuję. No to do zobaczenia. Sława!

Bolesław oczekiwał syna rozparty na krześle i najwyraźniej zadowolony z siebie. Wskazał mu miejsce naprzeciwko. Zaczął, jak zwykle, od spraw związanych z administracją. Potem, z miną godną lubującego się w psotach wyrostka, począł opowiadać o swych intrygach w Italii.

Mieszko słuchał go sceptycznie.

– Tak – ciągnął triumfalnie – rozesłałem posłów po całej Italii, żeby informowali możnowładców, że król Henryk jest słabeuszem, również w opinii samych Niemców. Walczącego z nim króla Arduina też wspierałem. Owszem, trzeba było niekiedy sypnąć pieniędzmi, ale się opłaciło.

– Opłaciło? Przecież co chciał, to osiągnął. Uzyskał koronę cesarską.

– Temu i tak bym nie zapobiegł. Ale nie o to chodzi. Nie posiedział długo w Rzymie, nawet miesiąca. Rzymianie zbuntowali się przeciw niemu i pogonili go stamtąd. Z trudem, kąsany, przedzierał się do Niemiec. Wyprawa kosztowała go krocie, a zmykał jak lis. To złagodzi jego pohukiwania na nas, bo wojna kosztuje. Mnie zaś wydatki się zbilansowały, jako że papież musiał obejść się smakiem...

– No, właśnie. O co tu, ojcze, chodzi? Nie byłeś łaskaw mnie o tym poinformować.

– Twój dziad obiecał Kościołowi płacić rodzaj daniny za to, że podlegamy bezpośrednio Rzymowi, a nie arcybiskupstwu niemieckiemu. Musiałem przejąć na siebie to zobowiązanie. Ale nie dałem złamanego grosza. Zanim Henryk znalazł się w Italii, wysłałem list do papieża. Tłumaczyłem w nim, że ilekroć posyłam ludzi z czymkolwiek do Rzymu, to Henryk się na nich zasadza. No i – zaśmiał się – wbiłem między nich klin. Pokłócili się.

– Krótka to była kłótnia – Mieszko odpowiedział wątpiąco – skoro teraz mówią jednym głosem. Papież trzyma za Niemcami. Inaczej by było, gdyby tiarę zachował jego rywal, Grzegorz. Ale świadom jesteś, ojcze, żeś Henryka rozsierdził i grozi nam wojną?

– Wiem. Uniósł się honorem. Ale o honor się walczy, gdy ma się czym, inaczej wystawiamy się na pośmiewisko. Zaś nasz świeżo upieczony cesarz ma z tym kłopot. A ja mu – zaśmiał się urągliwie – sprawy nie uproszczę. I po to cię dzisiaj zawezwałem. – Nalał z dzbana piwa. Podał Mieszkowi pełen kubek; pociągnął ze swojego łyk, otarł wąsy. Rozważał coś w duchu; spoważniał. – Jak ci się widzą rządy księcia Oldrzycha w Czechach? – spytał znienacka.

– Cóż... – Mieszko zastanawiał się do czego zmierza ta zmiana tematu. – Dobrze, że pognał swojego brata, Jaromira, bo tamtemu nos już brązowiał od całowania w tyłek Henryka. Oldrzych – jak słyszę – rządzi surową ręką i jest energiczny...

– Otóż to – Bolesław wszedł mu w słowo. – A co ważniejsze, nam sprzyja. Zachował neutralność podczas ostatniej wojny z Niemcami.

– W końcu to ty, ojcze, udzieliłeś mu schronienia, a później pomogłeś przegnać brata i samemu zasiąść na praskim tronie. Czemu mnie jednak o niego pytasz?

– Nie bez powodu. Liczę, że Oldrzych mi się odwdzięczy za tyle dobroci, zresztą z korzyścią dla Czech. Jeśli zawrze z nami sojusz, to dzieje świata pobiegną inną drogą. Dla nas szeroką i wygodną... Cesarstwo jest teraz słabe, nie przeciwstawi się temu. Przemyślałem wszystko. I ciebie wyślę z tą misją do Pragi.

Mieszko zaniemówił. Zrobiło mu się gorąco. – Mnie?...

– Przecież powiedziałem wyraźnie. Na administracji już się poznałeś, trzeba teraz byś bardziej podszkolił się w dyplomacji.

– Nie byłbym aż takim optymistą, ojcze. Król Henryk ma u siebie księcia Jaromira i nim szachuje.

– Tym bardziej powinno Oldrzychowi zależeć na uwolnieniu się od cesarstwa.

– Może lepiej, jeśli uda się tam ktoś inny... spróbuje wysondować nastroje...

– Boisz się?

– Tego nie powiedziałem.

– To dobrze. Pojedziesz natychmiast. Dodam ci do orszaku swoich drużynników. No i ten cały Czębor niech dobierze kilku Wieletów i koniecznie jedzie z tobą.

– Czemu on?

– Bo Czesi często się z nimi sprzymierzali. Gdy ich zobaczą, może to ułatwić rozmowy.

– Ale... – Mieszko zaczerwienił się – przecież wysyłasz go na Mazowsze...

– Mazowsze nie zając, stoi gdzie stało i stać będzie. Tyle że psioczy na mnie. Po powrocie tam pojedzie... obaj pojedziecie – zaśmiał się znacząco i pokiwał głową.

* * *

W dzień przybycia do Pragi poselstwo polskie, nim dosiadło koni, przebrało się w uroczyste stroje, by jak najlepiej zaprezentować się przed czeskim

księciem. W słońcu błyszczały szyszaki i kolczugi, powiewały kolorowe pele-
ryny; na przedzie jechał woj dzierżący chorągiew z białym orłem.

– A oto, książę, przed nami siedziba mojego władcy – zwrócił się do Mieszka
Triszko, dowódca oddziału czeskiego wysłanego przez Oldrzycha na spotkanie
z orszakiem.

Mieszko zatrzymał konia; spojrzał na wzgórze, na którym wznosił się drewniany zamek otoczony na szańcach również drewnianą palisadą.

– To wzgórze, książę, zwiemy Hradczany, a osadę wokół Pragą.

– Niegdyś, jak opowiadali moi ziomkowie – zagadnął Czębor Mieszka, zerkając przy tym na Czecha – było to miejsce poświęcone Świętowitowi. Tam
składano ofiary, tam odbywały się wiece. Czy postawienie na tym uświęconym tradycją miejscu świeckiej budowli i chrześcijańskiego kościoła nie ubliża
przodkom?

– Gdyby zmartwychwstali dawni mieszkańcy tych terenów, poszliby do
głowy po rozum i odrzucili bezwartościowe gusła – odpowiedział za Mieszka
Triszko. – A tobie, Wielecie, nie przeszkadza służba najemna w szeregach
chrześcijanina, co znany jest z tego, że wybija zęby za nieprzestrzeganie postu?

– Służę w drużynie Mieszka, nie Bolesława.

– Ach, tak. To kogo mam zaanonsować memu panu, księciu Oldrzychowi? –
Triszko zaśmiał się szyderczo, patrząc na Czębora nieprzyjaźnie. – Może pomyliłem orszaki, bo mój pan wysłał mnie, bym wprowadził na zamek delegację
księcia Bolesława.

Mieszko spojrzał z wyrzutem na Czębora; szarpnął w milczeniu uzdę. Ruszyli.
Wjechali przez most nad rowem obronnym, kierując się do jednej z wież, która
pełniła równocześnie funkcję bramy. Znaleźli się na brukowanej ulicy.

– A to nasza katedra świętego Wita – znów tłumaczył Mieszkowi czeski
dowódca, wskazując na kamienną rotundę. – Zbudował ją święty Wacław.
Znajduje się w niej cenna relikwia – ramię świętego Wita darowane nam przez
króla Niemiec, Henryka Pierwszego – dodał z nabożną dumą.

– Ramię?! Całe? – zagwizdał Czębor. – Nieźle. Cenna to rzecz, choć nie
całkiem dar, skoro kosztowała was uzależnieniem się od Niemiec.

– Zamilcz! – Mieszko uniósł się gniewem.

– Książę, nie pozwól, żeby to pogańskie szczekadło drażniło nasze uszy
i bluźniło temu miejscu! Wybacz, ale dziw, że takich ludzi dobrałeś sobie na
wizytę do nas.

– Z pretensjami do mego ojca. Chciał się wam przypochlebić, skoro tak często i z takim upodobaniem zawieracie z nimi przymierza. Tym bardziej że matką świętego Wacława, o którym tylko co wspomniałeś, była Wieletka z plemienia Stodoranów, Dragomira – odciął się Mieszko, poirytowany rozmową.

– Ta, co to przewodziła powstaniu antychrześcijańskiemu i rozpędziła klechów na cztery wiatry – dodał, śmiejąc się, Czębor.

Mieszko spiorunował go wzrokiem. Czech nasrożył się, ale nic nie odrzekł, ucałował tylko zawieszony na piersiach krzyż. W milczeniu wjechali na zamkowy dziedziniec.

* * *

Mieszko, oprowadzany przez księcia Oldrzycha, oglądał najcenniejsze skarby Czechów. Mógł nawet usiąść na wykutym w kamieniu tronie, na którym zasiadał ceremonialnie każdy nowy książę. Dotknął wykonanych z łyka sławnych chodaków założyciela dynastii Przemyślidów, Przemysła Oracza, który – gdy obrano go księciem – kazał je zawiesić w swej komnacie na pamiątkę, jak kuriozalne figle potrafi płatać los, oraz jako znak pokory dla siebie i swych potomków. Ale przede wszystkim starał się z twarzy rozmówcy rozszyfrować, co naprawdę myśli o rozmowach, które przeprowadzili. Osobliwa była ta twarz okolona kędzierzawymi puklami włosów o dużych, sarnich oczach. Oczy owe, z podniesionymi jakby w zdziwieniu brwiami, były dla niego zagadką – niby naiwne, dziecięce, ale czasami pojawiał się w nich niepokojący, niedostrzegalny dla ogółu, złowrogi błysk. Dziwne też były rozmowy – bardziej przypominały monolog. Mówił Oldrzychowi o wspólnym pokrewieństwie, przeszłości, wskazywał na korzyści, jakie odniosą oba kraje zachowując między sobą pokój. Podkreślał zalety zawarcia ze sobą przymierza obronnego, przeciwstawienia się wszystkim swoim wrogom, zwłaszcza cesarzowi. Czeski książę słuchał go, potakiwał, niekiedy coś mruknął, czasami zadał zdawkowe pytanie. Ostatecznie ustalono, że przybędzie do Polski poselstwo, by dopracować szczegóły przymierza i podpisać porozumienie. Ale ten głupawy wyraz twarzy Oldrzycha, jakby szwankującego na umyśle, frapował Mieszka. „Czy tak jak potakiwał mi, potakuje każdemu rozmówcy? Daje się wodzić za nos, czy wodzi za nos?".

Starzy doradcy Bolesławowi szybko dostrzegli, że otoczenie Oldrzycha składa się po większej części z osób sprzyjających Niemcom. Niemniej orzekli, że misja zakończyła się sukcesem. Mieszko, nie do końca przekonany, nie zaprzeczał. „Niech tak sądzą, i oby mieli rację – myślał. – Niech rośnie u rodzica mniemanie o mnie. Tym chętniej wyśle mnie na Mazowsze". Nadzieja, jaką przed wyjazdem uczynił ojciec, spędzała mu sen z oczu. Szybko pragnął zakończyć wizytę w Pradze i wracać. Nic dziwnego, że po odbytych rozmowach, po kilku dniach spędzonych na prośbę gospodarzy na ucztach, z ulgą i nadzieją wracał do kraju.

Obóz rozbili na polskiej już ziemi, na Śląsku. Nazajutrz niespieszno wstali, ale – na przekór pogodzie – w dobrych nastrojach. Byli u siebie, jadą do Bolesława z dobrymi nowinami. Poranna mgła początku jesieni, uparcie trzymająca się kotliny, w której nocowali, wzmagała uczucie chłodu, ale i głodu. Zarządzono przed wyruszeniem gorący posiłek. Słudzy pilnowali dymiących kotłów, konie nieopodal skubały trawę, członkowie pocztu niemrawo prostowali kości i zwijali namioty. Borko, ku uciesze i uldze ciur obozowych, rąbał swoim toporzyskiem pień na szczapy do ognia.

Naraz jeden po drugim cichli, zwracając zdziwieni głowy w stronę, z której przybyli. Z chwili na chwilę nasilał się tętent wielu galopujących koni. Niestety, jakieś półtora stajania od obozu wąwóz zakręcał i nie pozwalał widzieć swego pozostałego odcinka.

Mieszko z Cząborem i rozmawiająca z nimi grupka wojów popatrzyli po sobie.

– Z tego kierunku może to być tylko jazda czeska, nikt od nas – Mieszko nie krył zaniepokojenia; instynktownie oparł dłoń na rękojeści miecza.

Wkrótce zza zakrętu wynurzyła się kawalkada jeźdźców. Pochyleni, okryci tarczami, na widok obozu zniżyli włócznie, unieśli miecze i topory.

– Zdrada! – zawołał Mieszko. – Do broni! Konia! – krzyczał. Nie czekając na odzew podbiegł wraz z Cząborem, doradcą Gądzielem i Jurem do wierzchowców, które – na szczęście – stały już okulbaczone. Wskoczyli na nie; bez kolczug, tarcz, szyszaków…

Zaprawieni w bojach i wyczuleni na podstępy i zasadzki drużynnicy jednak dali się zaskoczyć. Czujni, póki szli przez czeskie ziemie, w najmniejszym stopniu nie spodziewali się takiej zdrady, ale i fortelu Czechów. Tym bardziej że wracali pokrzepieni zapewnieniami Oldrzycha. Patrzyli strwożeni: już na pierwszy rzut oka siły przeciwnika były kilkakrotnie większe, zaś oni nieprzygotowani. Jedyna nadzieja w mieczach, z którymi drużynnicy się nie rozstawali.

Ci, którym udało się doskoczyć do tarcz, szybko ustawiali się w mur. Na więcej było już za późno! Konie z impetem uderzyły w tarcze, obalając i tratując wojów. Tyle że zatrzymało to galop. Rozpoczęła się nierówna walka – piesi przeciw jeźdźcom. Padali Polacy i Wieleci, z rzadka któryś Czech. Drużynnicy skupili się na obronie swego księcia. Mieszko w lot pojął beznadziejność sytuacji. Pozostało drogo okupić swoją śmierć. Rzucił się zajadle na wroga. Wyuczony i ulubiony jego rumak bił kopytami i gryzł, on zaś, uchylając się zręcznie, siekł mocno, ale precyzyjnie – gdy klinga uderzała klingę, siła uderzenia była tak wielka, że wybijała przeciwnikowi miecz z dłoni lub ręka odskakiwała do tyłu; wówczas ciął błyskawicznie i najczęściej śmiertelnie. Podobnie bił się Czębor. Kątem oka widzieli jak z konia osuwa się Gądziel. W ich stronę forsował się Borko. Chociaż spieszony, ustępowano przed nim z przestrachem. Jego ogromny topór czynił spustoszenie: spadał z niesłychaną siłą i szybkością na końskie łby, rozpłatując je, a nim koń zdążył upaść, to samo czynił z jeźdźcem. Usuwano mu się z drogi sądząc, że sprzymierzył się z samym diabłem. Wkrótce był już przy Mieszku i Częborze.

Mieszko przez chwilę dziwił się zachowaniu atakujących go Czechów, i... zrozumiał! – niby uderzali na niego, ale jakby nie chcieli go zabić. Gdy jeden z nich groźnie zaatakował go i szerokim zamachem próbował ściąć mu głowę, ponad zgiełk walczących ktoś tubalnie, rozkazująco i gniewnie zakrzyknął: „Żywcem! Żywcem go brać!". Spojrzał w tamtą stronę: z boku stał Triszko! – dowodził napadającymi. Mieszko, przytłoczony beznadziejnym ich położeniem, zwrócił się do broniących go towarzyszy: – Czębor i ty, Juro! Musicie wydostać się z tego kotła i uciekać!

– Nie, Mieszku. Zginiemy razem! – odkrzyknął Czębor, wyrywając spadającemu z konia Czechowi tarczę. Nieco wcześniej, podobnie uczynił Mieszko.

– Słuchajcie, oni chcą mnie wziąć żywcem. Spójrzcie, wycinają w pień naszych ludzi! Zaraz się poddam. Może w ten sposób zachowam pozostałych przy życiu. Ale ktoś musi się stąd wyrwać i dotrzeć do mego ojca. To rozkaz!

– Słyszałeś, Czębor?! Uciekajcie! – wrzasnął Borko. – Otwieramy wam drogę. Teraz!

Borko z Mieszkiem i kilkoma wojami rzucili się w jednej chwili na Czechów tarasujących odwrót. Uczyniła się wolna przestrzeń. Częborowi w ciągu kilku uderzeń serca przeleciało przez głowę wiele myśli. Zrozumiał; zawrócił konia i pognał przed siebie. Za nim Juro. Dostrzegło to trzech Czechów. Rzucili się za uciekającymi i... przypieczętowali swój los: Mieszko wjechał między ich dwa konie – metalowym umbem tarczy zmiażdżył skroń atakującego, podczas gdy drugiemu wraził miecz w brzuch. Borko natarł na trzeciego jeźdźca i nim ten cokolwiek zdołał uczynić, ściągnął go z konia i leżącego ciął przez czoło toporem. Czębor z Jurem oddalali się w szaleńczym biegu, już nie niepokojeni.

Topniały szeregi wojów Mieszka; zostali wkrótce szczelnie okrążeni. Triszko uniósł dłoń; przerwano atak. – Książę! – zawołał do Mieszka. – Proszę się poddać. Opór bezcelowy. Ocalisz życie swoje i pozostałych. Dajemy wam słowo.

Garstka broniących się spojrzała wyczekująco na Mieszka, podobnie zresztą jak Czesi.

Mieszko chwilę milczał, w duchu rad, że Czech ubiegł go z propozycją. Zsiadł z konia; odrzucił tarczę, miecz schował do pochwy. – Poddajemy się – zwrócił się do swoich. – Mam nadzieję, że twoje słowo – odpowiedział dowódcy – jest coś więcej warte, niż słowo wierutnego kłamcy, twego pana Oldrzycha.

Czesi zaczęli gniewnie szemrać. Dowódca uciszył ich. Polacy i kilku ostałych przy życiu Wieletów oddawało pojedynczo broń. Powiązano ich, zaś Borka, lękliwie, aż kilku skuło kajdanami. Jedynie Mieszkowi pozwolono honorowo wsiąść na konia i zachować miecz, pilnie go jednak asekurując.

– A gdzież ten wyszczekany Wielet, ten pogański pies? – Triszko spytał Mieszka, rozglądając się wokół. – Obiecałem sobie, że jemu jednemu przeznaczę inny los. Chyba że umknął mi – wskazał na poległych. – Ale tam, dokąd trafi, jeszcze lepsze czekają go kary.

– A umknął, umknął, tyle że w innym kierunku – Mieszko machnął ręką za siebie. – Wkrótce będzie w Krakowie.

Na twarzy Czecha odmalowało się niedowierzanie, zdumienie, a potem wściekłość. Raz jeszcze zlustrował jeńców; zacisnął usta.

– Ciekaw jestem – Mieszko spojrzał na niego z pogardą – jaką przyszłość za to, coś uczynił, tobie szykuje Bóg? Napadłeś na poczet poselski, wymordowałeś mi ludzi, targnąłeś się na polskiego następcę tronu i przekroczyłeś granicę mego kraju bez wypowiedzenia wojny! Czy bardziej można pogwałcić chrześcijańskie prawa?

– Spełniam wolę mego pana, a on wie co czyni – Czech szarpnął wodze, spiął konia ostrogami i galopem przemieścił się na czoło pochodu.

Popędzani jak bydło, z niewielkim odpoczynkiem w nocy, jeńcy zbliżali się do Pragi. Mieszko zdziwił się, gdy minęli Hradczany, kierując się dalej, na długi drewniany most przerzucony przez Wełtawę. – Gdzie jedziemy? – spytał jednego z pilnujących go wojów.

– Na Wysoki Gród[13] – odpowiedział zapytany. – Do siedziby naszego dawnego władcy, Kroka, ojca mądrej księżniczki Libuszy, która przepowiedziała sławę tego miejsca. – Gród słynie też ze znakomitych lochów – zaśmiał się złośliwie.

Rozbrojonego Mieszka poprowadzono stromymi, krętymi schodami do podziemia. Popychając i nie licząc się z jego dostojeństwem, wepchnięto go do okratowanej celi. Panował w niej niemal mrok, lekko rozjaśniony łuczywem z korytarza, gdzie za stołem siedział strażnik. Oswoiwszy się z ciemnością, dostrzegł w kącie wykuty w kamieniu występ. Było to wyłożowe stęchłą słomą wąskie łoże – jedyne wyposażenie celi, pomijając obtłuczony garniec, pełniący zapewne rolę nocnika.

W pierwszą koszmarną noc nie zmrużył oka. Odkopnął miskę z jakimś podłym jadłem, podaną mu szczeliną u dołu kraty. Naprzeciwko były inne cele, a w nich wielu więźniów. Co pewien czas zmieniał się strażnik. Kiedy zaczęto znów roznosić posiłek, uświadomił sobie, że to już kolejny dzień.

Rozległ się stukot wielu butów o kamienne schody. Weszło sześciu uzbrojonych strażników. Towarzyszył im barczysty mężczyzna z maską na twarzy. Otworzyli jedną z cel i wyciągnęli z niej dwóch więźniów. Przysunięto przed kraty Mieszka ławę; rozciągnięto na niej opierającego się pierwszego z nich. Wśród pozostałych więźniów zapadła cisza. Człowiek w masce podszedł od tyłu do leżącego; w ręce miał miedziany dzbanek z długą szyjką. Nachylił się nad więźniem. Szyjkę skierował na oko; przechylił. Wąską stróżką poczęła lać się czarna, parująca ciecz, a po całym lochu rozległ się przeraźliwy ryk. Zapach smoły tłumaczył resztę. Po chwili kat powtórzył swą czynność na drugim oku. Mieszkiem i pozostałymi więźniami wstrząsnęło; patrzyli przerażeni na egzekucję. Dwóch strażników wyprowadziło schodami wyjącego więźnia.

Makabryczne widowisko miało swój ciąg dalszy. Odciągnięto ławę na miejsce. Teraz ustawiono przed celą Mieszka pieniek. Przyprowadzono drugiego z więźniów, białego jak kreda i drżącego na całym ciele. Zmuszono, by ukląkł i położył głowę na pieńku. Kat podszedł do skrzyni stojącej przy

13 tzn. Wyszehrad.

jednej ze ścian. Sięgnął po klucz uwiązany u pasa; otworzył ją. Wyciągnął ciężki topór; spróbował palcem ostrza. Podszedł do więźnia. Splunął w dłoń, chwilę ważył w niej topór, potem – w jednej chwili – zamachnął się. Krew trysnęła wprost na kraty i do celi Mieszka. Kat podniósł turlającą się po posadzce głowę, uniósł ją za włosy. Spojrzał na Mieszka; uśmiechnął się znacząco, szyderczo. Po chwili odwrócił się i wciąż trzymając odciętą głowę, ruszył wolno w stronę schodów. Strażnicy wzięli zwłoki i też podążyli do wyjścia. Pozostał tylko dyżurujący strażnik.

Nie minęło wiele czasu, gdy znów usłyszano na schodach kroki, chociaż co najwyżej dwóch osób. Mimo to więźniowie na powrót się zatrwożyli. Mieszko wiedział, że to do niego albo… po niego. Gotował się na śmierć. Zrozumiał cel tego widowiska, ale silił się na spokój. Schował za siebie drżące dłonie – wróg nie może dostrzec objawów lęku, który jednak nim wstrząsał.

Ujrzano samego księcia Oldrzycha i towarzyszącego mu, znanego już Mieszkowi z przykrych spotkań, Triszkę. Oldrzych długo, w milczeniu, przypatrywał się Mieszkowi. Wreszcie odezwał się ponuro:

– Moi niemieccy przyjaciele przestrzegli mnie i wyjaśnili po twej wizycie, dlaczego tu przyjechałeś z polecenia swego ojca. Tego starego, tłustego wieprza i intryganta! Przyjechałeś, by mnie skompromitować przed cesarzem. Ściągnąć na mnie i na Czechy jego gniew, a w potrzebie nas opuścić. Popełniłem błąd, dając się uwieść twoim słodkim, zaprawionym zdradzieckim jadem słowom. Jest na to jednak rada, jest i odtrutka – wskazał zakrzepłą na posadzce krew.

ROZDZIAŁ XI
Z NIEWOLI DO NIEWOLI (1014 r.)

Oldrzych, siedząc sztywno na książęcym tronie, wsłuchiwał się z uwagą i zakłopotaniem w słowa niemieckiego posła i zarazem cesarskiego kapelana Teodoryka. Cesarz prosi o odesłanie mu jego wasala, Mieszka. Prośba, gdy się usunie gładkie słowa-frazesy, jest w istocie żądaniem połączonym z groźbą!

Książę zwlekał z odpowiedzią. Trudno mu było pogodzić się z nagłą przeszkodą i tak odgórnym traktowaniem. Wreszcie odrzekł: – Moim obowiązkiem jest podporządkować się, wedle możności, woli mego pana. Niedawno Wszechmogący Bóg pozwolił mi, niegodnemu, wyrwać się z paszczy okrutnego lwa, a równocześnie oddał w moje ręce jego szczenię, które było nasłane na mą zgubę. Jeżeli wypuszczę je teraz na wolność, będę miał w ojcu i synu dozgonnych wrogów. Jeśli natomiast zatrzymam, spodziewam się osiągnąć z tego korzyść dla siebie. Proszę to przekazać cesarzowi, a memu panu. Niech mój pan weźmie to pod uwagę. Z chęcią i posłusznie wypełnię co się mu podoba, lecz co i mnie okaże się pożytecznym.

Kapelan Teodoryk nic nie wskórał i z taką odpowiedzią odjechał do cesarza.

Oldrzych gorączkowo naradzał się ze swym najbliższym otoczeniem: co czynić?

– Panie – odezwał się jeden z doradców. – Czas i przypadek rządzi światem. Mieszko mógł podczas potyczki zostać niebezpiecznie ranny, a niegojąca się rana spowodować jego śmierć. Mógł pod wpływem strachliwej natury, jak to zwykle u klasztornych wychowanków, umrzeć. Ale równie dobrze mógł targnąć się na własne życie... Wygląda na to, że nie utrzymasz go w niewoli, natomiast – jak sam powiedziałeś posłowi – wypuszczając go, wypuścisz swego śmiertelnego wroga.

Oldrzych rozcierał w zafrasowaniu dwie pionowe bruzdy na czole.

MIESZKO WNUK MIESZKA

* * *

Mijały dni liczone posiłkami, które tylko żądny czegokolwiek głód kazał Mieszkowi spożywać. Każdy stukot większej niż jedna para butów schodzących do podziemia wzdrygał go. „Czy Oldrzych mnie uśmierci, czy 'jedynie' oślepi?". Co rusz dźwięczały mu w uszach słowa ojca, które – na nieszczęście – sobie przypomniał, mimo że odnosiły się do Bezpryma: „W najlepszym razie oślepi cię, bo tak się rozprawiamy ze spowinowaconymi". Wolałby śmierć. Nie wyobrażał sobie życia bez wzroku, obsługiwany niczym niemowlę i żyjący jedynie obrazami przeszłości. Chociaż... obrazami przeszłości właśnie żył i to odstręczało go od pomysłu, by z rozbiegu uderzyć o kamienną ścianę i roztrzaskać o nią głowę. „Zrobię to jak mnie oślepią. Jeszcze nie teraz. Jeszcze może zdarzyć się cud". Wracał myślą do najpiękniejszych chwil swego życia – sekwencja po sekwencji przywoływał obrazy związane z Dobrą. Od pierwszego momentu, gdy ją ujrzał, gdy serce tajemnym, wieszczym językiem oznajmiało mu, że to ta, tylko ta... Ale wspomnienia kończyły się zawsze tym samym: bólem porzucenia jej, choć jej nie porzucił, i świadomością okrutnej zdrady, jakiej się wobec niej dopuścił w imię racji tego, który swoją głupotą wepchnął go w kolejne nieszczęście! W miarę rozpamiętywania to sprawiało mu większy ból, aniżeli obecne położenie. Czasami próbował się modlić i za każdym razem dziwił się: jego prośby płynęły nie ku chrześcijańskiemu Bogu, lecz ku Swarożycowi, Bogu Dobrej, Mojsława, Czębora... Następowały też krótkie chwile ulgi w cierpieniu, zwykle gdy zastanawiał się nad jednym: „Czębor i Juro są daleko stąd, są żywi. Czemu przyszło mi to wówczas na myśl? Czemu właśnie oni?". Im dłużej analizował tamte epizody, tym bardziej przekonywał się, że kierowała nim podświadomość – to jedyni z otaczającego go wówczas grona, którzy znali przejmujący ból jego duszy! „No i Zadar, któremu kazałem zostać w Krakowie. O ileż łatwiej będzie umierać z nadzieją, nie! z pewnością, że Dobra dowie się... może nawet przebaczy...?". Wszystko to jednak, ta cała huśtawka wydarzeń i odczuć, wyczerpywała go psychicznie, ponad wszelką miarę.

Znów zaskrzypiały drzwi więziennego lochu i znów odbijający się od sklepień odgłos butów, więcej niż jednej pary butów!...

Dowódca straży więziennej prowadził czterech uzbrojonych dworzan. Zatrzymał się przed wyprężonym na baczność dozorcą. Szepnął mu na ucho.

Z NIEWOLI DO NIEWOLI (1014 r.)

Tamten kiwnął głową; z pęku kluczy wybrał jeden. Skierowali się wprost przed kraty celi Mieszka. Zgrzytnął klucz w otwieranym zamku.

– Panie – odezwał się jeden z dworzan, wyciągając ku Mieszkowi zza pazuchy zwiniętą białą koszulę i ozdobny kaftan – zdejmij co masz na sobie i nałóż to. Mieszko zacisnął szczęki, by nie dostrzeżono, że mięśnie twarzy poczynają mu drgać. „Gdyby chcieli mnie oślepić, zrobiliby to teraz, bez tych ceregieli i bez tego przebierania się. A więc to już? To już... No i dobrze, niech się skończą te wieczne udręki".

Słaniającego się z wycieńczenia więźnia poprowadzono schodami w górę.

* * *

– Usiądź – kniaź Władywoj wskazał Częborowi krzesło, siląc się na opanowanie w głosie i zachowanie kamiennej twarzy.

Czębor usłuchał. Usiadł ciężko, ale czuł, jakby ogromny głaz spadł mu wreszcie z serca. Misja zakończona, cel osiągnięty. Ileż go to jednak kosztowało sił i sprytu, by się tu znaleźć, w tej komnacie wiznieńskiego dworu i wśród tych, a nie innych osób. Najpierw wysłuchiwanie gniewnych zarzutów księcia Bolesława, że uciekł z pola bitwy, zostawiając na pastwę losu Mieszka. Potem usilne zabiegi i podchody, by wielki książę pozwolił mu wyruszyć na Mazowsze. No i tu. Uparł się, że to z czym przyjeżdża, a co dotyczy Mieszka, przekaże w gronie kniazia Władywoja, kniahini, Dobrej i Mojsława; inaczej nic nie oznajmi. Kniaź za każdym razem odpowiadał, że albo przekaże to tylko jemu, albo droga powrotna do Krakowa wolna. W końcu jednak ciekawość i presja najbliższych przemogła. Kiedy już skończył, patrzył uspokojony na reakcję kniazia i jego rodziny: Władywoj starał się po twarzy nic nie pokazać, ale poruszana głębokim oddechem pierś mówiła bystremu Częborowi aż nadto. Mojsław nie krył wzruszenia; mrugał szybko oczami, by nie spłynęły z nich łzy. Kniahini nie miała tych oporów, łzy swobodnie spływały jej po policzkach; trzymała dłoń Dobrej, która drżąc cała, nagle zaniosła się głośnym, bolesnym szlochem.

* * *

Uchylone okienko niewiele pozwalało widzieć, pomijając skrawek dali i nieba. Mur był gruby, a wstawione kraty uniemożliwiały wychylenie się.

MIESZKO WNUK MIESZKA

Chłodne listopadowe powietrze szybko wypełniało niewielkie pomieszczenie w wysokiej baszcie, przerobione na komnatę z powodu cennego zakładnika. Mieszko, z rękoma do tyłu, zamyślony spoglądał na zasnuty szarą bielą niewielki wycinek świata, na który przyzwolono mu patrzeć. Dobiegały go za to dźwięki merseburskich dzwonów i odgłosy z zamkowego dziedzińca, niestety zbyt oddalone, by cokolwiek zrozumieć.

„Zawsze to jednak nie ciemność lochu. Ile to już miesięcy? Sporo". Mieszko starał się liczyć w pamięci. Był teraz spokojny, chociaż koszmary tamtego przejścia sprawiały, że niekiedy budził się w środku nocy spocony, przerażony, z bijącym sercem. „Jakie to wszystko dziwne... I jak tu nie wierzyć w cuda? Kto je sprawił? Ten, do którego się modliłem, czy zwykły los, chłodna kalkulacja i twarde stanowisko cesarza?".

Oddał się wspominkom. Idąc – jak uważał – na śmierć, w rzeczywistości był prowadzony w ręce tych, którzy go również uczynili jeńcem, ale na jakże innych warunkach. Podczas podróży do Niemiec w zbrojnym, uprzejmym, ale strzegącym go jak oka w głowie orszaku, z ust co bardziej życzliwych mu wojów niemieckich uzyskiwał informacje o tym, jakie sprawy toczyły się ponad jego głową, podczas gdy on przebywał w podziemiach.

Po nieudanej pierwszej misji do Pragi przybyli kolejni posłowie cesarscy z jeszcze większymi przestrogami wobec Oldrzycha, jeśli nie wyda mu Mieszka, a równocześnie z zapewnieniem, że pod opieką króla nie musi się obawiać groźby ze strony księcia Bolesława. To było ultimatum. Brzmiało groźnie i Oldrzych ustąpił. Niemcy, porozumiawszy się z Czechami, zaproponowali, aby spośród jeńców wybrał sobie jednego do posług. Na więcej osób nie pozwolili. Zdecydował się na Borka, skutego łańcuchami, zaprzężonego do ciężkich robót, bitego każdego dnia batami. Ulubionego rumaka, darowanego przez ojca, też nie odzyskał. „I oto znów jestem w Merseburgu, mieście moich upokorzeń i złych wspomnień". Zapewniono mu względne wygody, strawę z tej samej kuchni, w której stołowała się załoga zamku. Ale wieży opuszczać nie mógł, ani spotykać się z kimkolwiek.

Jedynym łącznikiem ze światem był Borko, woj przeobrażony teraz w osobę do posług w każdych innych okolicznościach niegodnych wojownika. Wkrótce jego wrodzony spryt pozwolił mu nawiązać kontakt z dawnymi znajomymi Mieszka, a przede wszystkim z zaufanymi ludźmi Regelindy. Dzięki temu Mieszko mógł się dowiedzieć powodów swego „ocalenia". Stał

86

się zakładnikiem, narzędziem nacisku na Bolesława, by ten – w zamian za jego uwolnienie – stawił się przed sądem książąt niemieckich za swą wcześniejszą niesubordynację i by odnowił przysięgę wierności. Posłowie niemieccy czym prędzej udali się w tej sprawie do Krakowa, obwieszczając „radosną wieść o uwolnieniu Bolesławowego syna przez sprawiedliwego cesarza". Wielki książę polski rad przyjął posłów, wyraził wdzięczność i poprosił o jak najszybsze odstawienie mu syna do kraju. Pojął w czym rzecz, ale udał ufność w cesarską sprawiedliwość. Tyle że cesarz naiwny nie był. I oto rozpoczęła się gra. Wolność syna za przybycie ojca. Kiedy cesarz wezwał do siebie zarówno księcia Bolesława, jak i księcia Oldrzycha, żaden z nich nie przybył. Bolesław, upewniwszy się, że synowi nic stać się nie może, zignorował żądanie stawienia się przed oblicze cesarza. Mieszko zżymał się. Widział w ojcu jedynie sprawcę swoich nieszczęść, postać pozbawioną rodzicielskich uczuć. Częściowo się mylił. Wkrótce doszło do niego, że ojciec za pośrednictwem zaufanych mu ludzi nawiązywał kontakty z przyjaźnie do niego nastawionymi możnowładcami niemieckimi. W sierpniu zjawił się też na cesarskim dworze doradca polskiego księcia Stoigniew. Niby miał wyjaśnić nieporozumienia w sprawie wyprawy włoskiej, w rzeczywistości ten zacięty wróg Henryka starał się pozyskać dla sprawy Mieszka lotaryńskich przeciwników cesarza. Nie do końca jego agitacja się powiodła – doszła do uszu cesarza, a ten poniżył i przetrzymał polskiego posła na jednym ze swych zamków.

Drzwi komnaty otworzyły się bez pukania. Mieszko już się do tego przyzwyczaił: tak czyniła niemiecka straż, tak czynił Borko. Zamknął niespiesznie okienko i dopiero wówczas się odwrócił. Wszedł Borko zamaszystym krokiem, machając, niby gosposia, dużym koszem. Postawił go na stole.

– Frykasy od margrabiny Regelindy dla jej brata, a mego pana – uśmiechnął się, robiąc porozumiewawczą minę i mimochodem zerkając na drzwi.

– Siadaj – Mieszko wskazał mu krzesło. – Na swą biedę przybyłeś na mój dwór, by mi służyć. Jeśli jakimś kolejnym cudem się stąd wydostaniemy nie zapomnę wynagrodzić ci te wszystkie upokorzenia, jakich obecnie zaznajesz.

– Wystarczy, panie, jeśli obiecasz mi, że nikomu nie wspomnisz, iż nosiłem ci z dworskiej kuchni strawę oraz wynosiłem ją przetrawioną przez ciebie w… nocniku.

– Obiecuję.

– No to mi nic więcej nie trzeba. Chyba że jeśli wypuszczą nas, a twój ojciec wyprawi się w odwecie na Czechów, to wówczas poproszę, a ty się zgodzisz, panie, bym mógł uczestniczyć w tej wyprawie. Dorwę ja kiedyś tego Triszkę i tych, co mi plecy wysmagali, bo takimi bliznami nijak się chwalić nie można. – Dobrze już, dobrze, Borko. Obiecuję i to. Obiecuję o tyle chętniej, że sam stanąłbym na czele takiej karnej ekspedycji. Czy słudzy Regelindy przekazali ci coś nowego?

– I owszem. Ale tym razem nie musiałem silić swej łepetyny, żeby wszystko zapamiętać. Jakże jestem wdzięczny – wzniósł oczy ku górze – za wieleckie wychowanie, które wymaga zapamiętywania dawnych przekazów i co do Bogów i co do dziejów i co do własnych rodowodów... To wyćwiczyło mi pamięć, a teraz przydaje się nad wyraz. Ileż razy strażnicy obmacywali wszystko z czym tu przychodzę, a i mnie samego – splunął na podłogę z obrzydzeniem. – Ale tego co tam siedzi – wskazał na głowę – nie wymacali, bo jak?

– Czemu nie musiałeś teraz zbyt wiele zapamiętywać? Nie miała siostra mi nic do powiedzenia?

– Wręcz odwrotnie – Borko schylił się przez stół ku Mieszkowi i ściszył głos. – Siostra kazała przekazać przez swego sługę, żebyś sobie przypomniał zabawę w pisanie na brzozowym łyku. Ale to już ty, panie, wiesz o co chodzi, bo ja nic z tego nie rozumiem. Za to straż dostała rozkaz wszystko co w koszu skrupulatnie przebadać. Spójrz, panie, nawet kołacze pocięte w kawałki i jeszcze ponakłuwane.

Mieszko poderwał się. Chwycił kosz, wysypał gwałtownie jego zawartość na stół i zaczął z uwagą przyglądać się jemu samemu. Usiadł i nadal nim obracał na wszystkie strony. – Aha! – zakrzyknął coś dostrzegłszy. – Kochana siostrzyczka. – Wyciągnął z pochwy niewielki nóż, jedyną broń, jaką pozwolono mu honorowo zatrzymać przy sobie, i przeciął pasek z łyka, tuż pod rączką. Począł go rozplątywać. – Borko, siądź z krzesłem przy drzwiach, na wypadek, gdyby zachciało się strażom wściubiać tu swoje nosy.

Borko wykonał posłusznie polecenie nie spuszczając w zaciekawieniu oczu z czynności, jakie wyczyniał Mieszko. Ten wreszcie rozsupłał co chciał i wyprostował na stole. Całość pasków z brzozowego łyka składała się w istocie z dwóch cienkich pasków, silnie do siebie przylegających.

– Jest! Jest! – Mieszko nie mógł opanować podekscytowania. – Wiesz, kiedyś, w dzieciństwie, gdyśmy już z Regelindą znali litery i sztukę pisania, bawiliśmy się w bazgranie do siebie tajnych wiadomości dotyczących podglądanych przez nas dworzan. A żeby to było jeszcze bardziej tajne, pisaliśmy z prawej do lewej, pismem lustrzanym. I tu też jest takie – orzekł po chwili.

– Nie wiem, panie, co znaczy pisać z prawej do lewej, czy z lewej do prawej, a nawet w dół czy w górę, bo ja na pisaniu się nie znam. Co tam zresztą pismo, panie, skoro go ogień i wilgoć łatwo chłonie. Tu, tu – popukał w swą głowę – najlepiej się zapisuje. Ale koncept niczego sobie.

– Posłuchaj – Mieszko w skupieniu zaczął czytać półgłosem:

Kochany Bracie,
  Cesarz ponownie wezwał Oldrzycha i naszego Ojca do stawienia się na wiec ogólnopaństwowy i to do Merseburga, więc o tym zapewne wiesz. Ojciec znów nie przybył, przybył za to Oldrzych...

– Wiem? – podniósł zdziwiony wzrok na Borka. – Wiedziałeś?
– A gdzież tam, panie! Tyle tu się kręci pocztów z różnych stron. Ale tą obłudną mordę na pewno bym poznał, nie zapomnę jej do końca życia. Tyle że większość czasu spędzam przy tobie, nie na salach zamkowych czy dziedzińcu.

Mieszko znów pochylił się nad drobnym pismem:

Cesarz przedstawił zgromadzonym dwie sprawy: niewywiązywanie się naszego Ojca z zobowiązań lennych z Milska i Łużyc, oraz uwięzienie Ciebie, Bracie, przez Oldrzycha i przekazanie Niemcom na wyraźne żądanie cesarza. Nasz Ojciec nie przybył, natomiast wystosował do cesarza list, domagając się uwolnienia Ciebie i pozwolenia na Twój wyjazd do kraju. Cesarz się zaciął i przedtem chce widzieć naszego Ojca. Ale mięknie, bowiem wielu panów niemieckich nie podziela jego stanowiska. Pragną z Polską pokoju, gdyż zwłaszcza ci ze wschodnich marchii na wojnach zawsze źle wychodzili. Takiego zdania był nawet arcybiskup magdeburski Gero. Radził on Henrykowi natychmiast ciebie uwolnić i odesłać do Polski, twierdząc, że tylko w ten sposób zyskałby on wdzięczność Ojca, jak i Twoją.
  Podczas narad wśród panów niemieckich nastąpiło rozdwojenie. Jedni przyklaskiwali cesarzowi, drudzy odwrotnie, tłumaczyli, że jeszcze nikt siłą na Polakach niczego nie wymusił, za to może być to powodem kolejnej wojny.
  Na otwarciu posiedzenia pierwszy głos zabrał arcybiskup, tyle że zmienił nieco zdanie. Mówił, zwracając się do cesarza: „Kiedy był jeszcze czas i można

było sprawę załatwić, panie, bez naruszania waszego honoru, nie chcieliście wysłuchać moich racji. Dzisiaj serce Bolesława odwróciło się od was wskutek długotrwałego więzienia jego syna. Obawiam się, że jeśli teraz odeślecie Mieszka bez zakładników lub innej poręki, możecie w przyszłości utracić usługi ze strony ich obu". Do jego zdania przychyla się większość obecnych.

Ale wszystko idzie w dobrym kierunku. Myślę, że dni Twojej niedoli dobiegają kresu. Zabiegają o to mocno mój Mąż i jego brat oraz ich krewny Warinhari. W równym stopniu wspierają ich twoi przyjaciele, margrabia brandenburski Herman, syn margrabiego Hodona Zygfryd oraz waleczny i prawy Hodo. Ale wyobraź sobie, Bracie, podobnego zdania jest również cesarzowa Kunegunda i jej krewni. Bądź zatem dobrej myśli. Modlę się za Ciebie każdego dnia.

Twoja siostra Regelinda

– No i co, powtórzyłbyś mi to słowo w słowo z pamięci? Oto co może papier lub chociażby taki materiał – wyraźnie pokrzepiony Mieszko zwrócił się do Borka. Zebrał ze stołu paski i resztę rozplecionego kosza i wrzucił je do rozpalonego kominka.

– Jakby mi to przez pół dnia wbijali do głowy, to czemu nie. Zresztą – wskazał na ogień – teraz, panie, udowadniasz wyższość pamięci nad tym oto, co właśnie obraca się w popiół.

* * *

Mieszko został uwolniony na Boże Narodzenie. Pod licznymi naciskami cesarz wreszcie ustąpił. Wydał Mieszka Hermanowi i Hodonowi na słowo i za poręką całego ich majątku, iż polski następca tronu okaże się w przyszłości lojalny.

Mieszko opuszczał Niemcy radosny, lecz na dnie jego duszy zebrał się osad goryczy – cesarz jako jego pan lenny moralnie był zobowiązany do bezzwłocznego uwolnienia polskiego księcia. Uchybił temu zwyczajowi, a to stanowiło wówczas ciężką obrazę na honorze.

ROZDZIAŁ XII
WOJNA! KROSNO ODRZAŃSKIE (1015 r.)

ieszko oraz jego przyboczni i przyjaciele, prowadzeni przez kasztelana Krosna i pobliskich grodów, wspięli się na wzgórze. Z uwagą słuchali objaśnień kasztelana, wodząc wzrokiem za jego ręką.

– Jak wiecie, książę i dostojni panowie, Krosno jest silną twierdzą powiązaną z rozbudowanym systemem obronnym i... proszę spojrzeć na północny wschód, z grodem cyplowym Gostchorze. Wały zaś, które widzicie, ciągną się od ujścia rzeki Bóbr wzdłuż jej lewego brzegu aż hen na południe po Szprotawę i dalej. Tu możecie dostrzec ich potęgę: składają się z trzech linii wałów i dwóch fos o szerokości około dwudziestu pięciu sążni. Dodatkową linię obronną stanowią trudne do sforsowania moczary. Pytałeś książę, gdzie najlepiej rozbić obóz dla swych wojsk? Więc radzę: tutaj, wokół wzgórza. Miejsce suche, rzeka płynie dołem, a widok rozległy po widły Bobru i Odry. Znakomity punkt obserwacyjny, będzie stąd można dojrzeć każdy ruch nieprzyjacielskich wojsk. A zatem wojna, panie?

– Wojna. I niestety cesarz kieruje się na nas, zaś nasze największe siły zabrał ze sobą mój ojciec.

Rozkazano stawiać obóz. Mieszko w towarzystwie dowódców oddziałów, na które podzielił swoje niezbyt wielkie wojsko, lustrował grody i umocnienia, witał się z załogami. Odprawę zakończył słowami:

– Cesarz Henryk nie przepuścił mnie, następcy tronu, tym bardziej nie przepuściłby memu ojcu. Gdyby książę Bolesław pojechał do Niemiec, oznaczałby to dla nas kres jego rządów, a kto wie czy nie życia. Ojciec zaproponował więc Henrykowi, aby wysłał poselstwo do Polski i tu, na naszej ziemi, rozstrzygnięto wszystkie kwestie. Cesarz nie zgodził się, a w istocie już szykował się do uderzenia na nasz kraj. Interes ojczyzny kazał zachować się księciu Bolesławowi właśnie tak, a nie inaczej. Przy okazji zaś nie musi on czynić cesarzowi jakichkolwiek zobowiązań. Na chwilę obecną wiemy, że Henryk idzie z głównymi siłami kierując się na nas. Książę saski Bernard, przy wsparciu oddziałów Wieletów, idzie od północy. Natomiast od południa ma nadejść książę Oldrzych z Czechami i Bawarczykami. Z Czechami i Bawarczykami zmierzą się nasi sprzymierzeńcy z Moraw, na spotkanie z Bernardem wyruszył mój ojciec, mnie zaś przydzielił dowództwo tego właśnie strategicznego odcinka.

Mieszko zdecydował się na ten raz spać w gościnnej izbie krośnieńskiego grodu. Po odejściu wszystkich zatrzymał Mojsława, Czębora i Jurę: – Posiedźcie tu jeszcze ze mną. Od jutra skupimy się tylko na obronie, nie będzie czasu na pogaduszki. Juro, polej – wskazał na dzban miodu postawiony na stole przez sług kasztelana. – Co za pech i jakieś dziwne zrządzenie losu – zwrócił wzrok na Mojsława, już nie chłopca, lecz 18-letniego, przystojnego i pełnego tężyzny młodzieńca. – Sami wiecie jak w szczegółach zaplanowany był mój wyjazd do Dobrej, do Wizny. A tu nagły alarm i szybki marsz na zachód! Nie ukrywam, bardziej bałem się tamtej wizyty, niż tego co nas może spotkać tutaj, ale po stokroć wolałbym znaleźć się tam... Znów na przeszkodzie sprawy nadrzędne w stosunku do naszych spraw prywatnych.

– Wszystko w odpowiednim czasie – odrzekł Mojsław. – Najważniejsze, że wiele spraw zdążyło się wyjaśnić. Taki to los wysoko urodzonych mężów i... niekoniecznie wysoko urodzonych niewiast. Dobra dojrzała do zrozumienia sytuacji i przynajmniej trochę mniej się lęka o ciebie, panie, niż gdy byłeś w rękach Czechów czy Niemców. Poza tym – zrobił figlarną minę – wie, że będę cię chronił od wszelkich złych przygód i pokus, zwłaszcza tych miłosnych. Natomiast mówiąc poważnie, dla nas, Mazowszan, lepsza jest wojna z Niemcem, niż plany twego ojca, panie, by podbić Prusy, z którymi akurat układa się nam bardziej niż dobrze.

– Zaś co do Rychezy – wtrącił Czębor – to jak przewidywałem. Wielki książę już nie jest jej rad, zwłaszcza odkąd okazało się, że na jej dworze aż roi się od niemieckich węszaczy.

– Nie omieszkałem jej o tym napomknąć przy pierwszej i zarazem ostatniej wizycie – Mieszko odpowiedział oschle. – Tak mi ciężko bez Dobrej i bez małego Bolka... – westchnął głęboko. – Więc powiadacie, że dobrze się chowa?

– A można źle się chować w tak zdrowym, otoczonym borami miejscu? Popatrz, panie, na mnie i sam sobie odpowiedz – Mojsław wypiął pierś, nadął policzki i poklepał je dłońmi aż zrobiły się czerwone. – Tak wygląda Bolko.

Roześmiali się.

– Ma już cztery i pół roku – Mieszko kiwał głową. – I nie zna ojca. A jeśli położymy tu głowy, to nigdy nie pozna.

– Hejże! – obruszył się Czębor. – Już się tak nie roztkliwiaj. Dzieciństwo ponoć pamięta się dopiero od piątego roku życia. Lepiej myśl jak pokonać cesarza i zdążyć na Mazowsze na piąte urodziny.

– Tak, rzeczywiście – Mieszko otrząsnął się z przygnębienia. – Pijmy, drodzy przyjaciele i jazda spać, bo zdaje się, że tego snu będzie nam wkrótce brakowało.

Rozmawiali jeszcze jakiś czas, dopóki nie wypróżnili dzbana, potem istotnie uznali, że warto się dobrze wyspać.

* * *

Zadar z grupą miejscowych wojów wrócił ze zwiadów. – Mrowie, książę, mrowie! – zdawał relację. – Są już niedaleko. W każdej chwili można się ich spodziewać.

Nie minął dzień, gdy obrońcy na własne oczy przekonali się o prawdziwości tych słów. W dali z chwili na chwilę dolinę pokrywały setki, potem tysiące niemieckich wojowników. Ta rozlana masa zatrzymała się u brzegu Odry i poczęła rozbijać obóz. Na widok tego mnóstwa zadrżały serca wielu polskich wojów. Samo męstwo mogło nie wystarczyć. Otuchy dodawała jedynie nadzieja, że książę Bolesław rozprawi się z księciem saskim i przybędzie na odsiecz tak szybko, jak to tylko on potrafi.

Nazajutrz rano pojawiła się na wodzie łódź z flagą sygnalizującą przybycie parlamentariuszy. Gdy dobili do brzegu przyprowadzono ich przed księcia. Cesarz wiedział jak urazić godność Mieszka – wśród posłów byli ci, którzy niegdyś własnym słowem i mieniem gwarantowali cesarzowi jego lojalność – Hodon, Herman i Zygfryd.

Spotkanie odbyło się w sali kasztelu. Mieszko w gronie składającym się z kasztelana, swoich doradców i kilku przyjaciół z Mojsławem i Częborem na czele, wydał w wyrazie szacunku dla przybyłych ucztę. Doszło do rozmów. Strona polska szybko zorientowała się, że cesarz świadom był, iż zdobywanie szturmem tutejszych wałów i grodów wzdłuż Bobru i Odry nie obędzie się bez dużych strat. A przecież to dopiero początek zaplanowanej kampanii i marszu na Poznań i Gniezno. Liczył zatem na swych parlamentariuszy, będących pod presją niedopełnienia słowa względem lojalności Mieszka.

W trakcie negocjacji Polaków zraziła buńczuczność posłów i otwarte wezwanie do poddania grodów bez walki, oraz umożliwienie Niemcom dalszego przemarszu. Oburzenie na te słowa było tak wielkie, że już na wstępie omal nie doszło do zerwania rozmów. Przybyli zmienili zatem taktykę.

– Panie – odezwał się jeden z posłów. – Czyż nie jesteś cesarskim wasalem? Czyż nie poprzysięgłeś cesarzowi wieczystej przyjaźni?

– Nie, nie jestem. Cesarzowi złożyłem ślub z darowanej mi na terenie Niemiec ziemi. Gdy się tam pojawię i będę nią rozporządzał, wówczas uznam jego racje. Tymczasem odwołujecie się do kanonu prawości, podczas gdy wasz pan dużo wcześniej go pogwałcił. Mnie, księcia polskiego, następcę tronu, trzymał w niewoli! A przecież jako pan lenny zobowiązany był moralnie jak najszybciej mnie uwolnić, ba, w ogóle nie powinienem być jego jeńcem. Jeśli miał wobec mnie jakieś zarzuty, powinien pozwolić mi bronić się przed nim z wolnej stopy. Swą postawą cesarz rozwiązał jakiekolwiek moje zobowiązania wobec niego.

Po tych słowach wstał Hodon. – Książę, a właściwie Mieszku, bo przecież się przyjaźniliśmy i mówiliśmy sobie po imieniu. Zarówno ja, jak i oni – wskazał na Hermana i Zygfryda – wyjednaliśmy tobie wolność, gdyś był w tej, jak powiadasz, niewoli. Poręczyliśmy ją własnym honorem i majątkami. Chyba zgadujesz jaka niełaska nas czeka jeśli wrócimy z niczym? Nie bądź niewdzięczny!

Mieszko był tego świadom. Owszem, było mu przykro, bowiem postawił przyjaciół w niezręcznej sytuacji. Ale sami Niemcy nauczyli go, czym jest interes polityczny, każąc mu oddalić swą ukochaną żonę na rzecz oschłej, wyniosłej dewotki, której dwór roił się od szpiegów. To przypomnienie nadało jego głosowi jeszcze większego zdecydowania:

– Przyznaję, łaska cesarza wyrwała mnie z mocy wroga. Ale przestała być łaską, gdy okazało się, że zamieniono mi jedną celę więzienną na drugą. Tak, powiadam: niewoli! Ręcząc za mnie, sami przyznajecie, iż była nią istotnie. Gdybym był wolny od zobowiązań wobec mej ojczyzny, chętnie bym danego wam słowa dotrzymał. Ale nie jestem. Znajduję się pod władzą wielkiego księcia Polski i zarazem mojego ojca. A on mi tego zabrania, jak również świadomi wszystkiego woje, których zgromadziłem. Zatem aż do przybycia mego ojca jestem zobowiązany bronić kraju, po który wyciągacie rękę. Po co przyszliście? By mnie zachęcić, żebym zdradził swoją ojczyznę?! Swego ojca?! Bo to przecież jest agresja – chcecie tu wtargnąć. Nie wymagajcie ode mnie hańbiącej zdrady! To ja walczyć będę o słuszną sprawę, nie wy, najeźdźcy!

O ile Mieszko z łagodnością patrzył na swoich znajomych, o tyle teraz jego oczy, gdy omiatał nimi pozostałych członków delegacji, pałały gniewem.

Zapadło długie, głuche, przykre milczenie. Posłowie wreszcie zrozumieli. Nastąpiło kurtuazyjne, suche pożegnanie.

– A zatem, Mieszku, staniemy do walki – podszedł do niego Hodon. – Staniemy naprzeciw siebie, po przeciwnych stronach – w słowach przebijała gorycz, lecz nie było w nich wrogości.

Mieszko spojrzał mu prosto w oczy: – Tak, Hodonie, niestety. Tak chciał los i twój pan – odpowiedział ze smutkiem.

Z szacunkiem złożyli sobie pokłon.

* * *

Niemcy rozpoczęli forsowanie Odry. Mieszko wspiął rosłego rumaka na najwyższe wzniesienie. Przyodziany w zdobną, pozłacaną zbroję, z purpurowym pióropuszem na szyszaku, takiego koloru krótkim, powiewającym na wietrze płaszczem i z wyciągniętym mieczem w dłoni sprawiał imponujące wrażenie, dodawał animuszu wojskom. Asystowali mu jego giermek Mojsław oraz Juro, Zadar i łącznicy.

Na wałach grodowych przybranych w baszty, ganki i przedpiersia stali gotowi do przyjęcia ataku wojowie, w prześwitach zaś blanków gotowi do strzału łucznicy. Przy brzegu czekali ukryci tarczownicy. Ale w obecnej chwili najważniejsi byli łucznicy na koniach, wcześniej podzieleni przez Mieszka na oddziały.

Część sił niemieckich zbliżyła się niebezpiecznie do brzegu. Czekano w gotowości na znak księcia. Wreszcie! Błysnął jego miecz odbitymi promieniami wschodzącego słońca. Naraz niebo pokryło się przelatującymi ze świstem setkami strzał i dzirytów z zadziorami, które nijak nie można było wyciągnąć z ciała, zaś wbite w tarcze sprawiały, że stawały się one bezużyteczne. Jeszcze bardziej niebezpieczne były zatrute strzały, często używane przez Polaków. Rozlegały się jęki rannych i konających. Lecz mimo dziesiątkowania Niemcy nie zaprzestali natarcia.

Mieszko ani przez chwilę nie spuszczał wzroku z pola walki, umiejętnie kierował wojskiem. Gdziekolwiek nieprzyjaciel dobijał do brzegu, tam na jego rozkaz pozostające w odwodzie oddziały konnych łuczników natychmiast galopowały, siejąc śmierć wśród tych, którzy odważyli się wysiadać ze swych łodzi. Po wykonaniu zadania wracali na swoje miejsca. Na brzegu pozostawała zaczajona piechota, wyskakując co pewien czas, gdy jakiejś garstce Niemców udało się przeżyć ostrzał i próbowali iść dalej.

Zaciętość przeciwnika nie ustawała, a nawet rosła z każdym dniem. Rzeka zabarwiła się krwią poległych wrogów, zaś u jej brzegów piętrzyły się ich ciała. Zwłoki dryfowały też z prądem Odry. Po stronie polskiej, póki co, straty były znikome.

Mieszko przez te dni niemal nie zsiadał z konia. Od czasu do czasu drażnił go tylko Mojsław swym marudzeniem:

– Książę, jesteś tu bezpieczny. Pozwól mi dołączyć do jednego z oddziałów, choćby jako zwykły woj. Strzelam z łuku znakomicie, przecież wiesz, niezgorzej od tych, których wysyłasz na zagrożone odcinki. Spójrz jak uwijają się Czębor z nieodstępującym go Borkiem…

– Dość, Mojsławie! Ani słowa więcej! Nie wiesz co znaczy słowo giermek? To po pierwsze. A po drugie dość już nieszczęścia sprowadziłem na waszą rodzinę i mą ukochaną. Różnie by tłumaczono, gdybym miał ciebie odtransportować na marach.

Podczas przerwy w działaniach, na które obie strony wyraziły zgodę, by pozbierać zabitych i rannych, przywołano Mieszka. Do jego stóp przyniesiono zwłoki w bogatej zbroi. W dotychczasowych walkach zginęło wielu znakomitych niemieckich wojów. Zwykle Mieszka jedynie o tym informowano. Nie tym razem.

– Sądzimy, panie, że zainteresuje cię ten człowiek, i powiesz nam, co uczynić z ciałem.

Mieszko przyjrzał się obliczu. Pobladł. Przyklęknął i połą płaszcza otarł z zakrzepłej krwi martwą twarz. W miejscu jednego oka ziała zakrwawiona czeluść. – Hodonie, Hodonie, mój bracie!… Na co ci przyszło? Czemu sprawiłeś, by do bólu mej duszy doszedł jeszcze ten? Czemu… – Chociaż starał się, nie przemógł – popłynęły mu łzy.

Przygalopował Czębor. – Mieszku, strzała trafiła go prosto w oko i głęboko się wbiła. Strzałę wyciągnęliśmy, ale po chwili skonał. Pewien znaczny jeniec powiedział, że Hodon był przekonany, iż cię ściągnie do swego obozu i to cesarzowi obiecał. Przejął się twą odmową. Zdecydował się, że plamę na honorze zetrze jedynie w ten sposób. Stanął w pierwszym szeregu i… zginął.

* * *

Na początku sierpnia ataki Niemców stawały się coraz trudniejsze do obrony. W trzecim dniu miesiąca cesarz kazał ruszyć całymi siłami. Mieszko nie dysponował już rezerwami, wszystkie wojska brały udział w walce. Na dalekim skrzydle frontu, odległym od stałych umocnień, Najeźdźcom udało się przekroczyć bród, zgrupować w jednym miejscu i utrzymać już ten przyczółek.

– Panie! – do Mieszka przygalopowali dwaj łącznicy. – Niemcy się przedarli! Doszło do bitwy, ale przemogli naszych. Cesarz już to wie, bo przegrupowuje wojsko i pcha tam coraz większe siły. Nieprzebrane rzesze, zaleją nas! Rady, panie, rady!

Mieszko przywołał doradców. Wszyscy na koniach, w pełnym uzbrojeniu; otoczyli go kołem. Powiadomił ich o zajściu. Sposępniały wymęczone ponad miarę oblicza. W międzyczasie pojawiali się kolejni gońcy; meldunki były coraz rozpaczliwsze. Dyskusje, uwagi i propozycje były krótkie i na ogół rzeczowe.

Mieszko zdjął szyszak; tarł w zafrasowaniu czoło. Myślał intensywnie. Po chwili nałożył go na powrót; zwrócił się do obecnych:

– Panowie, zatem jesteście świadomi trudnego położenia. Wszystkie siły związaliśmy walką. Nie dysponujemy już rezerwą. Niemcy przez powstałą lukę pchają się coraz potężniejszą, szeroką ławą. Wkrótce mogą przedrzeć się na nasze tyły, a wówczas zaatakują broniących rzekę i wytną do ostatniego. Jedyne wyjście: nakazać wszystkim, by się wycofali w lasy na wschód. Uformujemy ich tam na nowo i dopiero wówczas przystąpimy do kolejnych zmagań. Obrońcy grodów powinni wytrzymać przez ten czas oblężenie. Ściągnijcie wszystkich gońców! Wy też udacie się z nowymi rozkazami – zwrócił się do przybocznych.

Przyboczni i gońcy spięli konie i rozjechali się na wszystkie strony. Rozkaz był wyraźny: Nie powstrzymaliśmy nieprzyjaciół w sforsowaniu przez nich rzeki, ale wojna trwa. Niech nikt nie próbuje wstąpić do obozu, by zabrać z niego swoje rzeczy, czy cokolwiek! Każda strata własnego mienia zostanie zwrócona przez księcia z nawiązką. Należy udać się z dowódcami w wyznaczone przez nich miejsce zborne.

Zdyscyplinowane wojsko zrozumiało decyzję wodza – obrońcy zeszli ze swych stanowisk, udali się we wskazane miejsce. Tam, w lasach, za poczynionymi naprędce zasiekami przyszedł czas na krótkie wytchnienie, posiłki, obliczanie strat, sformowanie na nowo przerzedzonych oddziałów. Nie było jeszcze powodu, by się załamywać – zrobili i tak więcej, niż można było zrobić takimi siłami wobec ogromu wojsk, które prowadził osobiście cesarz.

MIESZKO WNUK MIESZKA

Mieszko wysłał podjazd, by schwytano języka. Wrócili z dwoma jeńcami. Przesłuchiwani oddzielnie mówili to samo: cesarz przygotowuje wojsko do marszu na Zbąszyń, Międzyrzecz i dalej, na Poznań. Zwiadowcy widzieli jak plądrowano opuszczony obóz.

Z napięciem oczekiwano na powrót gońców, których Mieszko wysłał do księcia Bolesława, by naświetlili mu sytuację, ale i z prośbą o wsparcie. Książę dowodził głównymi siłami w ziemi Lubuszan, w pobliżu grodu Lubusz, na lewym brzegu Odry. Gród pełnił ważną rolę od czasów dziada Mieszka, w każdej bowiem wojnie niemiecko-polskiej przyjmował zwykle pierwsze uderzenie. Stąd zwano go *Kluczem do Polski*. W tę właśnie stronę ciągnęła armia niemiecka dowodzona przez księcia Bernarda saskiego z zadaniem ujęcia w kleszcze sił polskich, a następnie połączenia się z armią cesarza.

Kilkuosobowa grupa jeźdźców popędzała konie; kierowali się w stronę namiotu Mieszka. Po chwili spostrzeżono, że to powracający od Bolesława wysłannicy. Zakurzeni, zsiedli czym prędzej z koni, pomachali w stronę podążających ku nim zaciekawionym wojom i znikli we wnętrzu namiotu. To pomachanie mówiło wiele, w każdym bądź razie wlewało w serca nadzieję. Zbierający się tłum mężczyzn czekał niecierpliwie.

Wreszcie ukazał się sam Mieszko. – Wojownicy, towarzysze broni! – zawołał głośno, by jak najwięcej zebranych go usłyszało. – Bolesław, nasz pan i władca, odniósł zwycięstwo nad Sasem! Książę Bernard podkulił ogon i wrócił czym prędzej, skąd przyszedł! Teraz nasz pan idzie z całymi siłami nam na odsiecz!

Rozległ się aplauz i radosne, gromkie wiwaty. Niektórzy zaczęli nawet tańczyć „zwycięskiego" wokół namiotu wodza. Wieść, lotem błyskawicy, objęła cały obóz.

ROZDZIAŁ XIII
LAS BOBRZAŃSKI (1015 r.)

ieszko, pokrzepiony wiadomościami od ojca i jego marszem naprzeciw wojskom cesarskim, postanowił nie czekać. Jeśli Henryk kieruje się na Międzyrzecz, znajdzie się w potrzasku. Wydał rozkaz wymarszu. Wojownicy, w zupełnie już innych nastrojach, posuwali się sprawnie. Gońcy, przemierzając ostępy w bezpiecznej odległości od cesarskich, zapewniali łączność między Mieszkiem a Bolesławem, by zgrać w czasie atak z dwóch stron.

Wreszcie doszło do spotkania obu wojsk polskich. Była to chwila wielkiej radości dla wojowników, lecz nie dla ich wodzów. Cesarz umknął ze swą armią; przeprawił się ponownie przez Odrę i rozpoczął odwrót. Szybko doszła go wieść o klęsce księcia Bernarda; uświadomił sobie, co go może czekać, jeśli zostanie oskrzydlony. Bał się ryzyka, znał bitność Bolesława. Teraz przekonał się, że i Bolesławowic potrafi być dobrym strategiem.

Spotkanie ojca z synem nie miało w sobie czułości. Bolesław podał synowi prawicę, poklepał po plecach i... to wszystko. Wkrótce, w otoczeniu doradców i najwyższych rangą drużynników, relacjonowano wzajem o dotychczasowych działaniach. Wielki książę uznał, że syn zdał egzamin z chrztu bojowego. Przejął dowództwo nad całością wojsk, lecz Mieszkowi wydzielił spory hufiec, liczący ponad dwa tysiące zbrojnych. Osobiście przedstawił sytuację na froncie południowym:

– Służący nam zastęp Morawian dokonał ataku na teren Marchii Wschodniej, oddziały zaś polskie zatrzymały podążającego na nas księcia Oldrzycha. Morawianie ponieśli klęskę, niemniej akcja ta wystraszyła Bawarów i nie dopuściła do połączenia się ich z Czechami, a następnie z armią cesarza. W rezultacie Czesi i Bawarczycy wrócili do swych domów i nic nam już od południa nie zagraża.

Bolesław z Mieszkiem teraz wspólnie ścigali cesarza, który pospiesznie wycofywał się w kierunku Łaby i Miśni. Wielki książę zrezygnował z otwartej bitwy. Nakazał nękać wroga podjazdami, siejąc w jego szeregach niepewność i strach. Topniały zastępy niemieckie, upadało morale. Droga odwrotu przez ziemie Dziadoszan nie była prosta: gęste, dziewicze lasy pełne bagien i grzęzawisk, które co rusz trzeba było wyścielać gałęziami, by w ogóle przez nie przejść. I co rusz zza tej gęstwy wylatywały strzały niosące cichą śmierć.

– A teraz, synu, ucz się ode mnie forteli wojennych – rzekł podczas jednego z postojów Bolesław, zacierając ręce. – To one decydują, w którą stronę przechyli się szala zwycięstwa. Jeśli nasi ukatrupią niebacznie cesarza, jak twoi Hodona, to podniesie się takie larum w całym chrześcijańskim świecie, że nic na tym nie zyskamy.

– Czyli?… – spytał niecierpliwie Mieszko, gdy ojciec po tych słowach zamyślił się.

– Hm… Henryk z pewnością już wie, że na wsparcie ani z północy ani z południa liczyć nie może. Sam zaś wpakował się w te bagna jak mucha w smołę. My natomiast napieramy połączonymi siłami. Przemyślałem. Wyślę do niego parlamentariusza, opata międzyrzeckiego Antoniego.

– Chcesz, ojcze, paktować z Niemcami? Co im zamierzasz zaproponować, bo chyba nie poddanie się?

– Otóż to, Mieszko! – Bolesław klasnął w dłonie. – Właśnie. Zaproponuję, by się poddał wraz z całym wojskiem. W zamian gwarantuję mu niewolę w równie komfortowych warunkach, jak on je zapewnił tobie.

Mieszko zaśmiał się niedowierzająco.

– Tak, śmiej się, śmiej. Oczywiście, że to żart. Ale wiesz co stanie się dalej?

– No, słucham.

– Pierzchnie, zobaczysz. Najnormalniej ucieknie, zostawiając swoich na pastwę losu! Dam sobie rękę uciąć, że tak się stanie. Zostawi jeszcze bardziej spanikowane wojsko, a to nam pozwoli dać Niemcom taką nauczkę, że może wreszcie uznają nasze granice za święte i nienaruszalne.

Bolesław jeszcze tego samego dnia posłał opata do cesarza. Opat nie wrócił na noc. Wielki książę uśmiechał się do siebie; w ukontentowaniu podkręcał wąsa, popijał piwo i czekał spokojnie.

* * *

– Książę, powiedziałem dokładnie to, co kazałeś mi przekazać cesarzowi. Zabiegam o życie w niebie, nie na ziemi, więc się nie zląkłem, ale myślałem, że po tych słowach mnie rozszarpią! Krzyczeli, że jeszcze nikt nie wypowiedział wobec cesarza tak ubliżających jego godności słów. Ale widziałem po minach, że to było tak na pokaz – opat zakręcił młynka dłońmi i uśmiechnął się szeroko. – Potem stało się, jak przewidziałeś, panie. Postawili przy mnie i towarzyszących mi braciach straż. Zabroniono nam powrotu. Cesarz naradzał się w wąskim gronie. Zaś nazajutrz... z samego rana... kazał sobie przyprowadzić najlepszego konia, przywołał przybocznych i cicho, unikając wzroku żołnierzy, uciekł. Po prostu uciekł! Dopiero wówczas pozwolono nam wrócić. Zdążyłem się tylko dowiedzieć, że przed tą sromotną rejteradą powierzył dowództwo arcybiskupowi Geronowi i palatynowi saskiemu Burchardowi.

Bolesław spojrzał porozumiewawczo na syna i wybuchnął śmiechem. Zawtórowali mu wszyscy obecni.

– I co teraz? – zwrócił się do niego Mieszko, gdy towarzystwo przestało się śmiać.

– Teraz? Teraz Niemcy poczują, czym jest naruszanie naszych granic. Niech nadal zwiadowcy uważnie obserwują każdy ich ruch, każdy ich krok. Wiemy, że weszli już na teren Bobrzan. Mamy tu dwóch znakomitych bobrzańskich zwiadowców, braci z rodu Pawluków. Obiecali donieść nam, gdy nieprzyjaciel znajdzie się w miejscu, w którym będzie go można osaczyć. Wówczas zaatakujemy częścią sił. To znaczy – zwrócił się do Mieszka – ty ich zaatakujesz, by lepiej poznać smak bezpośredniej bitwy. Ja będę czekał w odwodzie.

W kolejne dni Polacy deptali Niemcom po piętach, co nie było zbyt trudne – obciążeni taborami pozostawiali po sobie zbyt wielkie i głębokie ślady. Oczekiwano jednak na braci Pawluków i znającego również te tereny Jurę. To oni mieli dać sygnał do rozpoczęcia akcji. Wrócili. Przyprowadzono ich przed oblicze Bolesława i Mieszka. Pawlukowie pochylili się ze czcią, ale w imieniu wszystkich mówił Juro:

– Panie, Niemcy wybrali drogę, jaką im wcześniej naprędce z miejscowymi wytyczyliśmy. Dali się nabrać. Wkrótce trafią na jedyny szlak – długi jar zakończony bagnem tak rozległym, że zmuszeni będą się przed nim dłużej zatrzymać moszcząc przejście. To potrwa...

– No, Mieszku, pora zatem na ciebie – Bolesław zwrócił się uroczystym tonem do syna. – Zbieraj swoich i jazda.

Prowadzeni kniejami przez Pawluków przedzierali się bocznymi drogami, które tylko ich wytrawne oko i znajomość terenu mogły wskazać. Dzięki temu jadący komunik wyprzedził Niemców. Mieszko porozstawiał swoich i dobrze ich poukrywał po obu stronach jaru. Wielu spośród łuczników, tych najlepszych, wziąwszy ze sobą duże zapasy strzał wspięło się na drzewa; wybierali takie, by – zaszyci w listowiu – mieli przed sobą czyste pole rażenia. Czekali. Jeźdźcy poklepywali konie po łbach w sposób, który znały – nie wolno chrapać, parskać ani rżeć.

Z chwili na chwilę coraz wyraźniej słychać było gwar, nawoływania woźniców, skrzypienie wozów. A potem głosy rozczarowania i przekleństwa – trakt nieoczekiwanie się kończył, przed nimi wyjątkowo rozległe bagno. Pierwsi jeźdźcy, którzy nieopatrznie czy ryzykownie wkroczyli na nie, zapadli się po uda; uratowano ich z trudem, koni już nie. Po krótkiej naradzie Niemcy zdecydowali się rozbić na noc obóz, a w międzyczasie mościć przejście.

– Zaczekamy aż zaczną się rozlokowywać. To rozproszy ich uwagę. Zejdą z koni, odstawią co cięższą broń – Mieszko zwrócił się szeptem do dowódców. – Ale bądźcie przygotowani. Musimy ich zaskoczyć, zanim roześlą czujki. To tyle. Udajcie się na stanowiska i na nasz znak – wskazał na duży róg zawieszony u pasa przybocznego woja Drzymały – do ataku.

Po rozejściu się dowódców Mieszko wraz z przybocznymi, ukryci za częściowo sztuczną ścianą chaszczy tuż przy krawędzi zbocza, obserwowali nieprzyjaciół poprzez prześwity. Ci zaś niespokojnym wzrokiem zerkali na zbocza jaru, jakby w przebłysku zrozumienia, że to miejsce może stać się dla nich pułapką.

– Książę – odezwał się Drzymała. – Chyba nie ma już na co czekać?

– Tak. Daj znak.

Drzymała chwycił oburącz róg; ile mógł nabrał w płuca powietrza i zadął z całych sił. Przenikliwy sygnał rozszedł się hen po puszczy i po wielokroć odbił echem. Potem nastała przejmująca cisza, jakby czas się zatrzymał, i wreszcie… przerwał ją przeciągły świst. Na Niemców posypały się roje strzał – nie na chybił trafił, ale dobrze wymierzone, chociaż czasami aż kilka w jednego wroga. Wielu osunęło się na ziemię. Po chwili następna chmura strzał, i jeszcze jedna… kolejne szeregi padały bez czucia.

Mieszko skinął na Drzymałę. Powtórnie zabrzmiał róg. Naraz z setek ust wydobył się po trzykroć bojowy okrzyk:

– Bij, zabij, sława! Bij, zabij, sława! Bij, zabij, sława!

Na obu zboczach pojawili się na koniach, w rozwiniętym szyku, zbrojni wojowie. Poczęli zjeżdżać, rozpędzając się – wprost na karki nieprzyjaciół.

Mieszko skinął na sług. Przyprowadzili czym prędzej konie – jego i przybocznych. Wskoczyli; podano im tarcze.

Mieszko obserwował zmagania, wreszcie nie wytrzymał: nacisnął głębiej szyszak, wyciągnął z pochwy miecz; ruszył. Przyboczni spojrzeli po sobie z niepokojem, po czym – otoczywszy go – ruszyli wraz z nim. Przy nim, strzemię w strzemię, Mojsław; z zaciętą miną, ale co rusz się uśmiechając.

Zaskoczenie przeciwnika, mimo jego liczebności, dało Polakom od samego początku przewagę. Taktyka Mieszka wydała pierwsze owoce. Przegnano konie powodując, że większość Niemców broniła się spieszona. Ginęli tratowani kopytami, cięci od góry mieczami i toporami. Upozorowano też odwrót. Konnica wspięła się na zbocza, by w jednej chwili zawrócić i z impetem ponownie rzucić się na wroga.

Mieszko, widząc, że wszystko rozgrywa się zgodnie z planem, wypatrywał co znaczniejszych Niemców. Rzucał się na nich bez opamiętania, wzbudzając strach nie tylko przeciwnika, ale i przybocznych, zobowiązanych chronić go własnymi ciałami i życiem. Mojsław skorzystał na jednym z takich ataków: niby się nie zreflektował, został celowo w tyle. Teraz sam zaczął się rozglądać za potencjalną ofiarą. Upatrzył. Widać było po bogatej zbroi, że to ktoś znaczny. Też siedział na koniu. Spiął swojego ostrogami. Pogalopował w jego stronę. Gdy tamten go dojrzał, Mojsław przyjął mieczem postawę *Wiszącego sztychu*, sugerując pchnięcie w okolice brzucha. Niemiec instynktownie obniżył tarczę. Mojsław przegalopował obok niego błyskawicznie podnosząc miecz i zmieniając postawę na *Uderzenie poprzeczne*. Od zadanego ciosu szarpnął go ostry ból w nadgarstku. Odwrócił się: bezgłowy korpus siedział przez chwilę na koniu, po czym zwalił się na ziemię.

Z kilku piersi wydobył się okrzyk zgrozy i gniewu. To umocniło Mojsława w przekonaniu, że zabił kogoś liczącego się. Po chwili inny jeździec skierował się w jego stronę. Starli się zderzając tarczami. Niemiec osadził tym sposobem konia Mojsława na miejscu. Zawrócili ku sobie. Zwarcie; podczas wyprowadzania go Mojsław wyczuł po nacisku przeciwnika, że ma do czynienia z silniejszym od siebie. Na nic kolejne postawy. Znów zwarcie. Mojsław wytrzymywał, ale dłoń coraz silniej mu drżała i słabła. Przeczuwał, że jeśli przeciwnik wyprowadzi teraz miecz, to jego kolejny cios może się okazać śmiertelny. Instynkt podpowiedział mu sztuczkę wyuczoną od Drzymały: nie wychodząc ze zwarcia ciał z całych sił brzegiem okrągłej tarczy równo pod nosalem szyszaka, czyniąc nią równocześnie ćwierćobrót. Chrupnęły miażdżone szczęki, z ust buchnęła krew. Wyjście ze zwarcia, szybki sztych w szyję, cofnięcie się wraz z koniem. Kolejny Niemiec osunął się na ziemię barwiąc ją krwią.

Czębor dowodził oddziałem Wieletów, którym przykro było, że w tej wojnie walczą po obu stronach. Poczuli się lepiej na wieść, że pobratymcy bez zapału ruszyli na wojnę u boku księcia Bernarda, i że ta celowa niemrawość ostatecznie zadecydowała o klęsce i wycofaniu się Sasa. Dla tych jednak, którzy służyli przy Częborze, zdecydowanie większym wrogiem był germański chrześcijanin, niż dla tamtych półchrześcijański Słowianin. Rośli i wyróżniający się siłą, walczyli dzielnie i zapalczywie. Mimo dowodzenia nimi i bezpośredniego uczestniczenia w walce, Czębor co rusz zerkał na poczynania Mieszka i sprawdzał, czy Mojsław się go trzyma. Miał mocno w pamięci przepojone lękiem prośby Jagody i Dobrej, by chronił siebie, ale w równym stopniu baczył na Mieszka i Mojsława.

„Gdzież on?" – Zaniepokojony zwrócił się do nieodstępującego go Borka: – Nigdzie nie widzę Mojsława!

Obaj wstrzymali wierzchowce lustrując nerwowo teren.

– O, tam! Popatrz Czębor.

Dojrzeli go, gdy akurat rozprawiał się z drugim jeźdźcem, ale zmrożeni spostrzegli coś, czego Mojsław, odwrócony, nie zauważył. Zakradał się ku niemu woj, zaś w pewnym oddaleniu dwaj inni. Niemiec z rozmachem rzucił włócznią w wierzchowca, ten – wyrzucając zaskoczonego Mojsława z siodła – zakwiczał przeraźliwie, stanął dęba, i po chwili runął bez życia. Mojsław przekoziołkował po ziemi wraz z umocowaną do ramienia tarczą. Wypuścił po drodze miecz, a po chwili znieruchomiał. Niemiec wyciągnął z wysiłkiem włócznię ze zwłok konia; szukał oczami jeźdźca. Czębor z Borkiem bez namysłu, wbijając mocno ostrogi w boki wierzchowców, pocwałowali szaleńczo w ich kierunku. Widzieli, oddzieleni jeszcze sporym dystansem, jak Niemiec ponownie się zamachnął. Mojsław zdążył się ocknąć z krótkiego omdlenia; zwinnie obrócił się na bok. Grot włóczni wrył się w ziemię. Nieprzyjaciel kolejny raz gotował się do zadania ciosu. Mojsław szybkim ruchem sięgnął po nóż i rzucił go, skupiając resztki sił w obolałej ręce. Przeciwnik zwalił się wprost na niego. Dobiegali właśnie dwaj inni, ale tym razem Czębor z Borkiem byli już na miejscu. Czębor zadał głęboki sztych w plecy jednego, Borko drugiemu rozszczepił toporzyskiem głowę. Zeskoczyli z koni, pomagając Mojsławowi wygrzebać się spod martwego Niemca.

– Czyś ty, głupcze, zwariował?! – Czębor, patrząc z troską na przyjaciela, nie mógł ukryć irytacji i gniewu, ani powstrzymać się od słów, na które w każdej innej okoliczności by sobie nie pozwolił.

Borko stoczył krótki pojedynek z kolejnym Niemcem, który próbował ich zaatakować, podczas gdy oszołomiony upadkiem i wydarzeniami Mojsław spuścił pokornie oczy przed Częborem, niczym małe dziecko przyłapane na psocie.

– Jak mogłeś?! Jak mogłeś?! – Czębora dusił gniew. Zrobił kilka kroków i schylił się, by podnieść miecz. Podał go Mojsławowi. – No, kiedy Mieszko dowie się, jak mu giermkowałeś, to po raz drugi twoja kariera na dworze dobiegnie końca. Nie wiem, czy zechce sprawdzić powiedzenie: „do trzech razy sztuka".

Mojsław zagryzł wargi; zmilczał. Na szczęście dla niego znów rozległ się róg Drzymały i kolejny umówiony sygnał: wszyscy mieli opuścić pole bitwy. Ostatni etap planu Mieszka: wrócić na swoje pozycje na wzgórzach, reszta należeć już będzie do łuczników.

– Weź go – Czębor głową wskazał Borkowi Mojsława. – Wracamy.

Olbrzymi Borko bez ceregieli złapał młodzieńca i usadził na swego konia, chwycił uzdę i ruszył obok pieszo. Wrócili na wzgórze.

– Powiesz Mieszkowi – radził Czębor, gdy zeskoczyli z koni, zerkając na łuczników ustawiających się dziesiątkami przy krawędzi wzgórza – że kiedy on tak naraz się wysforował do przodu, równie mądry jak ty, w tej samej chwili ubili pod tobą konia. Rozumiesz?

Potaknął milcząco.

Gdy wszyscy Mieszkowi woje znaleźli się w bezpiecznym miejscu, zaczął się ostatni akt spektaklu. Łucznicy – spokojnie, z flegmą – wybijali pozostałych Niemców, traktując to jak zabawę w strzelanie do celu. To był już pogrom. Tylko nielicznym udało się przedrzeć przez bagno i uciec, pozostawiając całą zdobycz, jaką się obłowili w polskim obozie w pobliżu Krosna.

Bitwa dobiegła kresu. Pośród zabitych Niemców samych sławnych wojów naliczono ponad dwustu. Z najbardziej znamienitych zginęli margrabia Gero i graf Folkmar. Zwykłych wojów nawet nie liczono, było ich tysiące. Arcybiskup Geron ledwo umknął z rannym księciem Burchardem.

– Że też klechy zawsze potrafią spaść na cztery łapy – mruczał niezadowolony Borko, opatrując wieczorem przy ognisku potłuczenia Mojsława.

– O kim mówisz? – spytał opatrywany.

– Wiadomo, o tym ich „wodzu", co to został namaszczony na tę funkcję przez naczelnego uciekiniera, samego cysorza. O ich arcybiskupie Geronie. Świętoszki od siedmiu boleści! Plotą ludziom w tych swoich świątyniach bzdury o nadstawianiu drugiego policzka, o miłowaniu nieprzyjaciół, o tym, że ich Bóg jest jakoby Księciem Pokoju, a potem staje taki na czele wojsk i napada na niewinnych. Żeby to jeszcze bronił swego kraju. Wiecznie nienasycony wyciąga łapsko nie po swoje. Tfu! – splunął z niesmakiem. – Ale oczywiście umknął, pozostawiając owieczki bez pasterza.

– I doigrali się – włączył się do rozmowy Człebor. – Sprawiliśmy im istny Las Teutoburski.

– Znaczy co? – spytał dosiadający do ich ogniska Zadar.

– To bardzo dawne dzieje, jeszcze nim na świecie pojawili się chrześcijanie. Czytałem o tym w księgach, gdyśmy z Mieszkiem pędzili próżniaczy żywot mnichów. Światem rządzili wówczas Rzymianie. Zapragnęli podbić też Germanów, a ci sprawili im pewnego dnia tęgie lanie i wycięli w pień legiony w zupełnie podobnej zasadce, jaką myśmy dzisiaj uczynili, i w podobnym lesie. Rzymianie chcieli pognębić Germanów, jak teraz na odmianę Germanie chcą pognębić Słowian. Oni mieli swój Las Teutoburski, my zaś od tej chwili mamy na wieczną pamiątkę swój Las Bobrzański.

* * *

Mieszko nie poprzestał na tym sukcesie. – Zaatakowali naszą ojczyznę! – przemawiał do zgromadzonych wojów – Dostali nauczkę. Przepędziliśmy ich poza granicę. Ale żeby na dłużej zaniechali takich pomysłów, popędzimy dalej Niemców, przez ich kraj!

Słowa te powitano hucznym aplauzem. Hufiec Mieszka, rozradowany zwycięstwem i łupami, chętnie poparł ten zamysł.

Przeprawili się za Łabę. Mieszko rozdzielił wojska: część poszła na gród Miśnię, gdzie za jednym zamachem zdobyto podgrodzie, druga część zobowiązana została do pustoszenia okolic. Role się odmieniły: jeszcze niedawno niepewni losu obrońcy ojczyzny teraz znaleźli się na terytorium wroga, łupiąc go. Mieszko brał odwet.

Cesarz, zanim postanowił ukryć się w Merseburgu, naczelnym dowódcą obrony Marchii Miśnieńskiej i samej Miśni uczynił Hermana, szwagra Mieszka.

Siostra, jakby w przeczuciu tego, co może się wydarzyć, dużo wcześniej wyjechała do rodziny męża w głąb Niemiec.

Mieszko wiedział jak Herman dwoił się i troił podczas najazdu na Polskę, by przypodobać się cesarzowi i zrzucić z siebie podejrzenie o współpracę z teściem. „Należy mu się nauczka" – sarkał. W trakcie oblężenia przychodziło nań jednak stopniowo otrzeźwienie. „Kogo w istocie ograbię, jeśli zdobędę gród? – zastanawiał się. – Siostrę. I na tym się skończy, bo przecież Marchii ani nie zdobędę, ani jej przy Polsce nie zatrzymam. Spustoszyć okolice, zdobyć łupy, zastraszyć Niemrów i wracać! Ot, co powinienem uczynić".

Machina została jednak puszczona w ruch. Mieszko obserwował z sąsiedniego wzgórza działania swoich wojów i stamtąd wydawał rozkazy. Już mu bowiem po jego ryzykanckich wycieczkach w Lesie Bobrzańskim – jak za sprawą Czębora i jego przyjaciół zaczęto określać klęskę Niemców – zabroniono takich eskapad. Zewsząd szalały płomienie podpalonego podgrodzia niebezpiecznie zbliżając się do wałów samego grodu. Wkrótce jęzory ognia sięgnęły wież, murów, nadbudówek. Obrońcy, będąc ciągle na oku znakomitych polskich łuczników, niewiele mogli zdziałać. Pozostawało im jedynie tłumienie ognia.

Z niezręcznej sytuacji, w jakiej postawił się Mieszko, uratowała go sama natura. Była już połowa września. Gdzieś u źródeł Łaby pojawiły się obfite opady: rzeka znienacka i gwałtownie zaczęła przybierać. Przybyli gońcy z tą wiadomością. Naraz uświadomiono sobie, co może ich czekać w obcym, wrogim kraju, gdy obciążeni łupami zostaną uwięzieni u brzegu! Cesarz z pewnością takiej okazji by nie przepuścił.

Odbyli krótką naradę. Decyzja była jednomyślna:

– Nic już tu po nas. Cel spełniony. Należy bezpiecznie wrócić i dotransportować do siebie nieprzebrane łupy.

Tym razem Mieszko miał powody do satysfakcji: wracał do kraju jako triumfator. Zdobył mir u wszystkich, którzy pod nim służyli, ale też i u tych w głębi kraju, do których dotarły już wieści o jego sukcesach.

ROZDZIAŁ XIV
U CELU MARZEŃ (1016 r.)

Po wieczerzy kasztelan łomżańskiego gródka poprowadził Mieszka do izby dla gości.

– Tu, książę, możesz spocząć przed jutrzejszym wjazdem do Wizny. Na stole ustawiono napitki, gdybyś poczuł pragnienie. Słudzy ogrzali izbę. Nad ogniem jest kociołek z gorącą wodą do mycia. Myślę, że będzie ci, książę, wygodnie. Z pewnością jesteś, panie, wyczerpany dzisiejszą podróżą po śniegu i w mrozie. U nas, na wschodzie, zawsze jest o tej porze zimniej. Czy jeszcze czegoś sobie życzysz?

– Dziękuję, kasztelanie. Jesteś nad wyraz gościnny – Mieszko zdjął ciepły serdak i zawiesił go na oparciu krzesła. – Już podczas sutej wieczerzy doszliśmy do siebie, a miodowe grzańce dopełniły reszty. Jedno o co cię proszę, to przykaż strażom, żeby mi nikt tego wieczora nie zakłócał spokoju, choćby to był syn twojego kniazia, Mojsław. Jeszcze raz serdecznie dziękuję za szczodre przyjęcie.

– Stanie się zgodnie z twoją wolą, panie. A zatem dobrej nocy – kasztelan ukłonił się i wyszedł zamykając za sobą drzwi.

Mieszko usiadł ciężko za stołem. Nalał z dzbana miodu. Sączył wolno słodki trunek wpatrzony w migoczące płomienie; popadał w zadumę. Teraz, gdy już nie musiał trzymać przed innymi fasonu, twarz jego poczęła pulsować na przemian wyrazem lęku i smutku przeistaczającymi się w bezradną rozpacz. Od czasu zmuszenia go do porzucenia Dobrej, a potem niewoli w Czechach – popadał niekiedy w taki stan; czuł, że znów go ogarnia. Walczył siłą woli, ale wola też ma swoje granice. Spojrzał na dłoń trzymającą kubek: drżała. Wypił jego zawartość trzema haustami, w obawie, by się przypadkiem nie ulała na blat, obwieszczając mu, że znów przegrał z zawziętym na niego losem i... ze swoją psychiką.

A przecież wracał z wojny tak szczęśliwy, dumny. W marzeniach widział Dobrą, która mu przebaczyła. Widział ją u swego boku: pogodną, rozumiejącą jak nieludzkich wyrzeczeń wymaga przewidziana mu rola, że dla dobra ogółu trzeba niekiedy złożyć ofiarę z własnego szczęścia. Ale w kraju nadal go czekało uważane przez Kościół, możnowładców i władców państw chrześcijańskich za jedyną legalną małżonkę – owo niechciane coś – Rycheza! Znów nie kto inny, lecz ojciec stanął w poprzek jego szczęściu! – z tym przeszywającym zimnym wzrokiem na podobieństwo bestii gotowej pożreć własne potomstwo, jeśli nie dostrzeże w nim uległości. I ten urągliwy uśmiech, godny rozmiłowanego w swym zawodzie kata! A potem nagła powaga, nawisłe srogością brwi i kolejna rana wprost w serce! „Pewnie. Nawet trzeba, byś jechał do Władywoja i twojej nałożnicy. Światopełk, ta oferma, nie radzi sobie na Rusi. Tylko czekać jak jego brat Jarosław wyzuje go ze schedy. Znów przyjdzie za niego walczyć, więc Mazowsze musi być w pogotowiu". Mieszka boleśnie uderzyło pogardliwie wypowiedziane słowo „nałożnica", by po chwili zupełnie go sparaliżować:

„Usprawiedliwiały ciebie, synu, okoliczności, by nie współżyć z Rycheza – niewola w Czechach, Niemczech, wojna… Teraz jednak ustały wszelkie powody. I co ja słyszę?! Co słyszą i na co oburzają się biskupi? Oto małżeństwo nie skonsumowane! Nie, nie, synu. Tak być nie może i nie będzie! Dla twego widzimisię nie utracą Piastowie okazji, by we krwi ich potomków pojawiła się krew cesarzy i prawo do niektórych niemieckich ziem. Nie pozbawisz nas tych korzyści. Nie ośmieszysz mnie wobec królów i książąt, że mój syn nie wie jak zabrać się za Niemrę! Jeszcze rozmiłowany w Niemcach papież gotów unieważnić wasze małżeństwo. Na to się nie godzę i nie ruszysz się stąd, dopóki się nie dowiem, i to z ust samej Rychezy, że jest w ciąży!".

Zorganizowano na niego zmasowany atak: w sukurs ojcu przyszli jego doradcy, biskupi i – czym najbardziej się zadziwił – sama Rycheza. „Tak się nie godzi – skoczyła znienacka na niego – żeby poniżano mnie pomówieniami, iż mój mąż woli jakąś nieobyczajną dziką dziewkę, a raczej dziwkę żyjącą pośród bagien i puszcz, od swej prawdziwej żony! A może to wieczne uciekanie na koniu przed moimi ziomkami ugniotło ci tak przyrodzenie, że nie jesteś w stanie sprostać małżeńskim obowiązkom?". Ta nagła wulgarność dewoty i obrażenie Dobrej wprawiły go w osłupienie; siłą powstrzymał się od uderzenia ją w twarz.

Presja zewsząd była jednak wielka, zbyt wielka. I… szantaż ojca. Uległ!

Słyszał i widział jak niejeden woj, z dala od domu i rodziny, nie miał skrupułów zadawać się z kobietami lekkich obyczajów. Co najwyżej biegł przed bitwą do mnichów lub księży, by się wyspowiadać. Wracał z opróżnionym mieszkiem, ale z przekonaniem, że Bóg jest wielki w swoim miłosierdziu i nie takie grzechy odpuszcza, byleby dobrze bił się z nieprzyjacielem. Niestety, on nie miał tej natury i wolałby, żeby ten „miłosierny" Bóg wraz ze swoimi ziemskimi sługami przestał raz na zawsze dokonywać za niego wyborów. Mimo że rzecz miała z Biblią co nieco wspólnego, bowiem odbywała się w egipskich ciemnościach, trudno mu było dokonać żądanego aktu. Wspomnienie przepięknej twarzy, jędrnych piersi, ud i gibkiego ciała Dobrej w porównaniu z kościstym, a równocześnie przypominającym schłodzoną galaretę ciałem Rychezy dodatkowo stwarzało barierę trudną do pokonania. Przełamał ją dopiero chwycony po omacku i wychylony wprost do gardła garniec miodu i zmuszanie swej wyobraźni, by w trakcie stosunku widzieć przed sobą Dobrą. Wiele go kosztowało sił, by wreszcie, z pomocą imaginacji, doszło do wytrysku nasienia. Nie wsłuchiwał się, na ile bolesna dla Rychezy była ta inicjacja, dla niego ważne było jedno: musi! Jej niegdyś niańka, teraz powiernica, raczyła go łaskawie poinformować, kiedy w cyklu miesięcznym przypada Rychezie najpłodniejszy dzień, wprzęgając w to nawet konstelacje gwiazd. Ubrał się szybko i wyszedł z sypialnej komnaty, zbrzydziwszy do końca narzuconą mu żonę. Pamiętał jeszcze, że spotkał po drodze tę starą Niemkę i rzucił za nią: „Czarownico! Jeśli twa pani nie pocznie, przysięgam, złamię ci kark!". Po powrocie do swej komnaty upił się po raz pierwszy w życiu do nieprzytomności.

Na szczęście po całym dworze rozeszła się pożądana wieść: Rycheza jest w ciąży! Od tamtej chwili stała się jeszcze bardziej wyniosła wobec Mieszka, jeszcze bardziej odpychająca, kłótliwa przy każdym ich mniej lub bardziej przypadkowym spotkaniu. Wyglądało na to, jakby i jej potrzebny był jedynie do aktu prokreacji. Zaczął nazywać ją „Ryksą"[14]. „Skoro mój ojciec kazał na Weszpryma wołać Bezprym – zwrócił się pewnego razu do swych towarzyszy – to ja nakazuję wam zwać Rychezę Ryksą!". Odtąd, acz poza jej plecami, coraz częściej zaczęto ją określać takim przewiskiem.

Mieszko został łaskawie wypuszczony przez ojca ze złotej klatki.

„Z taką zatem nowiną przybywam do mojej ukochanej po tylu latach rozłąki!". Targał nim bezsilny wstyd. Ileż to razy przemyśliwał, czy by nie wyrwać się z tej niewoli, pojechać na Mazowsze po żonę i synka i uciec gdzie na krańce świata, choćby na służbę do któregoś z normandzkich władców, jak to uczynił Lutomir, brat Czębora. Ale wiedział, że daleko by nie umknął – był

---

14 *rixa* – w języku łacińskim: „kłótnia".

niezgorzej pilnowany niż w czeskiej czy niemieckiej niewoli. Nie zmrużył oczu do rana.

* * *

Oficjalne powitanie Mieszka na dworze w Wiźnie było dla głównych bohaterów tego wydarzenia trudne i niezręczne. Czuli na sobie uważny, ciekawski, graniczący ze wścibstwem wzrok obecnych tu przedstawicieli obu dworów. Oddalenie Dobrej przez Piastów całe Mazowsze odebrało jako wymierzony w nie siarczysty policzek. Potem, za sprawą przyjaciół Mieszka, głównie Czębora, nastroje uległy na tyle zmianie, że winą za cały afront obarczono, zgodnie z prawdą, księcia Bolesława. Ale przybycie Bolesławowica nie budziło już takiego entuzjazmu jak onegdaj.

Mieszko, idąc przez długą salę, kątem oka dojrzał stojącego z boku Czębora wraz z Jagodą i dwójką ich dzieci. Ten wierny druh, obstający za nim twardo w każdej sytuacji, dodał mu swoją obecnością nieco odwagi. Czębor już wcześniej przybył do Wizny, pragnąc pośród swej rodziny obchodzić Nowy Rok, który według kalendarza Słowian zaczynał się od przesilenia zimowego – 21 grudnia. Dzień ten rozpoczynał trwające do 6 stycznia Godowe Święta z ważną uroczystością rodzinną – wigilią. Zachowującego religię ojców Wieleta oburzała obchodzona przez Kościół wigilia; uważał to za „zuchwałe przejęcie starosłowiańskich obyczajów związanych z odrodzeniem się Słońca".

Mieszko jednak przede wszystkim kierował swój wzrok na Dobrą. Z każdym krokiem wyraźniej widział jej twarz i z każdym krokiem serce mu biło coraz silniej. Poczuł się jakby czas zwolnił swój bieg. Słuchał niekiedy Czębora, gdy ten dzielił się okruchami mądrości kapłanów Swarożyca, jakie przekazywał mu jego wuj. Kiedyś mówił mu o zmienności czasu, który różnie u różnych potrafi płynąć. Teraz tego doświadczał, gdyż droga zdała się rozciągnięta w czasie. Na tyle rozciągnięta, że kontemplował tę ukochaną twarz, a pamięć przebiegała chwile ich szczęścia. A może to lęk, że nie wydusi z siebie słów powitania sprawiał takie wrażenie?

Rodzina kniaziów powstała ze swych miejsc.

Zatrzymał się przed nimi. – Witam cię kniaziu i kniahini, mój ojcze i matko – ukłonił się głęboko przed teściami. Teraz zwrócił się do Dobrej: – Witam cię, moja droga i kochana żono...

Po sali rozszedł się szmer, trochę jakby westchnienia, trochę jakby zdziwienia. Mieszko jeszcze raz przyjrzał się Dobrej tym swoim badającym spojrzeniem. Uniosła pięknie zarysowane łuki brwi. Rozszerzyły się źrenice jej dużych, chabrowych oczu; usta mimowolnie i lekko się rozchyliły, ukazując rząd drobnych, lecz równych i niezwykle białych zębów. Przechyliła głowę lekko do tyłu. Poznał ten wyraz twarzy tak mu bliski i na zawsze utrwalony w jego pamięci. Pojawiał się u niej, ilekroć zbliżali się do siebie stęsknieni pieszczot. „A więc nie wszystko stracone…?". Kąciki jej ust poczęły drgać. Miał ochotę przywrzeć do nich na oczach wszystkich swoimi ustami i trwać tak, aż syci widoku by w końcu ich opuścili, zostawiając samych. Ale ceremoniał wymagał czego innego. Niemniej zaznał odrobinę ulgi.

– Witam cię, mój panie i mężu…

Podszedł, wziął ją delikatnie w ramiona i złożył na czole pocałunek. Wystarczyło to jednak, by wyczuć swą piersią jej trzepoczące się z emocji serce. Odsunął się nieco i pochylił w kierunku trzymającego ją za rękę małego chłopca: – Witam cię, Bolku, mój ukochany synku. – Zręcznym ruchem otarł cisnące się naraz do oczu łzy i chwycił malca; uniósł go w górę i przycisnął do siebie. Po dłuższej dopiero chwili postawił go na powrót.

Obecnych ogarnęło wzruszenie. Bolko, chociaż przygotowywany na spotkanie z ojcem, widział w nim, póki co, obcego mężczyznę. Nieco przestraszony zrobił krok w tył i ukrył się za suknią mamy. Szybko jednak się zreflektował, że tak nie wypada, a już na pewno nie chłopcu. Wysunął się, na wszelki jednak wypadek chowając rączkę w dłoń rodzicielki. Patrzył na Mieszka dużymi, jakże podobnymi do matki oczami.

Nastąpiły ceremonialne, grzecznościowe zwroty. Słudzy złożyli u stóp rodziny kniazia bogate dary od Mieszka, jego ojca i matki. Dobra jedynie z grzeczności rzuciła okiem na te przekazane dla niej. Chociaż były tam przepiękne szaty i bogate ozdoby, nie miało to obecnie większego znaczenia, wolała patrzeć na Mieszka – coraz śmielej i nie mniej od niego badawczo.

Bogatą ucztę wydaną na cześć gości urozmaicał zastęp grajków, wesołków, kuglarzy oraz pokaz tresowanych niedźwiedzi. Bawiło to większość uczestników, lecz nie rozluźniło napięcia i pewnej sztywności między Mieszkiem, Dobrą i jej rodzicami. Była już późna noc, gdy wreszcie Władywoj ostentacyjnie wstał, co było znakiem, że biesiada dobiega końca. Mieszko, speszony, spojrzał na Dobrą, nie bardzo wiedząc co teraz powiedzieć i jak się zachować.

Z zakłopotania wybawił go teść: – Nim udasz się na spoczynek zapraszam do siebie. Wiem, że przybywasz, by przekazać mi wieści od wielkiego księcia i jego pisma skierowane do mnie. Pora późna, ale nie ukrywam, pilno mi je usłyszeć.

W trakcie rozmowy Władywoj żalił się: – Nie wypada mi, synu, narzekać na naszego pana zwierzchniego. Będę mu do końca podporządkowany, bo tego wymaga interes kraju. Ale nie ukrywam, jest mi przykro, gdy widzę manewr Bolesława, by umniejszyć mą rolę i pozostałych kniaziów mazowieckich, na rzecz narzuconego nam jego komesa, który usadowił się w Płocku. Do tej pory potrafiliśmy wspólnie dobrze zarządzać Mazowszem, a w razie wojny wybierać spośród siebie naczelnego wodza. Czy teraz, gdy Mazowszu zagraża wyłącznie Ruś, tworzenie jej stołecznego grodu przy zachodniej granicy, pomniejszanie zaś roli Wizny u granic wschodnich, jest rozsądne?

– Niewiele mnie ojciec informował o sprawach mających związek z Mazowszem. I zapewne zgadujesz dlaczego? Zgadzam się, nie jest to na chwilę obecną dobry pomysł, spróbuję to ojcu delikatnie wytłumaczyć. Ale... – pokiwał smętnie głową i zamilkł.

– Nie kończ. Wiem, wiem. Ot, co miłość potrafi nabroić – Władywoj silił się na uśmiech – i ile na tym wszyscy, i ty i my, „zyskaliśmy".

Rozmawiali jakiś czas o sprawach dotyczących kraju, wreszcie Władywoj spytał otwarcie:

– Masz zamiar spać z moją córką, czy Bolesław zakazał ci tego? A może sam uznajesz, że się nie godzi? Bez względu jaka jest twoja wola, uznam to...

– Ojcze! Jak możesz! Bądź przekonany o mym wielkim uczuciu do Dobrej. Jest ono stałe i nigdy się nie zmieni. Jedynie moje myśli biegnące ku niej, marzenie o tym spotkaniu, które się wreszcie ziściło, dawały mi siły, by przeżyć wszystkie koszmary, przez które przeszedłem. To ja się spytam Dobrej, czy mi przebaczy i czy będzie skora przyjąć mnie do swego boku. A ojciec?... – uśmiechnął się cierpko. – Dał przyzwolenie, odkąd... – urwał naraz.

– Wiem, wiem synu i o tym. Nie mieszkamy, wbrew pozorom, na krańcu świata. Dochodzą nas wieści z wielkoksiążęcego dworu. Nie winię cię za to, do czego zostałeś przymuszony. Natomiast co do Dobrej... Będzie, będzie chciała byś przyszedł do jej łoża. Tak mi mówi ojcowskie przeczucie – Władywoj wstał i objął Mieszka ramieniem. – Pokaleczył nas twój ojciec, wszystkich równo. Ale póki żyjemy nie traćmy nadziei. Widzą to Bogowie, może się nad nami użalą.

Do jutra, synu. – podprowadził Mieszka do wyjścia. Przywołał trzymającego w pobliżu straż woja: – Odprowadź księcia do izby jego małżonki.

Woj ukłonił się. Chwycił łuczywo; poprowadził: – To tu, panie.

Mieszko rozpoznał dwuskrzydłowe drzwi prowadzące do izby, w której spędzili swoją pierwszą noc poślubną. Serce mu znów mocno zabiło. Zabrakło mu tchu, musiał wziąć kilka głębokich oddechów. Skinął w podzięce strażnikowi głową. Gdy ten się oddalił wziął jeszcze jeden głęboki oddech. Nacisnął klamkę; skrzypnęły drzwi.

ROZDZIAŁ XV
MIŁOŚĆ POŚRÓD ŚNIEGÓW (1016 r.)

Izba była subtelnie oświetlona woskowymi świecami osadzonymi w ozdobnych kagankach. Przystrojona na Godowe Święta girlandami z iglastych gałązek pachniała żywicą. Dobra, z rozpuszczonymi puklami jasnozłotych włosów, spoczywała pod nakryciem. Nie spała, patrzyła na wchodzącego Mieszka.

– Czy mogę?...

– Oczywiście, że możesz.

– ...Czy mogę położyć się obok ciebie?

– Dziwne pytanie. A jak to sobie inaczej wyobrażasz?

– Nie chcę sobie tego wyobrażać, ale mogłabyś mi kazać odejść i znaleźć miejsce na nocleg w którejś z izb dla gości.

– Głuptasie. Czekam...

Zdjął ubranie. Szukał oczami misy z wodą. Woda była już chłodna. Umył się. Dobra nie spuszczała z niego oczu. Gdy się wytarł, odsłoniła puchową kołdrę, wskazując stronę, na której zwykł się kłaść. Spostrzegł, że jest naga. Kształtne piersi falowały przyspieszonym rytmem. Znieruchomiał, patrząc jak niegdyś i jak zawsze – oczarowany.

– Chcesz, żebyśmy obydwoje przemarzli? – przynagliła go, naraz zawstydzona. Przysłoniła piersi ręką i ugięła nieco nogę w kolanie, kryjąc łono.

Uśmiechnął się. – A czy kiedykolwiek to nam się zdarzyło? – Wszedł do łoża. Oparł się na łokciu; przyglądał się z boku profilowi jej twarzy. Począł delikatnie głaskać ją po policzku. Pod wpływem tego dotyku tkliwe uczucie miłości szybko przeobrażało się w żar.

Mocno przywarli do siebie; połączyły się ich spragnione usta. Dłonie syciły się pieszczeniem ciał, by w końcu, bezwiednie, zejść w rejony wyzwalające w nich rosnące z chwili na chwilę pożądanie. Dobra rozchyliła uda; poczuł wilgotne ciepło...

Czekała, długo i... nadaremno. Zdziwiona nie poczuła tego, co powinna teraz w sobie poczuć.

Mieszko zastygł w bezruchu; wreszcie uniósł się na ramionach, zsunął się na bok i spoczął na wznak.

– Co ci?

Milczał. Przełykając ślinę, odezwał się w końcu stłumionym głosem: – Muszę ci coś wyznać, muszę. Powinienem to uczynić, nim pozwoliłaś mi zbliżyć się do siebie...

– Słucham? – spytała cicho, nakrywając jego i siebie kołdrą. Odwróciła się ku niemu i patrzyła mu w oczy.

– Powinienem powiedzieć ci, co się przydarzyło... do czego doszło nie tak dawno temu między mną a Rychezą...

– Może i powinieneś. Tak, bez wątpienia, powinieneś. To bowiem dowodzi twej uczciwości. Ale nie musisz tego ciągnąć dalej. Ja wiem... Dziwię się tylko, czemu tak późno, skoro zawarłeś wielce uroczyste i ponoć teraz dopiero prawdziwe małżeństwo, bo w asyście niemieckich biskupów – dodała po chwili, siląc się, by zabrzmiało to pobłażliwie, wesoło. Nie udało się; głos nie ukrył wezbranej w sercu goryczy.

– Nie rań mnie. Jestem wystarczająco pokaleczony. Więc wiesz? – nie krył zdziwienia. – Wiesz, że...

Dobra położyła mu swój palec na usta, zmuszając do milczenia. – Tak, wiem. Czębor ma niewyparzoną gębę, odbiegającą od tych jego Wieletów. Niewyparzoną nawet jak na nasze mazowieckie zwyczaje. Prosili mnie z Jagodą o rozmowę na osobności. I opowiedział mi dokładnie wszystko. Aż za dokładnie, chociaż... – uśmiechnęła się smutno – nie ukrywam, że dość pokrzepiająco, o ile nie nakłamał.

– Nie nakłamał. Puścisz w niepamięć? Wybaczysz?

– Co tu wybaczać? Nie ty ponosisz za to winę. Czy puszczę w niepamięć? Nie, Mieszku. Tego się nie wymazuje ot tak, na pstryknięcie palcami. Uczyniono mi krzywdę na całe życie, a to żłobi w pamięci głębokie koleiny. Można próbować je spłycać, ale zasypać do końca się nie da. Powtarzam jednak: nie ciebie winię. Prawda, zachwiało mą miłością, kiedy mnie wygnano z Krakowa niczym ostatnią ladacznicę i uderzono słowami boleśniejszymi od uderzenia ostrym mieczem, że... że dzieje się to również za twym przyzwoleniem i wolą... – głos się jej załamał. Rozpłakała się i wtuliła w Mieszka. – Kiedy jednak doniesiono mi – ciągnęła po długiej chwili – jak istotnie sprawy się miały, uczucie wróciło, nawet ze zdwojoną siłą. Było większe, bo tęsknota, niepewność, czy cię jeszcze kiedykolwiek ujrzę, je potęgowały.

Mieszko poczuł jak ta najdroższa mu w świecie istota zaczyna drżeć na całym ciele. Głaskał ją po włosach, scałowywał łzy, tulił dotąd, aż się uspokoiła.

– Ale – uśmiechnęła się w zamyśleniu – Wiedziałam jedno: to przecież nasze małżeństwo jest prawne. Zawarliśmy je nie z czyjegoś polecenia, przymusu, lecz z czystej miłości. A na świadków powołaliśmy naszych rodzimych Bogów. Nie jakiegoś tam jednego, przybyłego nie wiadomo skąd, bez zaproszenia, torującego sobie drogę ostrzami mieczy. Tego faktu nikt nie może zmienić ani na ziemi, ani w niebie. Przypieczętowaliśmy je naszym współżyciem, chociaż nie ono było celem, bo nie żądza nas do siebie zbliżyła, lecz czyste i najpiękniejsze uczucie – bezinteresowna miłość. Bogowie widzieli to i wejrzeli na nas łaskawie: zrodziliśmy owoc tego związku – synka. Wierzyłam i wierzę w jedno, w to, co mówią nasze stare, mądre kobiety – jeśli złe siły rozdzielą kochanków za życia, to dobrzy Bogowie i tak połączą ich na powrót i już na zawsze, choć dopiero po śmierci. Byle oboje tego pragnęli. To dodawało i dodaje mi sił, by trwać…

Mieszko zasłuchał się; wzruszył. Począł delikatnie ocierać znów pojawiające się na obliczu ukochanej łzy. – No, właśnie – odezwał się po długim czasie, zmuszając się na żartobliwy ton. – Tak czynią Bogowie. Ale mnie nakazano wierzyć tylko w jednego i kierującego się innymi zasadami. Jestem chrześcijaninem. Co w takim wypadku?

– Ejże! Nie zwiedziesz mnie. Już mi Mojsław z Częborem wyklarowali jaki z ciebie chrześcijanin.

– A to paple!

Roześmiali się. Ponownie przywarli do siebie, mocno. Tym razem kochali się… po świt.

Rankiem Dobrą obudził chłód. Spostrzegła, że obydwoje leżą nadzy. Przykryła Mieszka. Wstała po cichu, na palcach; ubrała się. Podeszła na powrót do łoża; przyglądała się z lubością rozluźnionej twarzy umiłowanego. Wiedziała, że nie spał dwie noce, ale z jakże innych powodów. Pochyliła się nad nim i musnęła mu policzek pocałunkiem. Uśmiechnął się przez sen.

* * *

Godowe Święta upływały mieszkańcom Wschodniego Mazowsza w wesołym nastroju. Dla Słowian rodzimej wiary, którzy stanowili tu przytłaczającą większość, sprawiało radość to, że po najdłuższej nocy zaczynało znów dnia przybywać. Kolejny raz światło odniosło zwycięstwo nad ciemnością! Słońce, uosabiające Swarożyca, Syna Swaroga i opiekuna rodzaju ludzkiego, dawało jasny przekaz – Ojciec Wszechrzeczy znów ruszył koło kosmicznego cyklu. Były to dni wypełnione zabawami i tańcami.

Mieszkowi czasami zdawało się, że śni. Wszystko było tak nieprawdopodobne, jak baśnie opowiadane mu w dzieciństwie przez matkę. Zabawiano się polowaniem w pobliskiej puszczy. Drużyna Władywoja wraz z Mieszkiem, Mojsławem oraz Cząborem i jego wojami polowała jedynie na grubego zwierza: szczególnie ekscytowały ich spotkania z turem i żubrem. Każdy dzień zapewniał jakąś rozrywkę, wypełniony był też zabawą z ośmielonym wreszcie do ojca Bolkiem. Noce spędzał u boku swej ukochanej. Jakaż nieprawdopodobna odmiana po tym, co przeżył – rozstanie z Dobrą, narzucenie mu siłą Niemki, niewola, wojna... Jakiż kontrast między spotykanymi tu szczęśliwymi, roześmianymi ludźmi, a tą ponurą, lecz „pobożną" atmosferą Krakowa, z wiecznie podejrzliwymi księżmi i mnichami, czy ktoś aby nie nazbyt szczerze się śmieje, zamiast oblec twarz w chrześcijańską powagę? Czy nie złamał jednego z ponad stu pięćdziesięciu dni postu, o czym należało bezzwłocznie donieść dworowi Bolesława, by delikwentowi na odmianę złamać... trzonowe zęby? Czy lud nie spotyka się gdzieś na tańcach, będących niczym innym jak pogańskim zberezeństwem? Czy regularnie uczęszcza do kościoła, by „wysłuchać" kazania po łacinie, mimo że ani w ząb jej nie rozumie? Czy...? Mieszko, ilekroć dochodził podczas tych porównań do owych „czy...?", wstrząsał się, jakby chciał z siebie strącić osad tego „lepszego świata". Witalność i niewymuszona radość kontra ponuractwo i wymuszona pobożność. Szczególnie brzydziła go propagowana ostatnio przez mnichów i przejmowana przez co zacieklejszych dewotów asceza polegająca na prześciganiu się w niemyciu ciała. Ten, nazywany przez nich *sanctus odore* – święty zapach, w istocie smród – miał ponoć być słodki w nozdrzach chrześcijańskiego Boga. Woda zaś powinna służyć wyłącznie do obmycia z ciała brudów grzechu – podczas chrztu. Przed przyjazdem tutaj doświadczył, acz na szczęście ze stosownej odległości, że i Ryksa zaczyna hołdować temu umartwianiu się.

– Mieszku! Chodź tu prędko, do okna! Przyszli kolędnicy – Dobra wyrwała męża z głębokiego zamyślenia.

– Kolada! Kolada! – mały Bolko zaczął podskakiwać radośnie i klaskać w dłonie.

– A cóż to takiego? – zaciekawiony Mieszko podszedł do Dobrej i objął ją wpół.

– Nie wiesz? – zdziwiona odsunęła się nieco od niego, zaglądając mu w oczy.

– Żartujesz, prawda?

– Ani trochę. Nie wiem.

– Znaczy, niczego cię w tym Krakowie nie nauczyli, nawet tradycji naszych dziadów. Wstyd. Kolada to posłaniec Swarożyca, który niegdyś poinformował pierwszych stworzonych przez Bogów ludzi, że wraz z nimi wprowadza czas i sztukę liczenia jego upływu. A teraz każdorazowo zapowiada przybycie młodego roku. To znaczy nie sam. Zlecił to młodym jak ów roczek, czyli dzieciom. Łączą się one w grupy, obchodzą wszystkie domy, śpiewają pieśni, składają życzenia, wręczają opłatki...

– Jakie znowu opłatki? – Mieszko wychylił się przez okno. Na dziedzińcu spora gromadka chłopców i dziewcząt, pociesznie i kolorowo poprzebieranych, właśnie skończyła kolejną ze skocznych, wesołych piosenek. Kolędnicy, otoczeni przybywającymi zewsząd mieszkańcami grodu, kłaniali się w odpowiedzi na ich oklaski.

– A co ja ci będę tłumaczyła. Sam zobaczysz – podeszła po spory kosz wypełniony kołaczami i wskazała na drzwi.

– A po co ci ten kosz?

– W zamian za ich śpiew i opłatki, wręczamy dzieciom łakocie, zabawki lub cokolwiek, co może się im przydać.

– Rozumiem. – Mieszko rozejrzał się wokół, po czym podskoczył do kufra i sięgnął z niego sakiewkę. Malec chwycił go za rękę i pociągnął w kierunku mamy wychodzącej z izby.

Zeszli na dziedziniec. Rozstępowano się przed nimi, kłaniając. Uśmiechnięci kolędnicy uderzyli w bębenki i zaintonowali kolejną pieśń:

Przyszedł do nas roczek
Młody, zwinny niczym skoczek.
Zerka wesół tu i tam.
Czy coś chcecie? To wam dam.
Hej, Kolada, Kolada!

MIESZKO WNUK MIESZKA

Przyszedł do nas nowy rok,
Już uczynił pierwszy krok.
Życzcie sobie gospodarze,
Czym co chcecie was obdarzę.
Hej Kolada, Kolada!...

W miarę kolejnych zwrotek ośmielony podrygiwaniami rozśpiewanych dzieci
Bolko zaczął najpierw energicznie przytupywać do rytmu nóżkami, a w końcu
poproszony przez jedną z dziewczynek, zatańczył wraz z nią w kółko, wywołu-
jąc u zgromadzonych dobroduszne uśmiechy. Chłopczyk był oczkiem w głowie
całej Wizny i pobliskiej Łomży. Teraz, gdy znów nabrano do Mieszka ufności,
pojawiła się nadzieja, że dziecko piastowskiej krwi będzie kiedyś wiele znaczyć. Kto wie, może nawet obejmie władzę w Polsce?...

Mieszko poszukał dłoni Dobrej. Chwycili się za ręce. Patrzyli dumni, roze-
śmiani i szczęśliwi na swą pociechę.

Gdy kolędnicy skończyli pieśń, do Mieszka i Dobrej podeszła para dzieci,
dziewczynka i chłopiec, niosąc dużą wiklinową tackę do pieczywa. – Prosimy
– zachęcały.

Tacka wypełniona była wypieczonym, praśnym ciastem uformowanym
w cieniutkie prostokąty. Dobra wzięła dwa kawałki. Podziękowała i wskazała
głową na postawiony u jej stóp kosz z kołaczami. Inne dzieci podbiegły na ten
znak. Mieszko zreflektował się i położył na wierzch wypełnioną monetami
sakiewkę. – A sprawiedliwie mi podzielić! – rzucił za nimi. Chwyciły kosz,
ułożyły go na stojący nieopodal wózek, na którym już się piętrzyły darowane im
słodycze i zabawki. Najstarszy z chłopców wziął sakiewkę i ustawiając się tak,
by go widział książę, sumiennie począł rozdzielać monety między kolędników.

– To jest właśnie opłatek – tymczasem wyjaśniała Mieszkowi Dobra, wręczając mu jeden prostokącik.

– I co mam z nim zrobić? Zjeść?

– Hola, hola! Nie tak szybko. Ułamię kawałek z twojego. O, tak właśnie.
A teraz życz mi coś.

– Mam ci coś życzyć? Hm… – zastanowił się, poważniejąc. – Więc życzę
samolubnie, bo niby tobie, a tak naprawdę sobie: byśmy teraz i w kolejnym
życiu, o którym mi wspominałaś, kochali się tak, jak się kochamy obecnie.
I co dalej?

Dobra uśmiechnęła się radośnie. – Teraz musisz mnie pocałować. Nie krępuj się, że wszyscy na nas patrzą. Tu nie obowiązuje etykieta dworska. W takiej chwili jest na to przyzwolenie. Życzenie przypieczętowane pocałunkiem znajdzie się wówczas w opłatku od ciebie. Zjem go i życzenie zacznie się realizować. Proste, prawda?

Mieszko zerknął na bok, zdziwiony nagłą ciszą. Wszyscy znieruchomieli patrząc na nich w milczeniu. Uśmiechnął się; objął Dobrą i przycisnął swoje usta do jej ust. – I...? – spytał po chwili.

– Teraz ty ułam z mojego. Ha! Czego ja pragnęłabym ci życzyć?... Cóż, może nie jestem samolubna, ale... ale... – uśmiechnęła się zalotnie – życzę niby tobie, a tak naprawdę sobie: byśmy w tym i przyszłym życiu kochali się tak, jak się kochamy obecnie – objęła go i mocno ucałowała.

Rozległy się oklaski, tym razem dla nich. Zaintonowano kolejną pieśń, widać powszechnie znaną, bo przyłączyli się do niej wszyscy zgromadzeni. Uczyniono wokół małżonków i Bolka duży krąg taneczny.

– A co z tą resztą?

– To dla niego – Dobra przykucnęła i wręczyła małemu pozostałą część opłatka. – Boluś, czego sobie życzysz od mamy?

– Żebyś, mamusiu, była dla mnie zawsze taka dobra jak jesteś. – Malec ucałował matkę, po czym wepchnął opłatek do buzi.

– Pewnie, że będę dobra. Muszę, tak mi w końcu dano na imię – pogłaskała go pieszczotliwie po główce.

Mieszko, widząc to, podobnie przykucnął i podał chłopcu swój opłatek. – Czego sobie, synku, życzysz ode mnie? Dam ci wszystko, czegokolwiek zapragniesz.

– Nie chcę od ciebie niczego! Niczego! – Bolko tupnął nóżką i zrobił naraz markotną, nadąsaną minę.

Mieszkowi zmroziło serce: – Niczego? Synku, dlaczego?

– Niczego, tatko. Ja... ja chcę tylko ciebie. Chcę, żebyś już zawsze był z nami!

– Bolko, mówiąc to, wepchnął znów cały opłatek do ust, połknął i z nagła rzucił się w objęcie ojca, całując go w oba policzki.

Mieszko wstał, unosząc Bolka i przyciskając mocno do siebie. Oczy mu się zaszkliły, krtań zacisnęła; nie odpowiedział. Dobra rękawem kożuszka poczęła osuszać napływające do jej oczu łzy.

* * *

– Więc kim jest Pust, co to są za-pusty i od-pusty, też nie wiesz? – spytała roz-bawiona Dobra. Siedziała na kolanach męża, obejmując go za szyję; co pewien czas obdarowywali się pocałunkami.

– Niby jesteśmy Słowianami, niby to Polska, ale czasami zdaje mi się, jakby-śmy mówili obcymi sobie językami.

– Dawniej tak nie bywało. Podzieleni na rody i plemiona, a jednak bardziej zwarci i zjednoczeni niż teraz. I obydwoje wiemy, komu zawdzięczamy obecną sytuację. Ale nie chcę ciągnąć tego tematu, bo znów nasuną się nam przykre wspomnienia. No więc Pust jest opiekunem pszczół, miodu i chmielu. Zgadujesz już kim jest? – uśmiechnęła się.

– Pojmuję, że Bogiem pijackich uciech – roześmiał się.

– No, no, nie obrażaj go, skoro i wasi kapłani nie unikają syconego miodu i piwa, tyle że uzupełniają swoje zapotrzebowanie na tego rodzaju płyny jakimś kwaśnym paskudztwem…

– Winem. Zgadza się, paskudztwo. Jak nie dodasz miodu, to nie da się pić. Więc co ma ten Pust wspólnego z kuligiem, o którym też, oczywiście, nic nie wiem? A Bogów tu tylu, że moja biedna głowa ich nie spamięta.

– Spamięta, spamięta. Nie jest ich aż tak wiele w porównaniu z nieprzeliczo-nymi rzeszami aniołów i świętych w chrześcijaństwie. Wolę jednak porządek ustanowiony przez Ojca Wszechrzeczy i jego syna Swarożyca, którzy rozdzie-lili różne funkcje między pomniejszych Bogów, niż posiłkowanie się waszego Boga ludźmi…

– Ludźmi?

– A tak. Okrzyczanymi przez innych niedoskonałych ludzi „świętymi", cho-ciaż długo możnaby o tej ich świętości dyskutować – Dobra, podrażniona, zeszła z kolan i usiadła obok. Naraz humor jej się skwasił.

– Ejże! Tylko co powiedziałaś, że nie chcesz ciągnąć tego tematu, więc go nie ciągnij.

W drzwiach coś zaskrobało, a potem ktoś zaczął ruszać klamką.

– Oho! W samą porę usiadłam obok ciebie. Jak on szybko rośnie. Już nie puka i nie krzyczy za drzwiami, a zaczyna sięgać klamki. Na palcach, ale sięga.

Wreszcie, za którymś ugięciem się klamki, drzwi się otworzyły.

Wtargnął Bolko; zasapany, z czerwonymi policzkami: – Spójrzcie, jak mnie dziadek z babcią przebrali na kulig! – stanął dumnie na środku izby, odziany w miniaturowy strój woja, z przypiętym do pasa mieczykiem misternie wykonanym w drewnie – podarunkiem od ojca.

– Wspaniale, wspaniale prezentujesz się, synku! – Mieszko był autentycznie zachwycony. Mianuję cię moim giermkiem!

– Naprawdę? – chłopczykowi zaśmiały się oczy. Otworzył buzię z zachwytu.

– A jakże. Przecież będziesz kiedyś moim następcą.

Bolko rzucił się w objęcia ojca, po czym przetoczył się na kolana mamy.

– Siedź spokojnie i posłuchaj. Właśnie tłumaczę tacie czym jest kulig.

– A to tatko nie wie? – malec nie krył zdziwienia.

* * *

Mnóstwo sań, jedne za drugimi, ciągniętych przez przystrojone konie mknęło zaśnieżonymi drogami. Już z daleka słychać było wesoły gwar, dźwięki piszczałek, trzaskanie z batów – hałas czyniony przez siedzące w pojazdach wesołe towarzystwo. Podzwaniały też miedziane blaszki przywiązane po kilka do każdych sań. Niemal wszyscy byli poprzebierani w najdziwaczniejsze stroje o najwymyślniejszych kolorach i wzorach, a co niektórzy – zapewne na co dzień poważni dworzanie – w maskach wyobrażających jakieś groteskowe twarze kryjące ich prawdziwe oblicza. Celem wyprawy były „odwidki", czyli odwiedzanie poszczególnych osad, gdzie gości wypadało uraczyć syconym miodem, wołając przy tym: „Pochwalony bądź Pust, zdrowi bądźcie łaskawi sąsiedzi!", oraz przyłączyć się do kuligu i pędzić razem do następnego miejsca.

Zwykle na wyruszenie kuligu czekano do zmroku, by odbyć go w blasku pochodni i kagańców, teraz jednak – ze względu na maluchy – postanowiono ruszyć za dnia. Dla dworskich dzieci była to niesamowita frajda. Oprócz Bolka zabrano córeczkę Czębora i Jagody – Tomiłę; natomiast jej braciszka, zaledwie dwuletniego Zdziewita nazwanego imieniem ojca Czębora, pozostawiono w Wiźnie z piastunką. Byli też ze swą mamą, wdową, dwaj siedmioletni bliźniacy Piotr i Paweł, pogrobowcy woja Damiła, który zginął ongiś w nurtach Łaby podczas przeprawy, gdy Mieszko z Częborem uciekali z klasztoru. Teraz obaj wraz z żonami serdecznie zatroszczyli się o wdowę i jej bliźnięta, sprowadzając ich do Wizny.

Na kuligowego króla, który był towarzyszem samego Pusta – w tym wypadku na symbolizującą go postać wyciosaną w drewnie i obdarzoną wydatnym brzuchem – obrany został Czębor. Tuż obok tej „pary" siedziała Jagoda przebrana za Sławinę, królową niebios i ziemi, patronkę Słowian. Jechali w pierwszych saniach. Wszystkich poprzedzał na koniu Mojsław, drużba kuligowy przebrany za Dobrogosta, czyli Dobrego Gościa, gońca Bogów. Jego zadaniem było wpaść pierwszemu do kolejnej po drodze osady, zagrać na rogu i oznajmić przybycie Pusta wraz z jego orszakiem.

Bolko, dumny ze swego stroju, pragnąc wszystkim się nim pochwalić, nie chciał ubrać kożuszka i włożyć na głowę kołpaczka. Dał się przekonać dopiero ojcu, gdy ten wytłumaczył mu, że tak właśnie ubierają się podczas zimy wojowie. Tyle że musiał mu mieczyk przepasać na wierzch kożuszka. Wsiedli we trójkę do pięknych rzeźbionych sań wyłożonych wytwornymi futrami. – Co tam jest? – Mieszko wskazał na tył sań czymś wypakowanych i przykrytych płótnem.

– Dowiesz się w odpowiednim czasie – Dobra uśmiechnęła się tajemniczo. – Jedziemy. Mojsław i Czębor z Jagodą już ruszyli.

Mieszko chwycił lejce, Bolko zawołał „wio!"; wspaniały biały rumak przybrany w złociste wstążki ruszył z kopyta. Poddali się ogólnej wesołej atmosferze. Wdychali świeże powietrze, rozkoszowali się widokami – białymi, śnieżnymi czapami okrywającymi zielone sosny i choiny, i samym śniegiem, skrzącym się w słońcu na podobieństwo diamencików.

W południe na rozległej polanie król kuligowy, czyli Czębor, zarządził postój. Jedni natychmiast poczęli znosić chrust, drudzy przygotowywali kotły z bigosem, jeszcze inni nadziewali na patyki sztuki mięsa, które miały być pieczone na ogniskach. Rozradowane dzieci bawiły się z pozostałymi dorosłymi, obrzucając się śnieżnymi kulkami, a wreszcie przystąpiły do lepienia śniegowego luda.

Gdy wszystko już było gotowe, przed Mieszkiem i jego rodziną ustawiono niewielki stół, na nim w miseczkach gorący bigos, chleb na talerzu, a w kubkach ciepłą herbatę miętową dla Dobrej i Bolka. Dla księcia przygotowano oddzielny duży kubek gorącego miodowego grzańca.

Mojsław, zabawiając towarzystwo złożone głównie z dziewcząt, które lgnęły do przystojnego i znamienitego młodzieńca, co pewien czas zerkał w kierunku Mieszka z rodziną. Kiedy zobaczył, że się posilili, podszedł do nich: – Chyba na was już czas. Słońce szybko zachodzi. Dobrze, żebyście zdążyli za dnia, bo jeszcze się pogubicie.

Mieszko spojrzał na niego zdziwiony: – Niby gdzie mamy zdążyć? Kto? My? Mojsław zrobił zagadkową minę, ale nie odpowiedział. Dobra się roześmiała: – I co? Wiesz już czym jest kulig?

– Noo wiem...

– Więc wystarczy. A teraz niespodzianka. Wsiadajmy do naszych sań i jazda tam, gdzie wskażę. Na pewno wiedzą o naszym przybyciu? – zwróciła się do brata.

– Tak. Z pewnością już wszystko jest przygotowane.

– A rodzice? Nie będą się niepokoić?

– Oni nie wiedzą, ale się dowiedzą. Wszyscy, którzy by zaczęli się o was niepokoić, również się dowiedzą. No to do zobaczenia.

Dobra chwyciła Mieszka za jedną rękę, za drugą Bolka i – śmiejąc się – zmusiła ich, by podbiegli wraz z nią do sań. Gdy wsiedli i na powrót okryli się futrem, zakomenderowała, wskazując rękawiczką: – W tę dróżkę na lewo!

Mieszko pociągnął lejce. Gdy skręcali w niezbyt szeroką, ale widać, że uczęszczaną dróżkę – były bowiem odciśnięte na niej ślady płóz i kopyt – pomachali do nich Czębor z Jagodą, robiąc przy tym porozumiewawcze miny do Dobrej.

– Czy to aby nie porwanie? – Mieszko, zacinając konia, udał przestraszonego.

– Zgadłeś. Porywam was obu, moje chłopaki.

Po jakichś trzech stajach dostrzegli unoszący się zza drzew dym, a po chwili ich oczom ukazała się solidna chata, obok niej zaś mniejsza z przylegającą do niej drewutnią; otoczone były płotem, wokół którego rosły brzozy. Na gości czekała otwarta niewielka brama wjazdowa. Z tyłu za budynkami dostrzec można było przykryty śniegiem niewielki sad.

– Powiesz mi wreszcie na czym polega ta niespodzianka? – dopytywał się coraz bardziej zaintrygowany Mieszko.

– Owszem, teraz już powiem. To niewielka siedziba mojego ojca, z której korzysta podczas dłuższego polowania. Opiekuje się nią para przemiłych staruszków. Moim marzeniem było, byśmy spędzili nieco czasu zupełnie sami: ja, ty, i nasz synek. Przez nikogo nie nagabywani. Wówczas przypomniało mi się to miejsce. Poprosiłam Mojsława, by pomógł mi zrealizować ten plan. I oto jesteśmy. Zatrzymamy się tutaj na kilka dni. A to, tam – wskazała na tył sań – o co się wcześniej pytałeś, to ubrania na zmianę i pokaźny zapas jedzenia, same smakowitości – oblizała się żartobliwie.

– A to ci niespodzianka! Ileż w tobie pomysłów i forteli. Wspaniale. Tyle że ja pragnąłbym się oblizywać jeszcze inną smakowitością – spojrzał na nią kusząco, z błyskiem w oku. – Czy to również uwzględniłaś?

Dobra roześmiała się i swoim zwyczajem nacisnęła Mieszkowi nos. – A pewnie. Wiesz, Bolku – zwróciła się do syna. – Nasi gospodarze, do których jedziemy, dokarmiają zimą zwierzynę i leśne ptactwo. Będziesz mógł im towarzyszyć. Mają też w swojej zagródce oswojonego jelonka.

– Naprawdę? I będę się mógł z nim zaprzyjaźnić? – chłopiec na samą myśl zaczął radośnie klaskać w rączki.

ROZDZIAŁ XVI
KAZIMIR (1016 r.)

— **N**ie odważysz się? Rogownik będzie rozczarowany – wykonał ci piękne i na miarę łyżwy – Dobra zwróciła głowę w kierunku Mieszka. Przykucnąwszy mocowała niewielkie, wykonane z rogu łyżwy do bucików Bolka. – Nie utoniesz. Idzie wiosna, ale lód na Narwi jest tak gruby, że można by baszty na nim stawiać. Możesz wziąć tyczkę z tamtych sań. Spójrz: każdy kto się uczy jazdy, albo nie czuje się zbyt pewnie, taką sobie bierze. Można się nią też odpychać.

– Nie boję się utonięcia, czy raczej guzów, tylko obśmiania. Nie, nie. Wystarczy, że popatrzę na was. Gdybym, jak ty z Mojsławem, ćwiczył toto od dzieciństwa, wówczas wyszedłbym na lód, a tak nie będę robił z siebie widowiska. Nie bardzo mi to przystoi.

– Oj, mamy my się z tobą – tego nie wiesz, tamtego nie umiesz – Dobra roześmiała się. – I z czego wy, mieszczuchy, jesteście tak dumni, by wyśmiewać się z nas, że mieszkamy niby w głuszy z dzikimi zwierzętami do towarzystwa? Prawda, Jagódko, że trudno zrozumieć tych zadufków? – zwróciła się do stojącej przy niej przyjaciółki.

– Prawda najprawdziwsza.

– Oj, tatko, tatko – Bolko pogroził mu paluszkiem i udał, że sroży brwi. – A ja umiem! Prawda, mamo?

– Pewnie, że umiesz. Zaraz się ojcu pochwalimy. Jagódko! – Teraz ty mi pomóż.

Jagoda, sama już z przypiętymi łyżwami, trzymała parę dla Dobrej, czekając aż się upora z Bolkiem: – Usiądź, wskazała na tył sań – będzie mi łatwiej.

Obok niej stali gotowi do jazdy bliźniacy Piotr z Pawłem i Mojsław.

– No a ty – Mieszko zwrócił się do Czębora. – Nie popróbujesz?

– Nie. Za wcześnie mnie sascy łaskawcy umieścili w klasztorze. Co najwyżej mogę spleść rączki i prosić ich Boga, by przebaczył naszym bliskim te nieprzystojne zabawy. Na psa urok! O czym ja gadam? Tfu! – splunął.

– A kto bliźniaków tak opałkował, że nie widać ani kosmka włosów spoza ich czapek, hę?

– Skończyli siedem lat, dlatego.

– Nie rozumiem.

Czębor roześmiał się. – Oj, mamy my się z tobą – tego nie wiesz, tamtego nie rozumiesz – przedrzeźniał głos Dobrej. – Postrzyżyny, Mieszko, postrzyżyny! Takie, jakimi był poddany twój sławny dziad. I oficjalnie nadaliśmy im imiona Dalbor i Dalibór, w miejsce tych poprzednich, obcych nam. Ale że księża i to gromią, ich matka lękała się tobie o tym powiedzieć. Zdążyliśmy wszystko załatwić przed twoim przybyciem.

– Ach, o to chodzi. Jakżeż mógłbym ich zgromić, skoro – jak sam powiadasz – mój dziad poddany był temu obrzędowi. Tyle że upominków ode mnie nie dostali, ale to już nie moja wina.

Słudzy, widząc, że obaj pozostali przy saniach, przynieśli im po kubku grzańca.

– O, to, to! – Czębor się uradował. – Samo przytupywanie na tym zimnie nie na wiele by się zdało.

Popijając, patrzyli na towarzystwo bawiące się na skutej lodem rzece. Bolko, asekurowany przez mamę, co pewien czas zerkał dumnie na ojca. Służba tymczasem rozpalała ogniska, przygotowywała gorącą przekąskę i napitki – zabawa na świeżym powietrzu zawsze kończyła się wilczym apetytem.

– Wiesz, Mieszko? – zagadnął Czębor. – Patrzę na nich i tak sobie myślę, że to niegłupi byłby pomysł, gdyby podczas zimowych wypraw wyposażyć każdego wojaka w takie cudo. Nie sądzisz?

Mieszko szykował się z odpowiedzią, kiedy spostrzegli galopującego w ich kierunku jeźdźca.

Goniec zeskoczył z konia; ukłonił się. – Panie, przybyli posłańcy od wielkiego księcia i pilnie cię oczekują.

– Aż tak pilnie, by mnie stąd ściągać? Nie mówili o co chodzi?

– Nie, panie. Ale wyglądali, jakby istotnie mieli do przekazania coś nie cierpiącego zwłoki.

– Ciekawe co ich tak pili. Na granicy zachodniej spokój, cesarz pilnie krząta się wokół jakichś tam spraw związanych z Burgundią, na wschodzie też cicho?... – Mieszko zasępił się. Od pewnego czasu lękał się, że ktoś kiedyś przybędzie z takim nakazem i idylla się skończy. – Toż my nawet wierzchowców nie mamy. Przecież nie zabiorę Dobrej i dziecku sań – ociągał się.

– Służba się ściśnie, możesz wziąć któreś z ich – radził Czębor.

– Masz rację. Tak zrobimy, a ty jedziesz ze mną.

W sali, w oczekiwaniu na Mieszka, Władywoj ugaszczał posłańców słuchając ostatnich nowin. Posłańcy wstali na widok Bolesławowica. Wstał również Władywoj: – Chodź, to sprawa rodzinna – zawrócił Czębora; poklepał go przyjaźnie po plecach. Obaj wyszli.

Mieszko usiadł, wskazując pozostałym na krzesła. Gdy i oni usiedli, popatrzył na nich pytająco.

– Książę, przybywamy ze smutną wieścią oraz prośbą... – odezwał się Gądziel.

– Słucham.

– Matka twoja, panie, leży na łożu śmierci. Medycy nie są już w stanie jej pomóc. Bardzo pragnie cię jeszcze zobaczyć...

Mieszko zdrętwiał. Jakoś nigdy nie zakładał, że ta, której od najmłodszych lat mógł się zwierzać ze wszystkiego, ta, która nigdy nie powiedziała mu złego słowa – matka – jest jak wszyscy – poddana procesom starzenia się i... nieuniknionemu zejściu z tego świata. Krew spłynęła mu z twarzy. Potrzebował czasu, by wreszcie doszło to brutalnie do jego świadomości. Zapadło długie milczenie uszanowane przez przybyłych. Wreszcie zaczął zadawać pytania: jak, dlaczego, od jak dawna?

Kiedy powiedziano sobie wszystko, co możnaby w tej sprawie powiedzieć – by zmienić bolesny temat poinformowano go, że księcia Bolesława niepokoi przedłużający się jego pobyt na Mazowszu. Również chciałby go widzieć. Głównie z tej przyczyny, iż komplikuje się sytuacja Rusinów, odkąd w ubiegłym roku zmarł książę Włodzimierz, ojciec Jarosława i Światopełka.

W trakcie rozmów do sali weszła Dobra.

– Wybaczcie panowie za wtargnięcie, ale niepokoiliśmy się zniknięciem Mieszka bez słowa. Chciałam tylko spytać, czy...? – naraz dojrzała wśród obecnych Gądziela. Znieruchomiała. Pobladła; podbródek zaczął jej się trząść.

– Dobrze się czujesz? – spytał zaniepokojony Mieszko

– Przepraszam, już wychodzę – odwróciła się i czym prędzej opuściła salę.

Gądziel, ze ściągniętą twarzą, zwrócił się do Mieszka ponurym tonem: – Książę, czy ta niewiasta aby nie spoufala się zbytnio względem ciebie?

– Gądziel! To nie jest „ta" niewiasta. To moja żona!

– Wybacz, panie, ale wszyscy wiemy, że twoja żona przebywa w Krakowie i jest w błogosławionym stanie.

– Nie wszyscy. W każdym razie mnie z tego grona wszechwiedzących wykluczcie! Zdaje się, że to wszystko co chcieliście mi przekazać, prawda? Zatem żegnam. Spocznijcie po podróży. Jutro wracamy. – Wstał od stołu poirytowany; bez słowa opuścił salę. Spiesznym krokiem wszedł na schody i udał się wprost do Dobrej.

Siedziała na zydelku oparta łokciami o stolik, z dłońmi obejmującymi skronie. Szlochała.

– Kochana, co ci? – spytał, zgadując jednak przyczynę.

Jeszcze bardziej się rozszlochała. Podszedł i nieopierającą się wziął na ręce; przeniósł na łoże. Usiadł przy niej i zaczął głaskać po włosach.

– To on! To on! Poznałam – wydusiła z siebie, drżąc na ciele. – To on mnie tak poniżył wraz z biskupem i tym podłym mnichem Ekbertem i kazał wygnać jak ostatnią ladacznicę. Po co tu przyjechał? Zabrać mi ciebie? Czy tak? – podniosła na niego oczy pełne łez. – Wiedziałam, wiedziałam, że moje szczęście nie może trwać długo. Czemu zjawił się tu ten bies?

– Uspokój się. Więc to ta gnida?! No to teraz i ja już wiem kto. Kiedy nas Czesi napadli, widziałem, że spada z konia. Jakoś się jednak wykaraskał, a książę Oldrzych wysłał go do mego ojca z radosną informacją, że ma mnie w garści. Biedny jego los. Przyjdzie czas, że będzie żałował, iż go Czesi nie zakatrupili! Zaczekaj chwileczkę. Powiem strażom, żeby nikt pod żadnym pozorem nam nie przeszkadzał. – Wrócił po chwili; przekręcił klucz w zamku. – Ale cel ich wizyty był inny, niż przypuszczasz – zaczął przerwaną rozmowę. – Moja matka jest umierająca. Chce mnie widzieć przed śmiercią...

Dobra usiadła jak rażona: – Emnilda?! Wybacz. Przepraszam... – objęła go za szyję i wtuliła się w niego. – To smutne, bardzo smutne. A ja na dodatek nie powinnam się denerwować, nie mogę!

– Oczywiście, że nie powinnaś i nie możesz.

– Obawiam się, że nie znasz powodów. Miało to być niespodzianką przy innej, znacznie innej okazji... Kiedy wyjeżdżasz?

– Jutro.

– Straszne. Straszne... Zatem muszę ci to powiedzieć jeszcze dziś. Miły mój, jestem w ciąży!...

Mieszkiem tego dnia targały skrajne uczucia: z jednej przygnębiająca wiadomość o nieubłaganej, śmiertelnej chorobie matki, z drugiej radosna nowina, że wraz z Dobrą oczekują kolejnego dziecka; trzecia znów przykra – musi Dobrą opuścić na jakiś czas. Bał się, by od nadmiaru tak krańcowych wrażeń nie popaść w ten swój niemiły stan psychiczny.

Rozmówił się z teściem. Nie musiał poświęcać mu wiele czasu; kniaź już wiedział, że trzeba wzmóc czujność na wschodniej granicy.

Potem porozumiał się z Mojsławem: – Tu jesteś bardziej potrzebny. Władywoj przysłał cię niegdyś do mnie, byś nabył wiedzy w zakresie prowadzenia wojen. Pozyskałeś ją przy mnie aż nadto – walczyłeś z Niemcami. Twój ojciec, a właściwie oboje rodziców, sam widzisz, są już posunięci w latach. Taka kolej życia, niestety... – westchnął myśląc o matce. – Jeśli przyjdzie walczyć z Rusinami, staniesz u jego boku. Lecz szybkimi krokami zbliża się czas, gdy... staniesz sam na czele powierzonych ci Mazowszan.

Przykra to była rozmowa, ale obaj wiedzieli, że tak być musi.

Przed wieczerzą Mieszko zaszedł do izby gościnnej przydzielonej Gądzielowi. Nie usiadł, mimo zaproszenia.

– Gądziel! – zwrócił się do niego ostro. – Zapamiętaj co ci powiem, bo to kiedyś może zadecydować o twoim życiu. Jeżeli jeszcze raz przybędziesz na Mazowsze na dwór Władywoja, obiecuję ci: zginiesz z mojej lub moich wojów ręki!

– Panie, przecież służę wielkiemu księciu. Jeśli wyda taki rozkaz to jakżeż miałbym go nie wypełnić?

– Nie moja to rzecz, ale umiesz obracać językiem, choć czasami podle. Potrafisz się wykręcić, gdy chcesz. To po pierwsze. Po drugie – jeśli kiedykolwiek zwrócisz się do Dobrej z jakimkolwiek złym słowem, obiecuję ci podobnie: zginiesz z mojej lub moich wojów ręki! Zapamiętaj, bo to nie są czcze pogróżki!

Gądziel – cieszący się u Bolesława poważaniem i z tej racji znany otoczeniu jako człowiek zarozumiały, hardy i wyniosły – spurpurowiał. Trudno orzec: z lęku czy gniewu.

– I jeszcze jedno, Gądziel – ciągnął nieubłaganie Mieszko. – Co do kwestii, kto jest moją małżonką. Niech ten mnich Ekbert, twój spowiednik i zausznik Rychezy, spyta ją, czy przypadkiem podczas ceremonii ślubnej nie wypowiedziałem jakichś niezrozumiałych dla niej słów po polsku? I czy nie przytaknęła im?

Gądziel spojrzał pytająco.

– „Poślubiam cię, Rychezo, dla pozoru. Bądź mi małżonką racji stanu. Nie licz na mą miłość, co najwyżej na litość". Oto co jej powiedziałem! Miała być małżonką racji stanu. Związek ten miał być gwarantem pokoju między Niemcami a Polską, ale się nim nie stał. Zatem i ów związek niczemu obecnie nie służy. Nazywajcie go zatem jak chcecie, ale dla mnie jedyną, prawdziwą małżonką jest i pozostanie Dobra Władywojówna! Przekaż też Ekbertowi, że znane jest nam jego donosicielstwo. Jeśli kiedyś obejmę władzę a jego zastanę w Polsce, obiecuję mu – zawiśnie, chociaż mnich. Ale żeby było po Bożemu, zawiśnie na mnisim sznurze, którym się opasuje ten hipokryta! – Mieszko, wypowiedziawszy te kwestie, odwrócił się na pięcie; trzasnął za sobą drzwiami.

Wieczorem próżno oczekiwano przybycia księcia z Dobrą na ucztę pożegnalną. Władywoj nakazał jej rozpoczęcie. Dopiero w trakcie biesiady do sali wszedł Mieszko – sam. Zrobiło się cicho. Skorzystał z okazji; odezwał się podniesionym i uroczystym głosem:

– Wybaczcie wszyscy tu obecni, że nie jestem z moją żoną pośród was. Ale wiecie... opuszczam jutro gościnny mi gród i udaję się, nie wiem na jak długo, do odległego Krakowa. Sami powiedzcie co w takiej chwili bardziej może mnie pociągać: to, co tu widzę na stole, czy moja wiecznie młoda i ponętna małżonka? Hm...?

Odpowiedzią były gromkie śmiechy i oklaski.

– Dziękuję za wyrozumienie. Ale powiem jeszcze coś, co tym bardziej zasługuje na oklaski: Dobra, moja ukochana żona, jest w stanie odmiennym!

Istotnie, po tych słowach zgotowano Mieszkowi owację na stojąco. Jedynie Bolesławowy orszak nie ruszył się z miejsc i zachował powściągliwość. Gądziel zagryzł wargi i spuścił oczy.

Mieszko powtórnie wszystkim podziękował; skłonił się. Szepnął słudze, by przyniósł na górę trochę smakołyków i miodu, po czym wyszedł.

Do rana małżonkowie nie zmrużyli oczu, chociaż więcej tu było tkliwego obejmowania się i słów, aniżeli miłości fizycznej.

* * *

Słońce pierwszych dni sierpnia mocno przygrzewało. Mieszko siedział na pniu, na rozległej polanie, w cieniu rozłożystego dębu. Słuchał przybyłych, przyglądając się równocześnie popisom Czębora musztrującego spływających potem młodych wojów.

– Panie, zlituj się nad księżną Rycheząi nie rób jej i wszystkim wokół, włącznie z twoim ojcem, takiego afrontu. Nie byłeś przy narodzinach syna, chociaż mogłeś. Bądź przynajmniej na jego chrzcie. Małżonka twa niepokoi się. Masz obowiązek nadać dziecku imię, a nie uczyniłeś tego do tej pory. Błagamy – przybądź na uroczystość i wyjaw nam jego imię. Wiemy, że nie zatrzymują cię na tym pustkowiu żadne sprawy.

– Nikt z was nie będzie mi mówił, które sprawy mam uważać za ważne, a które za nieważne, co mnie zatrzymuje a co nie! A ojciec niech przestanie mi dawać rady co mi wypada a czego nie wypada. Jestem pogrążony w żałobie po mej matce, przy której byłem do ostatnich jej chwil. A gdzież on, który tak podobno ją kochał, był w tym czasie? Jego też wówczas nie zatrzymywały żadne ważne sprawy. Umierała z goryczą, nie widząc go przy sobie. Nie, panowie. Powtarzam: jestem pogrążony w smutku po stracie matki. Nie w głowie mi wasze chrzciny, a raczej wesoła uczta, której się przy tej okazji spodziewacie. Słyszeliście o niezwykłej rzeczy jaka nawiedziła nasz kraj? O nie zdarzających się tutaj trzęsieniach ziemi i szkodach, jakie ludzie z tego powodu ponieśli na swym zdrowiu i majątku? Ba, były nawet ofiary śmiertelne!

– Książę, wszyscy o tym wiemy. Do czego zmierzasz?

– Księża powiadają, że to Bóg zesłał na nas tę karę. Tyle że nie bardzo wiedzą za co. A ja wiem... – wstrzymał celowo głos, widząc jak patrzą na niego zaintrygowani. – Otóż gniewa się, że ściągnęliśmy do naszego kraju Ryksę, „Kłótnię"! A wraz z nią jej niemieckie otoczenie, które szpicluje wszystkich wokół i szczuje na nas cesarza. Miał być od niej pokój a mamy z Niemcem wojnę. Kazi nam mir!

Rozczarowani słuchacze nie odpowiedzieli. Naraz gniewne oblicze Mieszka się rozpogodziło; po wargach przemknął mu ironiczny uśmiech: – Nie przyjadę na chrzest z powodów, które wam wyłuszczyłem. Ale imię dla syna Rychezy już mam... Nazwiecie go Kazimir... Proszę je zapamiętać, bo taka jest moja wola.

Po tym oświadczeniu nastąpiło znów kłopotliwe milczenie.

Wreszcie odezwał się przewodzący posłańcom: – Twoja wola, jak rzekłeś, książę – westchnął ciężko. – Zatem mamy do ciebie inną prośbę, którą kazała nam przekazać księżna, gdybyś, jak się właśnie stało, odmówił przybycia...

– Słucham?

– Księżna pragnie, by podczas chrztu nadano dziecku również drugie imię. Życzyłaby sobie, by było to imię Karol...

Mieszko roześmiał się kpiąco: – Ho, ho! Takie ma aspiracje? Marzy jej się drugi Karol Wielki, korona cesarska? Czy konsultowała ten pomysł z Henrykiem? Bo może mu się nie spodobać. Powiedzcie księżnej, że jest mi to obojętne, choć raczej śmieszy, ponieważ przez wzgląd na jej znaną powszechnie dewocję, postanowiłem, że Kazimir powędruje w przyszłości do zakonu kształcić się na mnicha. Ten, który obejmie po mnie władzę ma na imię Bolesław. Bolesław Drugi, nie Karol Drugi!

ROZDZIAŁ XVII
WOJNA NA WIELU FRONTACH (1017 r.)

alka była krwawa, zacięta. Inaczej by się pewnie potoczyła, gdyby nie to, że Pieczyngom nie chciało się, czy raczej lękali się, przejść przez jezioro.

– A można się im dziwić? – odezwał się Mieszko. Wraz z przyjaciółmi słuchał opowiadania Witonia, 17-letniego Mazowszanina, który służył do niedawna w polskim oddziale wspierającym Światopełka. Jasnowłosy i niebiesko-oki młodzieniec wychowywał się na dworze kniazia Władywoja. Zgłosił się na ochotnika, gdy książę Bolesław nakazał, by grupa wojów mazowieckich dołączyła do oddziału wspierającego ruskiego kniazia. Kiedy powrócił do Wizny po klęsce Światopełka, Mojsław, mając o nim jak najlepsze zdanie, wysłał go na służbę do Mieszka. Wkrótce ten pełen wigoru i wesołego usposobienia młodzieniec stał się ulubieńcem przyjaciół księcia.

Siedzieli na szczycie wawelskiego stołpu wokół stołu zastawionego jadłem i napitkiem. Mieszko nadal lubił to miejsce. Czasami wspinał się tu w pojedynkę, by w samotności oddawać się najprzeróżniejszym myślom, czasami zaś zapraszał – jak dzisiaj – przyjaciół na pogawędkę. Od lipcowego słońca chronił ich płócienny daszek, zaś od Wisły ciągnęło ożywczym powietrzem.

– Biorąc pod uwagę przebieg wydarzeń, raczej się im nie dziwię. Książę Jarosław przycisnął wojska Światopełka tak, że musieli się wycofać na zamarznięte jezioro. Było ich zbyt wielu, więc lód się załamał. Mnóstwo wojów w zbrojach od razu się potopiło. Wśród pozostałych wrzask, panika! No i ludzie Jarosława mieli łatwe zadanie – spokojnie wycinali tych, którzy próbowali się ratować. Myśmy w tym czasie stali na wzgórzu przy Światopełku. Gdy kniaź zobaczył co się święci, nakazał odwrót, właściwie... jak by tu powiedzieć... ucieczkę... – Witoń spojrzał niepewnie na Mieszka.

– Co tak wytrzeszczasz oczy! – Mieszko udał nasrożonego. Roześmiał się, przechylił przez stół i klepnął go po ramieniu. – Bo to była ucieczka! Nazywajmy rzecz po imieniu. Zwyczajnie tę ofermę – jak mówi o nim mój ojciec – obleciał strach. Przecież nie wszystko było stracone, czy tak?

– Co prawda to prawda, książę. W odwodzie miał sporo wojska. Można było jeszcze zmienić wynik bitwy, no ale... – machnął ręką z rezygnacją. – Pognaliśmy co koń wyskoczy do Kijowa. Tam Światopełk zlecił prowadzenie obrony miasta twojej siostrze, książę, a sam wraz z nami i przybocznymi przygnał tu, do Polski, prosić wielkiego księcia o pomoc.

– Ot, babski wojownik! – Mieszko nie krył oburzenia. – Samemu uciec, a obronę pozostawić spódnicy, jakby wojowie chętni byli poddać się pod takie dowództwo! Owszem, poddali się, ale Jarosławowi. I stało się! Kijów zdobyty, siostra uprowadzona, Jarosław rządzi Rusią i ostrzy na nas zęby. A Światopełk pomocy nie otrzyma! Bo i skąd? Teraz, kiedy Niemcy z Czechami idą na nas ławą?!

– Nie nam, książę, decydować o polityce – odezwał się Drzymała. – Ale nie da się ukryć, że Światopełk mocno pokomplikował sprawy. Jarosław zaś to książę, zdaje się, nie w ciemię bity?

– Mieszko przytaknął kiwnięciem głowy. – Mnie zaś nie wypada poddawać pod osąd decyzji mego ojca. Głośno, oczywiście – uśmiechnął się konspiracyjnie. – Co innego cicho i w waszym gronie... Ruś dzięki kontaktom handlowym z Bizancjum jest bogata, a że bogata, to i silna. Nie takie powinniśmy zawierać z nią sojusze, a już na pewno nie z tym moim szwagrem. Nie tak bym prowadził politykę wschodnią na miejscu ojca... No i mamy owoce! Książę Jarosław sprzymierzył się z cesarzem i uderzyli na nas z dwóch stron. Co ja mówię! Z trzech – wciągnięto w ten plan jeszcze Stefana węgierskiego, któremu ckni się Słowacja i szykuje się nam ją podebrać. Ciężkie, ciężkie przed nami zadanie! – westchnął głęboko.

– Może z Rusinami się jeszcze ułoży – włączył się do rozmowy Zadar. – Książę Bolesław wysłał na Ruś swaty. Prosi o oddanie mu ręki Przedsławy, siostry Jarosława... – urwał, spostrzegłszy zmienioną naraz twarz księcia i spiorunowany spojrzeniem pozostałych.

Mieszko przygryzł wargi; zamyślił się. Nieobecność ojca przy śmierci Emnildy, a wkrótce, gdy jeszcze nie minął czas żałoby, proszenie o rękę urodziwej Przedsławy – wszystko to kolejny raz rozczarowywało go do ojca, który, jak zwykle, wykrętnie się mu tłumaczył polityką. Mieszko wiedział o jego wesołych, mocno zakrapianych biesiadach tuż po śmierci matki oraz o wszczęciu w takim momencie najważniejszej dla niego sprawy – starań o spadek po niej.

– Czyżbyś, Zadar, nie znał najświeższych nowin? Książę Jarosław, prawny opiekun Przedsławy od czasu śmierci ich ojca, odrzucił te niewczesne zaloty! Zresztą, mogliście to przecież wydedukować, skoro przystąpił do oblężenia Brześcia nad Bugiem. Przy okazji nazwał mego ojca starym, tłustym lubieżni-kiem... Nie będę tego komentował, wszak to mój ojciec.

– Podobno – wtrącił się Witoń, by zmienić przykry dla Mieszka temat – wraz z Jarosławem przybyły nad Bug wojska zaciężne Waregów[15], zwerbowanych, gdy bawił jeszcze w Nowogrodzie. Wśród nich było kilkunastu Wieletów, którzy zawę-drowali do Szwecji na służbę do któregoś z ich jarlów. Kiedy jednak dowiedzieli się z kim mają walczyć, i że na Mazowszu przebywa wiele rodzin wieleckich, nie zastanawiając się wiele popłynęli Bugiem i Narwią wprost do kniazia Władywoja.

Wszystkie oczy machinalnie zwróciły się na Czębora.

– A tego to nawet ja nie wiem – zdziwił się Mieszko. – Czemu nie powie-działeś o tym wcześniej?

– Takie to ważne?

– Owszem. Czębor poszukuje od lat swego brata. Podobno ktoś go widział właśnie na służbie u Waregów. Może by coś wiedzieli na jego temat.

– Czębor, nic straconego – Witoń usprawiedliwiał się. – Mamy ciągłą łącz-ność z Mazowszem. Trzeba, gdy zawita któryś z gońców, przekazać, by wypy-tano się o to.

Czębora poruszyła usłyszana wiadomość: – A może?... Nie, to byłoby mało prawdopodobne...

– Wszystko na tym świecie jest prawdopodobne – odpowiedział sentencjo-nalnie Mieszko. – Wiem jedno – kiedyś go odszukamy.

Na szczyt stołpu wspiął się woj pełniący straż: – Książę, wrócili posłowie od Obodrzyców![16]

Zaciekawieni zerwali się z miejsc. Mieszko podbiegł przed blanki i wychylił się w stronę dziedzińca: – Rzeczywiście, są! Chodźcie, idziemy!

---

15 Waregami nazywano skandynawskich wikingów (Normanów); pochodzili oni głów-nie ze Szwecji.

16 Obodrzyci – grupa plemion Słowian nadbałtyckich (północnych) tworzących silne państwo usytuowane na terenach Meklemburgii - Pomorza Przedniego oraz Szlezwik--Holsztynu w granicach obecnych Niemiec. Od wschodu i południowego wschodu gra-niczyli ze Związkiem Wieleckim, od zachodu z Sasami, zaś ich północną granicę stanowiło Morze Bałtyckie.

Wszystkich dręczyło pytanie: z czym wrócili posłowie? Kiedy wywiad doniósł, że cesarz pertraktuje z księciem Obodrzyców Mścisławem, zachęcając go, by przyłączył się do wyprawy na Polskę, Czębor poddał Mieszkowi pomysł. W jego oddziale służyło dwóch rezolutnych wojów, których bracia przebywali na dworze Mścisława, pełniąc tam odpowiedzialne funkcje. „Może by po prostu nawiązać z ich pomocą stosunki z Obodrzycami? W swoich dziejach państwo to więcej prowadziło bojów z Sasami i Duńczykami, aniżeli ze słowiańskimi pobratymcami, nie mówiąc o odległych Polakach". Mieszko podzielił się tym pomysłem z ojcem. Spodobał się on Bolesławowi. Przydano Wieletom doradców, kilkudziesięciu drużynników, wiele cennych darów, i poczet wyruszył okrężną dla bezpieczeństwa drogą – Wisłą do Gdańska i dalej bezpośrednio morzem.

* * *

Gońcy przemierzali trakty do Krakowa i z Krakowa, ze wschodu na zachód i z zachodu na wschód, by na bieżąco informować o ruchach nieprzyjacielskich wojsk. Mieszko z doradcami słuchał Stoigniewa przybyłego tylko co od Bolesława.

– Książę, panowie. Nasz pan, książę Bolesław, śle podziękowania za uwieńczony sukcesem pomysł nawiązania przyjaznych stosunków z Obodrzycami. Jak nam donieśliście i co zostało potwierdzone, dali się odwieść od uczestniczenia w wojnie przeciwko nam, przez co i margrabia saski Bernard nie odważył się ruszyć na nas. To stropiło cesarza. Prawda jest niestety taka, jak przypuszczasz książę. Na nasz kraj uderza armia cesarska potężniejsza niż kiedykolwiek i złożona z niemal całego niemieckiego rycerstwa! W Dobrym Ługu połączyli się z głównymi siłami czeskimi. Pocieszeniem jest zaś to, że mieli dołączyć do nich Wieleci, ale gdy usłyszeli o decyzji Obodrzyców, stracili zapał. Wygląda na to, że nastąpiło wśród nich rozdwojenie i tylko część postanowiła wyruszyć z cesarzem.

– Jeśli mogę się wtrącić, wybacz Stoigniewie – włączył się inny z przybyłych. – to chciałbym podkreślić, że morale wojsk niemieckich po tych wiadomościach znacznie podupadło. Zresztą już wcześniej wśród nich szeptano, że wyprawa zaczyna się pod złymi auspicjami...

–Tacy przesądni? – zaśmiał się Mieszko. – Pod jakimiż to złymi auspicjami?

– Ano, książę, ledwie cesarz z cesarzową przybyli do Magdeburga, gdy jeszcze tej samej nocy zerwała się straszna burza, jakiej najstarsi ludzie nie pamiętają. Gromy waliły jakby nadszedł sądny dzień. Na dużym obszarze zginęło bądź zostało poranionych wiele ludzi, a wraz z nimi bydło, domostwa, plony. Połamanych drzew ponoć tyle, że zatarasowały one wszystkie okoliczne drogi.

– To prawda. Mimo wielkości tej armii, animuszu jakoś w niej nie widać – znów zabrał głos Stoigniew. – Pamiętają oni, jak jeszcze w czerwcu morawscy wojowie uderzyli na południowo-zachodnią marchię i znieśli duży oddział Bawarów. O ile wiemy, weszli teraz do Czech i zdobyli jakiś większy gród, a przy tym wzięli spore łupy...

– Tu muszę niestety, Stoigniewie, przygasić entuzjazm – przerwał mu Mieszko. – Dopadł ich któryś z margrafów i zadał im poważną klęskę, odbierając te łupy i uwalniając jeńców. Ale ku pokrzepieniu dodam, że w istocie ostudziło to zapał Bawarów, by wspomóc Henryka i – jak mi doniesiono – zdecydowali się siedzieć na tyłkach, by bronić własnego kraju.

– I o to właśnie, panie, chodziło twojemu ojcu. Pohamować wszystkich, którzy chcieliby dołączyć do cesarza. Teraz jednak wielkiemu księciu chodzi o coś jeszcze, a co ma z tobą, panie, ścisły związek – Stoigniew, zwracając się do Mieszka, zamilkł.

Ucichły szepty wśród zgromadzonych w Sali Kolumnowej. Wiedziano, że nie po to Bolesław powierzył Mieszkowi dowództwo nad wieloma hufcami liczącymi blisko trzy tysiące jezdnych, by w takim czasie miały stacjonować bezczynnie. Wzrok wszystkich zawisł na ustach Stoigniewa.

– No więc?... – niecierpliwił się Mieszko.

– Wielki książę prosi cię, panie, byś ruszył na Czechy. Nie powinieneś napotkać tam większego oporu, ponieważ książę Oldrzych z głównymi siłami jest u boku cesarza. Nie chodzi też o to, byś zabawił tam długo. Tu jesteś potrzebny w odwodzie. Chodzi jedynie o wywołanie paniki wśród Czechów, co wyzwoli lęk o swoich w szeregach Oldrzycha. Taka dywersja, zakładamy, jeśli nie zniechęci do wojny kolejnego cesarskiego sojusznika, to przynajmniej obniży jego morale.

– Przekażcie memu ojcu, że uważamy to za dobre, taktyczne posunięcie.

Wkrótce dowódcy skierowali się do swoich hufców. W całym wojsku czuło się podniecenie, graniczące z entuzjazmem. Szykowały się obfite łupy; każdy był świadom, że łatwo da się ograbić Czechów niemal pozbawionych swych wojsk.

MIESZKO WNUK MIESZKA

Mieszko dostrzegł na dziedzińcu Czębora rozmawiającego z Borkiem. Coś mu się przypomniało. Podszedł do nich; uśmiechnął się: – Pamiętasz, Borko, o co mnie niegdyś prosiłeś, gdy Henryk nas więził?

Borko zastanawiał się marszcząc czoło. Naraz zawołał radośnie: – Ależ tak, książę! A jakże! Pamiętam moje słowa, a i twoją odpowiedź, panie. Powiedziałem wówczas, że „jeśli wypuszczą nas, a twój ojciec wyprawi się w odwecie na Czechów, to wówczas poproszę, a ty się zgodzisz, panie, bym mógł uczestniczyć w tej wyprawie".

– I co? – dopytywał Mieszko. – Zgodziłem się?

– Tak. Powiedziałeś wówczas, książę: „Obiecuję o tyle łatwiej, że sam chętnie stanąłbym na czele takiej karnej ekspedycji".

– Masz znakomitą pamięć.

– A pewnie. I zawsze powtarzam, że pamięć to coś więcej niż te koślawe kreski na pergaminie czy łyku.

– To teraz coś wam dopowiem, co was jeszcze bardziej ucieszy – Mieszko zrobił triumfującą minę. – Informatorzy donieśli mi, że Oldrzych pozostawił do obrony granicy z Morawami znanego nam poniekąd Triszkę!

– Nie może być! – zakrzyknęli Czębor z Borkiem.

– A może, może. Ruszamy zatem przez Morawy!

Mieszko, mając w pamięci krzywdy zaznane od Czechów, nie krył, że jest to również odwet za upokorzenia i za śmierć wielu jego towarzyszy podczas zbójeckiego napadu, jakiego się dopuszczono na polskim poselstwie. Rozkaz wydany dowódcom jezdnych hufców był jasny:

– Potęgować panikę, gdziekolwiek się znajdziemy! Palić każde zabudowanie i wszystko, czego nie da się zabrać! Łupić! Ludność wiązać i obracać w niewolę, czeskich wojów nie oszczędzać – wycinać w pień! Nie mamy na to wiele czasu, a dokonać musimy tyle, by krzyki przerażenia dosięgły ich wojów idących wraz z cesarskimi przeciw mojemu ojcu.

Niespodziewany najazd Mieszka na Czechy wywołał w całym kraju to, czego pragnął – panikę, tym większą, że już w pierwszym uderzeniu jazda zniosła w pył oddziały, którymi dowodził Triszko. Czeski dowódca bronił się ze swoimi przybocznymi zajadle. Mieszko nakazał: „Dowódca ma być bezwzględnie wzięty żywcem!". Triszko, świadom z kim walczy, wiedział co to dla niego oznacza. Nie zamierzał się poddać. Wreszcie wojom przyszli z pomocą wywodzący się ze wschodnich plemion koczowniczych Pieczyngowie, najemnicy służący w jednym z hufców. „Panie – zwrócił się dowodzący nimi do Mieszka. – Pozwól... my to zrobimy. Możesz być pewny, że będziesz go miał żywego". Wkrótce wszystkich zadziwiła metoda Pieczyngów zastosowana do chwytania jeńców. Na niewielkich, ale wytrzymałych konikach, zaczęli tańcować przed Czechami, unikając jednak bezpośredniego starcia. Naraz jeden z nich wyciągnął zwinięty przy łęku sznur, zakręcił nim w powietrzu na podobieństwo procarza i... duża pętla oplotła ramiona Triszki. Nim ten się spostrzegł, był już włóczony po ziemi. Pieczyng przywlókł Mieszkowi Triszkę: – „Książę, jak obiecaliśmy, tak się stało. Proszę, oto żądany jeniec".

Po tym wydarzeniu Czechom odebrało chęć do dalszej walki; poddali się. O ile jeńcy spośród ludności cywilnej odprowadzani byli partiami przez część Mieszkowych sług na północ, ku polskiej granicy, schwytanych wojów wraz z Triszką poprowadzono ze sobą, w głąb Czech.

Noc spędzili w stosunkowo rozległej dolinie. Następnego dnia o świcie, tuż przed wyruszeniem na dalszą wyprawę, wszystkich zwołano. Gromadzący się ujrzeli na środku doliny pomost świeżo zbity z bierwion, a na nim wysoką szubienicę. Przy niej stał blady Triszko. Ręce miał związane do tyłu. Tuż obok pilnujący go Borko: z podkasanymi rękawami, ze skrzyżowanymi na piersiach rękami. Przed pomostem ustawieni byli, również powiązani, czescy wojowie – trzydziestu zachowanych przy życiu.

Mieszko podjechał na koniu. Nie zsiadł; chciał, by go dobrze widziano i słyszano. – Wojowie, towarzysze! – zawołał. – Jesteście świadkami jak ludzi niecnych, pozbawionych wszelkich zasad, dosięga sprawiedliwość. Oto ten – wskazał na Triszkę – prześcignął ich w swej nikczemności! Napadł na nasz poczet poselski, wymordował naszych towarzyszy, targnął się na mnie – polskiego następcę tronu. A dopuścił się tego wszystkiego na terytorium naszego kraju bez wypowiedzenia wojny! Czy można bardziej pogwałcić ludzkie i Boże prawa? Czy miniemy się ze sprawiedliwością, jeśli zawiśnie na szubienicy?

– Na pohybel! Na pohybel! – zaczęto wołać zewsząd, głośno, groźnie, wyciągając zaciśnięte pięści.

– Tak się też stanie, ale jeszcze nie teraz – odpowiedział Mieszko. Skinął głową na wojów pilnujących czeskich jeńców: – Co piątego przed szereg.

Rozpoczęło się odliczanie. Sześciu jeńców odsunięto na bok, pozostałym kazano klęknąć twarzami do Triszki. Z dwóch stron, od tyłu, podeszli do klęczących dobrze zbudowani o silnych ramionach Wieleci Czębora. Wyciągnęli miecze. Wkrótce głowa po głowie poczęła spadać na trawę.

Gdy egzekucja dobiegła końca, Mieszko zwrócił się do Triszki: – Tych sześciu dostanie od nas konie i pogna wprost do twego obrzydłego pana, Oldrzycha, by opowiedzieć jakeśmy się z tobą i powierzonym ci wojskiem sprawili. Tamci wojowie – wskazał na bezgłowe ciała – byli jednak wojami, uśmierceni więc zostali godnie – ścięto ich mieczem. Ty takiego przywileju nie zaznasz! – skinął głową na Borka.

Borko chwycił trupioblademu Triszkę w żelazne kleszcze swych wielkich dłoni. – Słyszeliśmy – szeptał mu przy uchu – jak szukałeś mego pana i co chciałeś mu uczynić. Role się odwróciły. Ale ciesz się, że trafiłeś na mnie – jestem łaskawy i przedłużę ci życie. Mógłbym spuścić cię z szubienicy tak, aby pękł ci rdzeń kręgowy i bez większych mąk na ziemi poszedłbyś na wieczne męki, które przygotował ci twój Bóg. Ja jednak dam ci jeszcze pożyć – delikatnie cię podciągnę i zawieszę na tym sznurze, żebyś nam na odchodne trochę potańczył nóżkami.

Triszko się szarpnął, wzbudzając w Borku pusty śmiech. Zawiesił mu pętlę na szyję. Przywołał dwóch wojów, by skazańca przytrzymali, sam cofnął się do tyłu i chwycił koniec sznura. Naprężył mięśnie; wciągał Triszkę powoli do góry, po czym zawiązał sznur o wystający z boku szubienicy bolec. Jak zapowiedział – skazaniec jakiś czas szukał rozpaczliwie dla nóg oparcia, ale go nie znalazł...

Borko tymczasem zeskoczył z pomostu i podbiegł do Czębora. – Czębor! – wskazał na zachowanych przy życiu jeńców. – Spójrz na tego trzeciego. To ten gnój bił mnie każdego dnia batogiem. I co? Tak sobie wolno odmaszeruje? Wyście dokonali zemsty na swoim przeciwniku, a ja?

– Wyznaczył go los. Co ja poradzę? Biegnij do księcia, może odmieni decyzję, chociaż mocno w to wątpię.

Nie musiał biec. Mieszko akurat do nich podjeżdżał. – Panie! – Borko przypadł do niego. – Obiecałeś mi, że pozwolisz na tej wyprawie dorwać tych, co mi wysmagali plecy, a co jak wiesz, nie jest chlubną pamiątką. I oto teraz widzę jednego z owych oprawców. Lecz cóż, ma być puszczony wolno – wskazał ręką na Czecha.

– Borko, tak chciał los. Nie możemy łamać prawa zwyczajowego. Przykro mi... Ale... – zastanowił się – mam rozwiązanie. Pozwolę, byś go wziął na

stronę i też oćwiczył na pamiątkę waszej czesko-wieleckiej „przyjaźni". Zgoda?
– A mam wybór?

Na wszelki wypadek Mieszko odczekał, aż Borko zrobi swoje. Pożyczył on od woźnicy bicz na woły, wziął jeńca za kark, rzucił twarzą do ziemi, zerwał z niego koszulę i bił aż plecy spłynęły krwią. Obrócił go kopnięciem nogi: – Żyje, książę – zadowolony uśmiechnął się do Mieszka i pogwizdując, jakby nigdy nic, poszedł niespiesznie zwrócić właścicielowi bykowca.

*   *   *

Po kilku dniach Mieszko, splądrowawszy duże połacie Czech, powrócił do kraju z wielkimi łupami i nieprzebranym tłumem jeńców. Bolesław był dumny z syna.

Plan wielkiego księcia przynosił rezultaty – dywersyjne działania sprawiły, że cesarz zrezygnował z bezpośredniego ataku i otwartej bitwy z przeciwnikiem. Sforsował Odrę w pobliżu Krosna i nie próbując nawet oblegać okolicznych grodów zmienił kierunek marszu; poszedł na Niemczę.

ROZDZIAŁ XVIII
ZWYCIĘSTWA (1017 r.)

Sala biesiadna na Wawelu wypełniona była uczestnikami uczty wydanej przez Bolesława. Rozświetlało ją mnóstwo świec, nie przyzwalając, by listopadowy mrok miał do niej dostęp. Wytworzona atmosfera podobnie odbiegała od tej na zewnątrz. Sprzyjały jej uginające się od jadła i napitku stoły i unoszące się wokół zapachy potraw. Opowiadano sobie o triumfalnej obronie ziem przed zakusami Księstwa Kijowskiego i Niemiec. Najazdy się nie powiodły. Książę Jarosław odszedł z niczym, nie był w stanie zdobyć nawet Brześcia nad Bugiem. Ale przede wszystkim cieszono się z nauczki, jaką dano cesarzowi. Zadecydowała o tym obrona Niemczy, na którą cesarz Henryk skierował się wraz ze wszystkimi swoimi siłami. Przy księciu Bolesławie – zadowolonym z siebie, w doskonałym humorze, szeroko i swobodnie rozpostartym przy stole – siedział Mieszko, obok niego Rycheza, przy niej zaś kilku znaczniejszych członków jej dworu.

Rycheza i jej dwór zmuszali usta, by wyrażały coś na podobieństwo uśmiechów wobec niewybrednych żartów pod adresem cesarza. Z równym trudem opanowywali się, by nie pokazać z jaką niechęcią słuchają wojów wygłaszających peany pochwalne ku swojej chwale i na cześć zwycięstwa.

Teraz, w ciszy, przysłuchiwano się Stoigniewowi, zdeklarowanemu przeciwnikowi Niemiec. Cieszył się on powszechnym szacunkiem.

– Cesarz wiedział, że Niemcza to gród silny i niedawno dodatkowo umocniony. Ale zaufał tym spośród swoich, którzy już odnieśli sukcesy w zdobywaniu miast obwarowanych kamieniem oraz włoskich zamków. Pewny siebie był tym bardziej, iż przybył pod gród z całymi siłami i kazał go ze wszystkich stron szczelnie otoczyć.

– Dziwna jest ta niemiecka szczelność – Bolesław zaśmiał się tubalnie, sięgając po spory udziec jagnięcy – skoro nam się udało, no fakt, że w ciemną noc i podczas ulewy, wprowadzić dodatkowe posiłki do Niemczy.

– Tak, panie – zawtórował mu śmiechem Stoigniew. – Raz, no to jeszcze możnaby ich usprawiedliwiać. Ale przecież udało się to powtórzyć, a żeby było

ZWYCIĘSTWA (1017 r.)

śmieszniej, to dokładnie z chwilą nadejścia samego cesarza, podczas ciszy noc-
nej! Gród zyskał naprawdę mocną załogę.
   – Jak długo trwało oblężenie? – spytał ktoś z sali, zasłuchany, oparty łokciami o stół, z wyglądu woj, zapewne walczący wówczas na innym froncie.
   – Długo, cały miesiąc. Nasz książę związał tym sposobem armię niemiecką.
Po trzech tygodniach, w pierwszych dniach września, Henrykowi puściły
nerwy. Skończyła się jego cierpliwość. Nakazał szturm. Pod wały podsunęli
sklecone z mozołem wieże oblężnicze. Ale myśmy mieli na zapleczu lepsze od
nich machiny. Nim się obejrzeli, ich stały się pastwą płomieni i kupami popiołu.
Wówczas książę Oldrzych postanowił pochwalić się swoim wojskiem i przypochlebić cesarzowi – przystąpił do szturmu. Nic nie zdziałał. Czesi cofnęli się
ponosząc duże straty. Po nich Wieleci – to samo. Jedni i drudzy dostali takiego
łupnia, iż Niemcy, chociaż najliczniejsi, tak już byli podszyci strachem, że się
po prostu... nie odważyli.
   – I to zadecydowało, że cesarz nakazał odwrót?
   – Jeszcze nie – odezwał się z dumą Nacław. Ten młody krępy woj, o czar-
nych, prostych włosach do ramion, dobrze zapowiadał się jako dowódca jednego z Bolesławowych hufców. – Zgodnie z rozkazami naszego wielkiego
księcia zrobiliśmy wypad z Łużyc na ziemie Sasów między Łabą a Muldą.
Roznieśliśmy wszystko wokół. Spaliliśmy wiele osad, uprowadziliśmy ponad
tysiąc ludzi, nie ponosząc przy tym żadnych, ale to dosłownie żadnych strat.
   – To ostatecznie zniechęciło Henryka sięgać nie do swoich barci – znów
włączył się do rozmowy Bolesław. – Nasze pszczółki nieźle go pożądliły.
W Niemczech z tego powodu zaczęły wybuchać niepokoje, w wojsku natomiast rozpanoszyły się choroby. Rad nierad postanowił wracać, tyle że nie
przez ogołocone z żywności i furażu Łużyce. Wybrał się znacznie uciążliw-
szą drogą do Czech, gdzie wojska objadały po drodze swoich stronników,
a i samą Pragę, ponieważ wypadało Oldrzychowi go ugościć i jeszcze obdarzyć cennymi upominkami. Wcale nie lepsza była dalsza droga powrotna
cesarza. Dopiero pierwszego dnia października, ledwo dysząc, dotarł do
Merseburga.
   – No i cesarskie przydupasy dostały za swoje. Wznieśmy zatem, wielki
książę, toast za zwycięstwo – Stoigniew podniósł się z pucharem w dłoni
wykonanym z rogu i oprawionym w srebro.
   Wszyscy powstali: – Sława! Sława! – zagrzmiały wiwaty.

– Szkoda tylko, że nasz Mieszko po pierwszych swoich sukcesach nie podołał kolejnemu zadaniu – rzekł Bolesław, gdy biesiadnicy na powrót zasiedli. Powiedział niby ze smutkiem, zrozumieniem, ale z wyczuwalną ironią w głosie. – Nie popisał się obroną Słowacji, no i Słowacja utracona... – dokończył po chwili z rozdrażnieniem.

Rycheza uśmiechnęła się szyderczo. Przez Mieszka przeszła fala gorąca; poczerwieniał. Szykował się do odpowiedzi, ale ubiegł go siedzący przy CZęborze i w gronie Wieletów Drzymała:

– Wielki książę, proszę o wybaczenie za śmiałość – wstał i schylił głowę w geście szacunku – ale książę Mieszko uczynił wszystko, co w sytuacji, jaką zastaliśmy na Słowacji, mógł uczynić.

Drzymała wstrzymał głos; po chwili ponownie otworzył usta, by uzasadnić swą wypowiedź, ale Mieszko, widząc jak na obliczu Bolesława pojawia się gniew, wstał i uciszył go gestem dłoni: – Wielki książę i mój ojcze – zaczął próbując się opanować. – Kazałeś mi iść z odsieczą. Uczyniłem to. Ale konnica, którą mi powierzyłeś, nie nadaje się do obrony grodów. Na czym innym polega jej zadanie. Przecież wiesz. Dużymi siłami dysponowałem, i owszem, ale gdy dotyczyło to Czech. Czymże jednak jest kilka hufców w obliczu całej, potężnej armii Węgrów? Mogłem dzielnie walczyć i zginąć wraz z powierzonymi mi ludźmi, ale to i tak by nie powstrzymało przeciwników, a ty miałbyś obecnie w swoich zastępach o parę tysięcy wojów mniej – dopowiedział z wyrzutem.

Zapanowała niezręczna cisza; przerwał ją dopiero Gądziel: – Ale wracając do twojego triumfu, wielki książę, to trzeba zauważyć, że jeszcze nim cesarz się wycofał pierwsi uczynili to Wieleci. Już wcześniej ukazali swą nieudolność, zaś tym zachowaniem tchórzostwo... – wycedził uszczypliwie, niby zmieniając temat, w istocie go jątrząc.

Zrozumiano aluzję: podczas obrony Słowacji u boku Mieszka byli zaciężni, służący mu wiernie Wieleci.

– Przestraszyli się wznoszonych krzyży na murach przez obrońców Niemczy – włączył się naraz mnich Ekbert, w lot łapiąc intencję Gądziela. – Jak diabeł święconej wody. Skulili ogony zresztą znacznie wcześniej, gdy podczas przeprawy przez rzekę utracili wizerunek któregoś ze swoich bałwanów. Nic dziwnego, że cesarz Henryk nie mógł niczego dokonać, skoro, wbrew przestrogom Bożym, wsparł się na poganach! – przeżegnał się świętoszkowato, łypiąc równocześnie służalczym wzrokiem na Rychezę.

Księżna, pilnie wsłuchując się w szept siedzącej nieco za nią dwórki, która pełniła rolę tłumacza, nie kryła złośliwej satysfakcji. Dowódca jej przybocznych, Niklas – w połowie Czech, w połowie Niemiec – widząc zadowolenie swej pani, zwrócił się do Bolesława: – Gdziekolwiek staną u boku chrześcijan, tam klęska – spojrzał wymownie na zaproszonych Wieletów i dodał jadowicie: – Ta bolesna lekcja powinna nas czegoś nauczyć...

Rozległ się rumor: Czębor zerwał się zza stołu, przewracając krzesło. Jeszcze nikt nie widział tak straszliwego gniewu na jego obliczu i ciskających piorunami oczu, nawet podczas boju. Przeszedł szybkim krokiem salę i stanął przed Niklasem.

– Ty podły łgarzu! Kto dał ci prawo publicznie ferować takie wyroki?! Podaj chociaż jeden przykład, gdzie mógłbyś zarzucić mnie i moim towarzyszom tchórzostwo! Podaj! No, słucham! – oparł się rękoma o stół, pochylił i zbliżył twarz do twarzy Niklasa, patrząc mu prosto w oczy. – Ja za to i moi ludzie długo moglibyśmy wyliczać, ile razy takim jak ty ratowaliśmy tyłki. Ale co ty wiesz, trzymając się przez wszystkie wojny, jakie toczymy, sukien fraucymeru! Tfu! – splunął mu na pierś. – Gardzę tobą! Wybacz, wielki książę – zwrócił się do Bolesława – ale nie złamałem prawa wobec ciebie, nie wyciągnąłem w twojej obecności broni przeciwko temu toto. Mam za to nadzieję i proszę o łaskę, bym mógł oficjalnie potykać się z tym nikczemnikiem.

– Książę – od stołu wstał Niklas. – Obrażono mój honor, a tym samym honor dworu mej pani! I ja proszę o pozwolenie, by Bóg rozstrzygnął w pojedynku, kto z nas ma rację.

Bolesław zmarszczył się; taki incydent to rzecz niebywała w jego obecności. Po chwili jednak się rozpogodził: – To niezwykłe móc oglądać na swym dworze pojedynek przedstawiciela Wieletów z przedstawicielem Niemców, za którymi w jednakim stopniu przepadam. Zgoda. Jutro dostarczycie nam silnych wrażeń. Jeżeli zaś odwołujesz się do Boga, to masz zapewnione zwycięstwo – zwrócił się do Niklasa. – Bóg chrześcijan nie stanie po stronie chwalcy innych bogów, nieprawdaż? Do pierwszej krwi?

– Na śmierć i życie, panie! – odpowiedział Czębor z zaciekłością; podrażniony wypowiedzią Bolesława nie dostrzegł ukrytej w niej ironii.

– Oo?! I co ty na to? – Bolesław spytał Niklasa.

Niklas przybladł. Znany z dobrego opanowania fechtunku, odrzekł jednak:

– Przyjmuję.

Jeszcze bardziej zbladła Rycheza.

– Zgoda. Jutro. Na miecze. Bez tarcz i kolczug. Przyzwalam jedynie na szyszaki i skórzane kaftany.

Uczta straciła na swej wesołości; słychać było jedynie brzęk naczyń, sztućców i przyciszone rozmowy. Na ogół dobrze układały się stosunki obecnych tu Wieletów z Polakami, natomiast jedni i drudzy nie cierpieli dworzan Rychezy. Murem przyznano rację Częborowi. Bolesław, widząc tę zmianę nastroju, niedługo zabawił; jego powstanie od stołu dało sygnał pozostałym. Wkrótce sala opustoszała; odchodząc żywo dyskutowano o jutrzejszym pojedynku.

Mieszko chwycił za ramię Czębora i pociągnął go za sobą. Wprowadził do swej komnaty. Usiadł kręcąc głową zafrasowany. – Coś ty, Czębor, dobrego uczynił?! – Siadaj. Nie, nie mam na myśli tego, co wygarnąłeś tej gnidzie. Ale na śmierć i życie?

– Lękasz się, że nasze ćwiczenia mają w sobie braki? – Czębor uśmiechnął się nikle. – Nie, Mieszku. Obrażono naszą godność… śmiertelnie, to i pojedynek musi nieść śmierć. Dobrze, że to tylko Ryksowy Niemruch.

– Wiem, przyjacielu, jaki z ciebie fechmistrz. Ale też wiem, że w jego osobie dano Ryksie do ochrony nie byle kogo. Nadto czasami przypadek, ot, choćby potknięcie, decyduje o klęsce najlepszego.

– Trudno. Nie musisz mnie uświadamiać. Nie mogłem postąpić inaczej. Masz jednak wśród nas kilku, którzy – jeśli zginę – mogą mnie równie dobrze zastąpić.

– Kiepski żart. A kto Jagodzie zastąpi ciebie? Pomyślałeś o tym?

– Gdybym o tym myślał, nie mógłbym być wojem. Mieszku, zmieńmy temat. Jeśli mamy go ciągnąć, to – wybacz – wolę wypocząć przed jutrzejszym dniem. A czy znasz sprawę z „bałwanami", jak się o naszych świętościach wypowiedział ten padalec w habicie, Ekbert? Jakżeż im łatwo przychodzi obrażanie czyichś uczuć religijnych!

– Chyba nie do końca.

– To ci przybliżę to zdarzenie. Moi pobratymcy wyruszając na wyprawę wojenną zwykle zabierają ze sobą święte sztandary z symbolami naszych Bogów. Tak było i teraz. I oto ktoś z ludzi margrabiego Hermana, jakiś chrześcijański fanatyk, celowo rzucił kamieniem, niszcząc jeden z tych wizerunków. W obozie Wieletów zawrzało. Zresztą, wyobraź sobie, co by się stało, gdyby sytuację odwrócić – gdyby to Wielet rzucił kamieniem w wizerunek ich przybitego do krzyża Boga! Cesarz ledwo ich ugłaskał, wypłacając w formie zadośćuczynienia dwanaście talentów srebra. Ale zdarzyło się coś jeszcze! Podczas przeprawy przez wezbraną Muldę stracili drugi wizerunek. Jak bardzo był dla nich święty, niech dowodzi fakt, że podczas ratowania go utonęło pięćdziesięciu doborowych wojów! Wszystko to uznano za złą wróżbę. Dużo zabiegów kosztowało cesarza i jego zwolenników, by Wieleci nie zawrócili. Dlatego właśnie bez specjalnych emocji i zaangażowania przystąpili do szturmowania Niemczy, a odeszli jako pierwsi. Teraz propolskie stronnictwo Wieletów znów śmielej podnosi głowę. Podkreślają, że należy patrzeć w przyszłość, a przyszłość to ty, Mieszku. Tymczasem te mendy – oczy i uszy cesarza i niemieckiego Kościoła – sieją propagandę, by skłócić nas ze sobą! Spróbuj to uzmysłowić ojcu, bo jeszcze gotów uwierzyć tym zakłamanym świętoszkom.

Rozległo się pukanie. Zamilkli. Drzwi otworzyły się ostrożnie; stanął w nich Witoń:

– Wybacz, książę, wybacz Czębor, że nachodzę komnatę o tak późnej porze. Ale tylko co powróciłem – wskazał na swój zabłocony strój podróżny – lecz uznałem, że choćby to była najgłębsza pora nocy, musiałbym ci, książę, przekazać nowinę. Masz, panie, piękną i zdrową córeczkę!

Mieszko zerwał się z miejsca; doskoczył do Witonia. Objął go serdecznie i ucałował w policzki. – Dzięki, dzięki za taką nowinę! A jak czuje się Dobra?

– Równie znakomicie jak twoja córeczka. Śle ci serdeczne pozdrowienia.

– Czy zawsze musi być tak? – przygasła naraz radość Mieszka.

– To znaczy jak? – stropił się młodzieniec.

– Z każdą dobrą nowiną musi się przyplątać zawsze coś, co mnie strapi... Ten tu, chojrak, pojedynkuje się jutro na śmierć i życie!

– O, rety!

– Córeczka, powiadasz? Uzgodniliśmy, że jeśli córeczka, to Dobra wybierze dla niej imię. Czy wiesz jakie jej nadała?

– Tak. Ma na imię Samboja, – „Ta, która walczy samotnie".

– Hm... czemu takie? – Mieszko się zadumał.

– Nie wiem. O to, książę, będziesz musiał się spytać małżonki.

* * *

Krużganki dziedzińca zamkowego wypełnione były dworzanami i drużynnikami. Na miejscu honorowym zasiadł książę Bolesław, po jego bokach Mieszko oraz Rycheza. Bolesław był odprężony, czego nie można było powiedzieć ani o Mieszku, ani o Rychezie. Każde z nich pragnęło zwycięstwa dla kogo innego. Członkowie dworu księżnej skupili się w grupce tuż za swą panią; nie mieszali się między pozostałych.

Czębor i Niklas stali w pełnej gotowości na obu krańcach niewielkiej areny, specjalnie dla nich wytyczonej i wysypanej świeżym piaskiem. Przybrani dość podobnie: na głowach srebrzące się szyszaki; kaftany składające się z kilku warstw utwardzonej skóry; dość wysokie, okute metalem buty; skórzane ochraniacze na przegubach dłoni. Stali w skupieniu, czekając na znak herolda; miecze w pozycji wyjściowej. Obaj, doświadczeni szermierze, wyglądali jak swe lustrzane odbicia – lewa noga wysunięta, prawa nieco przekręcona na zewnątrz; ciężar ciała równomiernie rozłożony na obie nogi, kolana lekko ugięte.

Dworzanie, zwłaszcza niewiasty, znający walkę na miecze jedynie z opowiadań, szykowali się na długi pojedynek i dłuższą atrakcję. Drużynnicy z kolei wiedzieli, że pojedynki trwają długo jedynie w pieśniach wędrownych gęślarzy. W praktyce, pomijając obchodzenie się wokół siebie przeciwników, wszystko trwa niewiele mrugnięć powiekami czy uderzeń serca – krótko...

Bolesław dał znak ręką. Herold uniósł chorągiew, by po chwili opuścić ją energicznym ruchem i odsunąć się.

Przeciwnicy jeszcze chwilę mierzyli się oczami, próbując wyczuć, kto wyjdzie z jakiej postawy. Ruszyli ku sobie! Zwarcie! Miecz naciskał na miecz. To ważny moment – mózg Czębora dokonywał błyskawicznych analiz: siły Niklasa, jego równowagi i postawy, a przy tym nacisku głowni i pozycji sztychu. Te informacje były niezbędne przy podejmowaniu dalszych, szybkich decyzji.

Z tego zwarcia nie dało się żadnemu z nich wyprowadzić jakiejkolwiek techniki. Odskoczyli. Zaczęli krążyć wokół siebie. Czębor był wyższy, obaj już też wiedzieli, że silniejszy. Niklas zdawał sobie sprawę, że przeciwnik będzie w bezpiecznej pozycji, ilekroć znajdzie się w jego menzurze. Postanowił zatem grać na szybkość i zręczność. Spróbował pacnięć. Ta szybka technika służy głównie do znużenia przeciwnika i wprowadzenia go w stan irytacji, co powoduje dekoncentrację. Zmusił Czębora do defensywy. Dosięgnął ramienia, lewego; rana była powierzchowna, ale poczęła krwawić. Podobne pacnięcie na przedramię; znów krew. Nie raz się zdarzało, że poprzez tę metodę przeciwnik się wykrwawiał i po jakimś czasie osuwał martwy, a jeśli omdlały, to jedynie po to, by spokojnie zadać mu ostateczny cios. Czębor zaczął się szybko, lecz niebezpiecznie cofać; niebezpiecznie, gdyż idąc do tyłu bez odwracania głowy łatwo można się potknąć. Uczynił za to stosowny dystans, by wziąć oddech. Niklas doskoczył; natarł zwodem: w ostatniej chwili zmienił kierunek natarcia, przekręcił głowicę na poduszce dłoni i zamiast pchnięcia ciął z góry. Czębor wyczuł zwód; zrobił duży przekrok lewą nogą i uskoczył z linii. Wybronił się. Przeszedł do kontrataku. Prostując ramię wykonał młyniec nadgarstkiem. Młyniec był tak niespodziany, efektowny i szybki, że miecz Niklasa dostawszy się w ten wir, wypadł mu z dłoni!

Na widowni rozległ się głuchy jęk pomieszany z okrzykami triumfu. Sprawa przesądzona!

Czębor wiedział, że nie uchybi zasadom, wymierzając teraz śmiertelny cios... Nie zdecydował się; stanął. – Podnieś! – Czekał aż przeciwnik, niepewnie, nie spuszczając z niego podejrzliwych oczu, pochylił się i podniósł miecz. Niklas, przyjąwszy teraz postawę *Gniewnego uderzenia*, czekał; nie wypadało po takim geście zaatakować jako pierwszy. Czębor uderzył. Zasłona; zwarcie; odskoczenie. Wykonali kilka kolejnych cięć i zasłon. Częborowi z trudem udało się sparować *Krzywe uderzenie*. Lekko się potknął, lecz był to zamierzony zwód. Naraz wyszedł z wyuczonego od starych Bolesławowych wojów *Cięcia polskiego*, zwanego piekielnym. Istotnie, było piekielne! Z całą mocą wyprowadził uderzenie z prawej strony do lewego biodra Niklasa i prowadząc sztych głęboko przez brzuch, rozciął niczym cienki pergamin skórzany kaftan wraz z powłokami brzusznymi. Cięcie było niemożliwe do sparowania. Z jamy brzusznej wylały się wnętrzności. Niklas pochylił się; lewą ręką chwycił za wydobywające się z niego jelita. Czębor wyprowadził teraz na szyję przeciwnika – na odmianę z lewej strony – *Cięcie katowskie*. Bryznęła krew; po piachu potoczyła się głowa Niklasa.

Dwór księżnej zamarł. Polacy uśmiechali się do siebie z ulgą, Wieleci poczęli skakać i krzyczeć z radości. Rychezie dłonie, kurczowo uczepione poręczy krzesła, poczęły mocno drżeć. Jej na co dzień blada twarz przybrała teraz odcień szarej zieleni; próbowała wstać, ale opadła bliska omdlenia. Dwórki natychmiast podskoczyły do niej i wołając: „Miejsce dla księżnej!”, wzięły ją pod ramię. Odprowadziły chwiejącą się panią do przynależnej jej części zamku.

MIESZKO WNUK MIESZKA

* * *

Rozmowy polsko-niemieckie nabierały tempa. Zaczęły się jeszcze w październiku, gdy poseł księcia Bolesława przybył do cesarza z propozycją wymiany jeńców i zaproponował rozpoczęcie pertraktacji pokojowych. Cesarz Henryk, pod naciskiem niemieckich wielmożów, zgodził się na nie. W rezultacie uwolnił też wreszcie po ośmiu latach więzienia margrabiego Guncelina.

Interes każdej ze stron zbliżał do podpisania pokoju. Król Burgundii Rudolf domagał się od cesarza interwencji zbrojnej: we Włoszech odradzał się niebezpieczny dla cesarza i proniemieckiego papieża Benedykta wpływ rodu Krescencjuszów, których należało utemperować. Zaś Bizancjum coraz to bardziej łakomym wzrokiem patrzyło na terytoria łacinników. To wymagało zwolnienia niemieckich sił z granic wschodnich i przerzucenia ich na zagrożone tereny. Ale i Bolesławowi potrzebny był pokój na zachodniej granicy – szykował się do wielkiej, interwencyjnej wyprawy na Księstwo Kijowskie.

Mieszko skorzystał z tego odprężenia i spokoju. Wyjechał wraz z przyjaciółmi i częścią swej drużyny na Mazowsze – do żony, syna i nowonarodzonej córeczki, której jeszcze nie widział.

ROZDZIAŁ XIX
OBODRZYCI (1018 r.)

Pogodny majowy poranek powinien dobrze nastrajać do życia, nie przebił się jednak do świadomości Mieszka. Szedł pochmurny przez dziedziniec zamkowy w towarzystwie Zadara i Witonia. Udawali się do sali fechtunku, gdzie Czębor wraz z kilkoma Bolesławowymi instruktorami uczyli narybek sztuk walki. Czekano już tylko na sygnał wielkiego księcia, by wyruszyć na Jarosława, stąd gorączkowe zaprawianie do wojaczki młodych adeptów tego rzemiosła. Towarzysze, widząc to zasępione oblicze, woleli się nie odzywać; szli w milczeniu. Mieszko, owszem, cieszył się wraz ze wszystkimi zawartym z Niemcami zwycięskim pokojem w Budziszynie. Traktat niezwykle korzystny – Milsko i Łużyce nie są już lennem, lecz stanowią integralną część Polski. „Ale po jakiego diabła tak ojcu się spieszyło wziąć sobie za żonę Niemkę, Odę? – rozmyślał zniesmaczony. – Teraz już mamy dwa niemieckie dwory. Niby fraucymery, w rzeczywistości od niewiast więcej tu mnichów, księży, osobistej ochrony, krótko mówiąc kolejna gromada szpicli cesarskich i niemieckiego Kościoła! – nakręcał się złoszcząc. – Oczywiście racja stanu, rękojmia pokoju i dalej ta stara śpiewka, która za każdym razem przyprawia o mdłości! A teraz jeszcze wyprawa na Ruś!" – przeczuwał, że chodzi o coś więcej, niż przywrócenie Światopełka na kijowski tron. Ojciec naznaczył mu na dzisiejszy wieczór pilną rozmowę w cztery oczy. „Takie rozmowy zwykle nie pachną niczym dobrym" – wzmagało to jego podenerwowanie i podły nastrój.

– Książę, swoich chcesz stratować?!

Uniósł pochyloną głowę. Naprzeciw niego stali Czębor z Borkiem. Towarzyszyło im dwóch mężczyzn. – A wy co tu robicie? Nie ćwiczycie młodych? – spytał szorstko.

– Rzuciłbym każde zajęcie, by cię znaleźć i opowiedzieć o tym, z czym przybyli ci tu – Czębor wskazał na mężczyzn.

Mieszko przyjrzał się obcym. Jeden wyglądał na Wieleta; drugi, wyższy, strojem i fryzurą bardziej przypominał Normana – długie włosy, jasne, wpadające

w rudy odcień, z przodu miał zaplecione w dwa warkoczyki; ramiona oble-
czone w typowo normańskie obręcze.

Czębor, widząc, że na twarzy Mieszka pojawiło się zaciekawienie, przedstawił ich: – To jest Nakon Obodrzyc, a ten obok to Brosław, prosto z Radogoszczy.
Złożyli sobie ukłon.

– Po twojej minie widzę, że rzecz istotnie warta posłuchania.

– Owszem. I na tyle ważna, że wolałbym, żebyśmy najpierw ze sobą poroz-
mawiali, zanim dowie się o ich przybyciu wielki książę.

– Hm... Udało ci się. Już jestem zaintrygowany. Może więc tam, gdzie zwykle chadzamy w takich okolicznościach i przy takiej pogodzie – Mieszko, zerkając w górę, dopiero teraz dostrzegł, że dzień jest wyjątkowo ładny.

– Czyli na stołp?

– Właśnie. Jedyne miejsce, gdzie nikt niepotrzebny się nie pałęta. Witoń,
ty masz chody u wszystkich młodych kucharek. Co ja mówię – u wszystkich
dziewcząt. Skocz z Zadarem i dyskretnie poproście o to i owo. Miód i naczynia
już czekają na wasze przepastne gardziele w schowku na górze.

– A spiesz się, Witoń! – zawołał za nim Borko. – Nie musisz je wszystkie
oklepywać po tyłkach i tak cię faszerują ponad miarę.

Witoń odwrócił się i wystawił mu język: – Bolejesz nad tym, grubasie, co?!
– odkrzyknął wesoło.

– Tylko nad żarciem, bo nie umywają się do Wieletek.

Wspięli się na szczyt stołpu. Mieszko wskazał gościom miejsca. Czębor
z Borkiem rozsiedli się wygodnie, ale Nakon z Brosławem poprosili o pozwolenie, by móc popatrzeć stąd na okolice. Skinął głową. Stąpali wokół blanków
podziwiając rozległy widok. Usiedli dopiero wówczas, gdy Witoń z Zadarem
wciągnęli się na górę i wyładowali przytaszczony ze sobą wór, przenosząc jego
zawartość na stół. Witoń podbiegł do schowka w murze: wyciągnął ostrożnie
kamienny blok. Zanurzył rękę w tajemnym wnętrzu i sięgnął po jeden z szeregu wsuniętych tam pękatych dzbanów. Wrócił jeszcze raz po kubeczki; nalał
wszystkim miodu. Stuknęli się; strącili po kilka kropli.

Gdy na powrót zasiedli, Czębor, zwracając się do Mieszka – przez wzgląd
na obcych oficjalnie – zaczął: – Książę. Jak wiesz pokój w Budziszynie został
zawarty wyłącznie między Polską a Niemcami, bez udziału sojuszników cesarza – Wieletów. To oznacza, jakby tu powiedzieć, że nadal trwa stan wojny
między Wieletami a Polską, chociaż tylko w teorii. Ale jest to też policzek

wymierzony w nich samych – oto jak z nimi liczy się cesarz. Wieleci posił-kowali Henryka, to prawda, faktów się nie zmieni. Ale musisz na to spojrzeć, panie, ich oczami. Uznali to jako wybór mniejszego zła w obliczu ewentual-nego i jednoczesnego ataku chrześcijańskich Sasów i Polaków. Tylko tym spo-sobem udało się im zachować niepodległość i co równie ważne – wiarę naszych ojców. Myślę jednak, panie, że zainteresuje cię, jakie obecnie nastroje panują w Związku Wieleckim?

– Mogę domniemywać, ale słucham.

– Najlepiej przedstawi ci to Brosław, mój bliski znajomy i od zawsze zwolen-nik pogodzenia się z Polską.

– Książę – młody Brosław zaczął drżącym nieco głosem, stremowany faktem, że mówi wobec osoby o takiej randze, a przy tym sprzyjającej jego krajanom. – Pokój w Budziszynie to zarazem kres koalicji niemiecko-wieleckiej i nagła świa-domość w jakiej niebezpiecznej matni – osamotnieni – się znaleźliśmy. Wiemy przecież doskonale, że do pokoju z wami dążyli i naciskali na cesarza Sasi, w istocie od zawsze nasi wrogowie. Wiesz też zapewne, książę, jaki afront spo-tkał Wieletów, gdy Niemcy podczas ubiegłorocznej wojny sprofanowali symbol naszego Boga i dopuścili się obrazy uczuć religijnych. To wszystko sprawiło, że rzecznicy wojny z Polską zostali skompromitowani, zwłaszcza że wstrzy-mali nas od zerwania przymierza z cesarzem. Teraz są w odwrocie. Panie, coraz więcej moich rodaków chciałoby się obecnie wesprzeć na Polsce. Zawsześć wy to Słowianie, nie Germanie, i mowę mamy niemal jednaką. Szkopuł w tym, że są obawy. Lękamy się, by naszych dobrosąsiedzkich stosunków, które obecnie możemy łatwo wypracować, nie zakłócili chrześcijańscy kapłani, którymi ota-cza się twój ojciec, panie, wielki książę Bolesław... Zważ, że jakoś cesarzowi, chociaż głosi się obrońcą chrześcijaństwa, nie przeszkadzała nasza religia, gdy walczył z wami. Podobnie zresztą jak papieżowi. Niechże i wasz władca nie będzie bardziej święty od papieża... – Brosław zamilkł, zerkając niepewnie, czy nie pozwolił sobie na zbyt wiele śmiałości.

– Wielki książę, jak my wszyscy, całe życie uczy się polityki. Nie sądzę, by kierował się obecnie takimi zakusami, tym bardziej że – wybacz Brosławie za słowa, ale mówię je po trosze ironicznie, po trosze prawdziwie – niemiecki Kościół uważa Związek Wielecki za swoją „strefę wpływu". Umożliwię ci audiencję u mego ojca i wesprę cię swoim głosem.

– Dziękuję, stokrotnie dziękuję, panie, w imieniu swoim i moich krajan.

– Ale mamy jeszcze inne, nie mniej ciekawe nowiny! – zaśmiał się Czębor, klasnąwszy w dłonie. – Pamiętasz chyba, książę, nasze zabiegi, by nawiązać kontakt z Obodrzycami? Oto jeden z tych – wskazał na Nakona – który pracował nad powodzeniem tej misji. Nikt się jednak nie spodziewał jak głębokie będą tego konsekwencje. Pomogło to bowiem otrząsnąć się Wieletom z zamroczenia. Potem nałożyły się na to wydarzenia z symbolami naszych Bogów, tak sponiewieranymi przez Niemców. Posłuchaj, panie, co się stało wkrótce po podpisaniu pokoju. No, Brosław, Nakon, opowiadajcie księciu.

– Może ja zacznę – odezwał się Brosław, ośmielony życzliwym obliczem Mieszka. – Cesarz wykazał się brakiem wyobraźni. Powinien wiedzieć w jakich jesteśmy nastrojach po znieważeniu naszej religii, po jego klęsce i wreszcie po podpisaniu pokoju bez zaproszenia naszej delegacji na rozmowy. On natomiast, zarzucając Obodrzycom współdziałanie z wami, panie, nakazał nam, Wieletom, byśmy przedsięwzięli przeciwko nim ekspedycję karną i ukarali ich księcia Mścisława!

– Rzeczywiście, wyjątkowo niemądre posunięcie. Naturalnie się nie ruszyliście?

– Wręcz przeciwnie, książę. Ruszyli! – zaśmiał się Nakon. – Tyle że nie ich wojownicy, lecz posłowie. Przybyli do tych, którzy z racji wiary w tych samych Bogów dbali, by nie zerwała się między nami słowiańska więź. Z powodu narzuconego przez Sasów chrześcijaństwa i obciążeń wielkimi daninami dla ich panów i Kościoła, my – dumni Obodrzyci – stopniowo przemieniani byliśmy w ludzi o mentalności niewolników. Popadliśmy w uzależnienie od Niemiec. Winnym tego stanu rzeczy był w dużej mierze książę Mścisław. Zagorzały chrześcijanin, na którego kazał nam, „poganom" – uśmiechnął się drwiąco – napaść inny zagorzały chrześcijanin, cesarz Henryk.

– Rzeczywiście, trudno byłoby wymyśleć coś śmieszniejszego – zarechotał Borko.

– Przygotowaliśmy wspólnie plan – włączył się znów Brosław. – Żeby Sasi za szybko nie odkryli podstępu, w lutym istotnie ruszyliśmy armią na Mścisława. Rodzimowiercy spośród jego wojów zostali zawczasu o tym poinformowani i odstąpili go. Z jego drużyny zostali przy nim jedynie chrześcijanie, czyli nie tak wielu. Łatwo kroczyliśmy od zwycięstwa do zwycięstwa. Mścisław schronił się ze swoimi wojownikami za szańcami Zwierzynia. Gród był warowny i pewnie zeszłoby nam czasu, by go zdobyć, ale…

– No, właśnie – wszedł mu w słowo Nakon. – Wtedy, zgodnie z podjętym wcześniej zamysłem, dołączyliśmy do Wieletów my – Obodrzyci rodzimej wiary – i wspólnymi siłami wykurzyliśmy go z nory. Cudem udało mu się potajemnym korytarzem umknąć, oczywiście gdzieżby indziej – do Sasów! To był sygnał do antychrześcijańskiego powstania... – Nakon stropił się i spojrzał niepewnie na Mieszka, bądź co bądź oficjalnie chrześcijanina. Zamilkł.

Czębor zreflektował się: – Pociągnę dalej, książę – trudno mu było stłumić radość w głosie. – Powstanie objęło cały kraj Obodrzyców. Obalano symbole niewoli – te stawiane gdzie tylko się da krzyże. Obrócono w gruzy bądź zgliszcza kościoły! Księży i mnichów raczej nie trzeba było gnać, czy tłuc, sami czym prędzej czmychali. Nie byli skorzy wykorzystać okazji, by zyskać miano męczenników.

– Dziwisz się im, Czębor? – ponownie zarechotał Borko. – Żeby zostać świętym czy męczennikiem to, po pierwsze musisz pochodzić z rodziny możnowładców, a po drugie mieć liczących się protektorów na ziemi, najlepiej cesarza, króla lub księcia. Pokaż mi chociaż jednego z ogłoszonych w ostatnich dziesiątkach lat świętych, który by wywodził się z dołów, był zwykłym księdzem czy mnichem, a gotów jestem postawić ci beczkę piwa...

– No, dość tego, Borko! – przerwał mu Mieszko, przybierając na pozór groźną minę. – Mówisz w obecności chrześcijańskiego księcia...

– Wybacz, książę, istotnie popełniłem nietakt – Borko udał przestraszonego.

– Książę – odezwał się Nakon. – Z całym szacunkiem, ale sam jako chrześcijanin wzdrygnąłbyś się, gdyby wasi księża nakłaniali twoich poddanych – jak to czynią niemieccy księża wobec nas – wzorować się na pewnych przykładach...

– Jakich przykładach?

– A choćby ich pustelniczka imieniem Sizu z miejscowości Drübeck. Odznacza się ogromną pobożnością, która polega na tym, że nie otrząsa z siebie robactwa, które ją nieustannie żre, a jeśli samo odpada z jej nigdy na chwałę Bożą niemytego ciała, to kładzie je z powrotem na siebie...

– Wystarczy! – Mieszko wstrząsnął się. – Nie imponuje mi niszczenie kościołów, bo tymi czynami wykazaliście, że niewiele się różnicie od tych, którym zarzucacie religijną przemoc – uniósł rękę, widząc gotującego się do odpowiedzi uśmiechniętego od ucha do ucha Czębora. – Dość! Interesuje mnie co innego. Co teraz? Jaką politykę chcecie prowadzić, czy prowadzicie obecnie?

– Pragniemy przywrócić poprzedni ustrój naszego Związku – odpowiedział Nakon. – To znaczy przywrócić instytucję wiecu.

– Znaczy – wtrącił rozbawiony Czębor – przywrócić demokrację.

– Niby co? – spytał Brosław.

– Kiedy byliśmy z księciem w zakonie, w pewnej księdze opisującej historię Greków przeczytałem, że dawno temu też rządzili się oni poprzez wiece i nazywali to demokracją – „demos" – lud, a „kracja" – władza, czy jakoś tak. W każdym bądź razie Grecy byli wówczas najmądrzejsi w świecie, a chrześcijaństwo jeszcze w ogóle się nie narodziło.

– Teraz, książę, po tym powstaniu zagraża nam co inne – znów włączył się Nakon. – Sasi dostrzegli w nas i Wieletach groźne dla nich niebezpieczeństwo i zaczynają zmawiać się z Duńczykami. To zaś może być groźne również dla waszego Pomorza. Twój dziad, panie, niegdyś pohamował podobne zapędy i nie dopuścił do takiego przymierza. Dobrze byłoby, gdyby i twój ojciec, panie, również i w waszym interesie starał się do tego nie dopuścić.

* * *

– Tak więc z Niemcami mamy spokój – Bolesław nalał synowi piwa i podsunął półmisek z pieczonym mięsem. – Cesarz wyruszył na południe Italii. Przypadli sobie do gustu z Benedyktem. Papież bardziej kocha się w rzemiośle wojennym, niż czuje się w roli ojca Kościoła. Ponoć osobiście brał udział w bitwie morskiej z Saracenami. Teraz przywołał Normanów do walki z Grekami. W ubiegłym roku wybuchło powstanie Longobardów przeciw Bizantyjczykom. W każdym bądź razie to pochłania obecnie ich uwagę, nie my. Pora więc, by wyrównać na wschodzie krzywdy mojego zięcia a twojego szwagra i dać nauczkę Jarosławowi. Trzeba Świętopełka na powrót przywrócić na tron. – Wyprostował się na krześle: – Wojska mam sporo. Oprócz swojego, trzystu niemieckich wojów, pięciuset Węgrów przysłanych przez Stefana na rozkaz Henryka, no i ponad tysiąc Pieczyngów. Poza tym... powołałem pospolite ruszenie z ziem Wiślan, w końcu graniczą z Rusią...

– Jak, ojcze, masz zamiar poprowadzić tę wyprawę? I dokąd, bo chyba nie do samego Kijowa?

– Z takimi siłami wszystko jest możliwe. Najważniejsze pokonać Jarosława. Wywiad doniósł mi, że on również się na nas szykuje. Trzeba go zaskoczyć.

Musimy też odebrać Grody Czerwieńskie. Zawsze były nasze i czas najwyższy połączyć je z macierzą.

– Ale... – Mieszko zawahał się.

– Co cię trapi? Mów śmiało.

– Tak, Grody Czerwieńskie jak najbardziej. Zmusić, by Jarosław uwolnił moją siostrę, też się zgadzam. Wszyscy się zgadzamy. Gdybyś natomiast chciał sięgać dalej, to wiesz chyba ojcze, że w kraju zaczną się pomruki?...

– Pomruki, powiadasz? – Bolesław wziął się pod boki i zaśmiał beztrosko.

– A pokaż mi w jakim państwie ich nie ma? Którego z władców nie dotykają? Chcą mieć silne państwo? Więc niech przymkną gęby, bo jak nie, to sam im je pozamykam! Tak, dochodzą mnie słuchy, ale musiałbym zbyć się władzy i chyba zająć uprawą roli, gdybym miał się czymś takim przejmować. I ty się tym nie przejmuj, jeśli pragniesz mnie kiedyś zastąpić i zachować obecne granice.

– Tak, ojcze, ja to rozumiem. Lud też rozumiał co znaczyła agresja na nasz kraj i nie żałował siebie i danin. Jednak te wyrzeczenia strasznie poddanych wyczerpały. Jest bieda, a tu...? Pospolite ruszenie, by ruszać gdzieś poza nasze granice, daleko na wschód. Zamiast uprawiać ziemię, maszerować, walczyć na Rusi za nieudolnego Rusina. To się ludziom nie spodoba, ojcze. Pospolite ruszenie to jedno, ale wiesz przecież, że obok twych wojów i najemników będą szły masy różnego rodzaju służby, łowczych, kucharzy, piekarzy, intendentów, rzesze chłopów torujących drogę wycinką, budową mostów... chłopów oderwanych od ziemi, która w tym czasie najbardziej ich potrzebuje.

– Synu, powtarzam: nie daj się zwieść tym mamrotom, bo przegrasz. Masz przecież swoją drużynę i dobrze wiesz, że jak każda inna najlepiej służy wówczas, gdy może coś złupić na obcym terenie. Jak ty to sobie wyobrażasz?! Niby w jaki sposób miałbym wykarmić i zadowolić nasze wojsko, gdybym im kazał siedzieć na tyłkach?! Zapewniam cię, jeszcze szybciej i dokładniej obżarliby naszych kmieci ze wszystkiego co mają. Tam drużyna, gdzie wojny. Jeśli wojen nie ma, to trzeba je wszczynać dla swego i ich dobra. Utrzymać drużynę znaczy poprowadzić ją na zamożne kraje, inaczej nie wiadomo kiedy ci się porozłazi. A wiesz co wówczas? Już nie pomruki, na które nastawiasz uszy, lecz walki domowe! Walki wszczynane przez takich, którzy pragnęliby się ciebie pozbyć. Dla usprawiedliwienia buntów będą wówczas głosić, że robią to w interesie wszystkich, bowiem jesteś władcą gnuśnym.

Mieszko zagryzł wargi; zamilkł. Wiedział, że tego, który całe życie walczył – atakował lub bronił – nie przekona, zwłaszcza teraz, gdy miał pod sobą tyle wojska i żył już kolejną wyprawą. Nie zdecydował się, by wykazać mu, że rozdmuchane ponad miarę granice mnożą wrogów, wymagają masy wojsk w stałym pogotowiu – swoich i zaciężnych – opłacania ich, co znaczy większe obciążenia pozostałej ludności i jej ubożenie; w rezultacie ubożenie całego kraju.

– Jeśli tak leży ci na sercu dobro ludu – Bolesław jakby odgadywał myśli syna – to ucieszy cię wiadomość, że pozostaniesz na miejscu? Podczas mojej nieobecności powierzam ci namiestnictwo nad krajem. Będziesz czuwał nad utrzymaniem w nim pokoju i bezpieczeństwa.

– Twoja wola, ojcze. Kiedy zatem się wyprawiasz?

– Zaraz w pierwsze dni czerwca. Ty zaś pchnij w międzyczasie gońca na Mazowsze, by gotowali się do drogi. Stary Władywoj niech pilnuje jedynie granic. Pora by jego rolę powoli przejmował Mojsław, prawda? – spojrzał z ukosa na Mieszka. – Zdolny. Pewien jestem, że kiedyś swoje rządy oprzesz na nim i mu podobnych. Tak... – powtórzył w zamyśleniu – ten człowiek będzie ci wierny po grób...

– Skoro, ojcze, wyruszasz w czerwcu, to pozwól, że osobiście pojadę na Mazowsze z twoimi rozkazami. Mogę?

– Możesz – Bolesław zaśmiał się porozumiewawczo. – A wycałuj mojego wnuka...

ROZDZIAŁ XX
WYPRAWA KIJOWSKA (1018 r.)

Slońce piekło niemiłosiernie, rozdrażniało przed zaplanowanym na jutro bądź pojutrze sforsowaniem Bugu wpław i atakiem na siły Jarosława. Walka w pełnym rynsztunku podczas upału szybko wyczerpywała. Bolesław chciał uderzyć na Rusinów już dzisiaj, w niedzielę 22 lipca, ale księża się sprzeciwili – nie wypadało. Zżymał się na to. Mógł wykorzystać zaskoczenie, ponieważ strona przeciwna również uważała, że dzień święty wypada święcić, a wyrzynanie chrześcijańskich braci innego obrządku to rzecz pozostałych dni tygodnia. Ostatecznie zadecydowano, że dzisiaj armia zdrowo podje, by mieć siły do tego, co ją wkrótce czeka.

Bolesław, któremu nie zbywało na fortelach, polecił, by udawano przygotowywanie się do budowy mostów; samo zwożenie drewna szło tak ślamazarnie, że działało to uspokajająco na wojsko Jarosława.

Póki co władca udał się na przejażdżkę. Pragnął pobudzić zapał wojów obozujących u podnóża grodu, ale też przyjrzeć się krzątaninie służby, której przykazano, aby dzisiaj nie szczędziła potraw mięsnych dla całego wojska.

Witoń, jak i wielu innych, skrył się przed słońcem w cieniu wałów obronnych Wołynia[17] – grodu usadowionego na niewielkim wzniesieniu w pobliżu ujścia Huczwy do Bugu. Skończyły mu się wszystkie dowcipy na temat Rusinów, zaś te, dotyczące Wiślan, zostały przyjęte wyjątkowo powściągliwie – poniewczasie zmiarkował, że usiadł właśnie w ich towarzystwie. Wstał na wszelki wypadek, ziewnął szeroko i udał się wolnym krokiem bliżej Mazowszan. Przysiadał na jakiejś belce, gdy rozległ się róg jednego ze strażników i podekscytowany głos: „Wielki książę, otwierać bramę! Wielki książę, otwierać bramę!". Uniósł brwi; wiedział, że w orszaku był dzisiaj Mojsław.

Bolesław i towarzyszący mu dostojnicy wjechali kłusem na dziedziniec. Twarz księcia wyrażała ponurą zawziętość oraz gniew; zszedł ciężko z konia, ale szybkim krokiem udał się do dworu.

---

17 obecnie wieś Gródek Nadbużański w województwie lubelskim, w powiecie hrubieszowskim.

Witoń, zdziwiony tym wczesnym i śpiesznym powrotem, poszukał wzrokiem Mojsława. Dostrzegł. Podszedł do niego: – Kniaziu, co się dzieje?
– A, dobrze że jesteś. Zwołuj natychmiast naszych, jacy są w grodzie. Ruszamy po resztę do obozu i hajda na Jarosława!
– Jak to?! Dzisiaj? W samo południe? Co się stało?
Mojsław zeskoczył z konia, zdjął szyszak i otarł pot z czoła. – Ano po obu stronach Bugu zebrała się czeladź obozowa, by wziąć wody dla ochłody lub pławić konie. Nasi nadto płukali mięso z zabitych bydląt. Głos przez rzekę niesie, więc od słowa do słowa poczęli się przekomarzać, a w końcu wyzywać od najgorszych. Polacy zaczęli rzucać w ich stronę wnętrznościami i odpadkami z czyszczonego mięsa. – Mojsław podszedł bliżej do Witonia i ściszył głos: – Bolesławowi to odpowiadało. Wziął się pod boki i zaśmiewał, bo nasi w tych przygaduszkach byli dowcipniejsi. Do czasu… Kiedy zza tamtego brzegu dostrzeżono księcia, na rzekę spuszczono łódź. Był w niej Błud, ten cały piastun Jarosława. Wszyscy się uciszyli, czekając, czy nie przybywa z jakąś propozycją. A ten łobuz, wyobraź sobie, zatrzymał się na środku rzeki i zaczął lżyć Bolesława niezgorzej od ciur obozowych! – Jeszcze bardziej ściszył głos: – A to, że „jak przekroczysz rzekę będziesz jak wieprz w kałuży otoczony przez psy i łowców Jarosława", a to, że „przebodziem oszczepem ten twój tłusty bebech" i temu podobne obelgi, nie bardzo stosowne w ustach osoby tej rangi. Jak poczuł się książę, kiedy wszyscy na obu brzegach to słyszeli, a Rusini ryczeli ze śmiechu, możesz sobie łatwo dośpiewać. Ciurom nakazał, by nadal spokojnie robili swoje, jakby nigdy nic. Sam zawrócił. Kiedy już zniknęliśmy za drzewami przystanął i nakazał gońcom, by udali się do obozu i wszczęli cichy alarm, przygotowanie do ataku! Gdy ktoś tam z jego otoczenia zaoponował, że to będzie trudne tak od razu… odpowiedział: „Jeśli was ta obelga nie obraża, to polegnę sam. Jadę do grodu uzbroić się i ruszam wpław!". No i teraz wiesz. Zbieraj naszych. Na koń i gnamy po resztę Mazowszan!

Nie minęło wiele czasu, gdy wszystkie polskie i zaciężne hufce pochwyciły za oręż, dosiadły koni i uformowały się w zbrojne szyki. Rozwinięto chorągwie. Na dany przez Bolesława znak ruszyli wynurzając się nagle zza drzew. Idąc za przykładem swego władcy sforsowali odważnie rzekę, na szczęście po ostatnich upałach niezbyt głęboką i o spokojnym nurcie. Armia Jarosława, składająca się z Rusinów, Nowogrodzian i Waregów, nie spodziewała się takiego obrotu sprawy. Zaskoczeni, zdumieni, na wpół przygotowani, patrzyli z rosnącym przerażeniem na sunące w ich kierunku rozwinięte szyki.

Mojsław zwrócił się do swojego hufca: – Pamiętajcie z kim będziecie walczyć! – zawołał. To ci, co wiecznie są łasi na naszą ziemię, gotowi też gwałcić nasze swobody religijne! Im mniej ich będzie, tym większą zyskamy miarę pokoju. Nie oszczędzać się i nie oszczędzać ich! Sława! – wziął w rękę i ucałował spoczywającą na wierzchu, na kolczudze, srebrną swaszczycę. Wyciągnął miecz wskazując nim przed siebie. Większość powierzonych mu wojów też dotknęła lub ucałowała podobne znaki wiszące na piersiach; nieliczni się przeżegnali. Ruszono wzbijając fontanny wody. Gdy konie dotknęły brzegu szybko przeszły z kłusa w cwał, a następnie w galop.

Uderzenie było straszliwe! Z łatwością konnica przełamała mur tarcz – zapora ta pękła niczym deseczka uderzona kowalskim młotem. Broniono się rozpaczliwie, coraz to częściej jednak zerkając do tyłu. Przód nieprzyjacielskich hufców szybko poszedł w rozsypkę; trup ścielił się pokotem na podobieństwo koszonego przez żniwiarzy zboża. Ziemia zabarwiła się krwią tryskającą z upadłych kadłubów ludzkich – bezgłowych lub bez kończyn – z zabitych lub rannych z rozprutymi brzuchami, z których wypływały jelita niczym nadziewane jagłą kiszki z masarni. Jęki rannych mieszały się z głosami i nawoływaniami coraz to bardziej przeszytego strachem nieprzyjaciela. Walka trwała nie dłużej niż odmówienie trzech różańców, co gorliwie czynili księża i mnisi pozostawieni na polskim brzegu, prosząc Boga o zwycięstwo nad „złymi" chrześcijanami mieszkającymi po przeciwnej stronie Bugu. Popi okazali mniejszą żarliwość – na widok tego, co się święci, czynili w pośpiechu znaki krzyża, po czym, podkasawszy suknie, czym prędzej znikli wszystkim z oczu.

Siły polskie zachowały szyk bojowy i niebawem trwoga Jarosławowych wojów sięgnęła zenitu – przerodziła się w panikę, a ta w ucieczkę. Kiedy do walczących dotarła wieść, że Jarosław, lękając się o swe życie, a jeszcze bardziej polskiej niewoli, zdecydował wraz z najbliższą mu drużyną i dostojnikami umknąć przed niebezpieczeństwem, ucieczka stała się powszechna. Teraz już wszyscy myśleli wyłącznie o ratowaniu życia; wielu się poddawało.

Bolesław nie poprzestał na wygranej bitwie: nakazał wojskom, by udały się w pogoń za uciekającymi. Jeszcze wielu ich zabito, bądź pojmano do niewoli. Wracali radośnie, niekiedy ze śpiewem na ustach. Rusini w panice zostawili obóz niemal nienaruszony; Bolesław przyzwolił wojom, by znajdujące się tam niezliczone łupy rozdzielili między siebie. Księża i mnisi, jak jeszcze w południe ganili Bolesława za niedzielny zryw, tak teraz głosili, że to sam Bóg i ich modły sprawiły zwycięstwo.

Wkrótce dowódcy hufców oznajmili wolę władcy: ruszamy na Kijów osadzić na tronie prawowitego pana Rusi Światopełka!

Nie wszystkim to się spodobało. Świadomość, że Kijów od Krakowa leży o kilkadziesiąt dni marszu gasiła zapał. Mazowszanom też się ta wyprawa nie podobała. Zrobili swoje – Rusinów na dobre odgonili od swych granic. Nie mieli ochoty aż tak się oddalać od domu w imię pretensji innego Rusina, którego zresztą nie darzyli szacunkiem.

* * *

Wojska księcia Bolesława szły w głąb Rusi od zwycięstwa do zwycięstwa. Zdobywały po drodze zamki i grody, częściej jednak je po prostu przejmowały, gdyż mieszkańcy, widząc, iż najeźdźcom towarzyszy ich dawny pan, kniaź Światopełk, poddawali się.

Bolesław wysłał przodem pod wodzą Światopełka Węgrów i Pieczyngów, by zaatakowali Kijów od południa. Oblężenie nie dawało rezultatu, chociaż samo miasto wiele cierpiało od pożarów wzniecanych przez wyrzucane z katapult żagwie. Oblegani dali za wygraną dopiero wówczas, gdy ujrzeli armię Bolesława. 14 sierpnia zdecydowano się otworzyć bramy. Wkraczające dumnie wojska polskie witali przed monasterem św. Zofii popi z metropolitą Jonaszem na czele. Towarzyszyła im rodzina księcia Jarosława – matka i siostry, a wśród nich Przedsława.

Światopełka ponownie osadzono na tronie. Książę Bolesław w kolejnych dniach rozesłał poselstwa do cesarza Bizancjum Bazylego, zwanego od czasu krwawego spacyfikowania Bułgarów – Bułgarobójcą, do cesarza Henryka oraz do księcia Jarosława, proponując temu ostatniemu wymianę jeńców – czyli jego rodzinę w zamian za swą córkę. Silnie obsadził wojskiem Kijów, jak również grody na drogach prowadzących do Polski. Najwyraźniej miał zamiar spędzić w Kijowie dłuższy czas. Tej decyzji sprzyjała okazywana mu lojalność mieszkańców Kijowa, a przynajmniej tak to się Bolesławowi zdawało...

Kijów na wszystkich robił wielkie wrażenie. Najbardziej zdumieni jego wielkością i potęgą byli Niemcy posiłkujący Bolesława. Nigdy nie sądzili, by na wschód od Polski istniało cokolwiek, co by wyobrażało miasto, najwyżej jakiś obwarowany gród. Tak właśnie myśleli o Kijowie. Tymczasem weszli do miasta, które swą świetnością i wielkością mogli przyrównać jedynie do Rzymu lub Konstantynopola. Silnie ufortyfikowane samych rynków miało aż osiem, a ilości cerkwi nikomu nie udało się zliczyć. Zaskakiwało bezmiarem ludności i kupców, bodaj ze wszystkich stron świata, często egzotycznych z wyglądu i ubioru. Nic dziwnego, Kijów leżał na skrzyżowaniu najważniejszych szlaków handlowych; to dzięki temu kwitł i się bogacił.

Czas biegł. Wreszcie wojska zaczęły coraz głośniej domagać się odpowiedzi: kiedy nastąpi powrót? W końcu Kijów to nie ich dom, a Ruś nie ich ojczyzną. Zrobiono co do nich należało, pora wracać w rodzinne strony, do bliskich! Beztroski odpoczynek Bolesława wzbudzał niepokój. „Rusinem ma zamiar zostać, czy co?" – zadawano sobie półżartem półserio pytanie. Nie każdemu z nich dane było wiedzieć, że wielki książę prowadzi ze Światopełkiem negocjacje. Uzależniał powrót od konkretnych warunków: wynagrodzenia swoich wojsk za interwencję i umożliwienie mu ponownego objęcia tronu oraz zwrotu Grodów Czerwieńskich. Intencje Światopełka były zupełnie inne: jak najmniej dać, Grodów Czerwieńskich nie zwrócić, a Bolesława zatrzymać, by walczył przeciw Jarosławowi do końca – dochodziły już słuchy, że jego brat, zachęcony przez Nowogrodzian, nie zamierza się poddać. Tymczasem Bolesław ani myślał brać udział w dalszych walkach; jego polityczne doświadczenie podpowiadało mu, że lepiej mieć za miedzą dwóch słabych książąt, niż jednego silnego, chociaż zięcia.

* * *

Mojsław podczas pierwszych dni pobytu w Kijowie uległ, podobnie jak pozostali, zauroczeniu miastem. Wkrótce jednak stało się ono dla niego zbyt ruchliwe, głośne i nużące. Przyzwyczajony do niewielkich mazowieckich gródków i puszcz, gdzie szum drzew i śpiew ptaków dawały ukojenie i radość życia, również coraz tęskniej myślał o powrocie.

Zmęczony upałem i szukaniem upominków dla najbliższych, włókł się noga za nogą w towarzystwie Witonia i przybocznego imieniem Gosław. – O, spójrzcie! – wskazał dłonią na kolorowy drewniany dom z podcieniami. – To karczma. Poznaję, już w niej byłem. Dają tam wyborne jadło i bardzo dobre piwo za rozsądną cenę. Zapraszam wszystkich. Ja płacę. – Zamówił garniec piwa, wielki bochen chleba i po dużej porcji mięsiwa.

Usiedli w najdalszym kącie; Mojsław dość już miał gwaru. Witoń usłużnie rozlał do kubków piwo. Schłodzone w piwniczce smakowało znakomicie, ugasiło pragnienie i nawilżyło spieczone usta. Gosław wyciągnął nóż i pokroił chleb w grube pajdy. Spróbowali wieprzowiny w sosie przyprawionym aromatycznymi ziołami.

– Rzeczywiście, dobrze tu dają – Gosław rozkoszował się smakiem. – Chociaż… nie umywa się to do mazowieckiej kuchni – zakończył smętnie. – Kniaziu? – zwrócił oczy na Mojsława – Kiedy my wreszcie wrócimy? Skoro Bolesław rozpuścił cudzoziemców, to może i wszyscy stąd wkrótce odejdziemy? Wiesz coś? Nie raz gościsz u Bolesława…

– Hm… I wiem i nie wiem. Ponoć wielki książę nie może się dogadać ze Światopełkiem w sprawie pokrycia kosztów wyprawy. Sam Kijów – patrząc na jego bogactwo – mógłby łatwo temu podołać. Czemu zatem te rozmowy się przeciągają? Na Bogów, nie pytajcie, bo nie wiem!

– Czyli co? O nasze wynagrodzenie dopiero teraz się targuje? – żachnął się Gosław. – Wszyscy wiedzą jak hojnie opłacił cudzoziemców, a i swoją drużynę. Nikt nigdy z zaciężnych tyle nie dostał. Lubi Bolesław być szczodry dla obcych. Szkoda tylko, że naszym kosztem. Pamiętają starzy, jak w tysięcznym roku zadziwił hojnością cesarza Ottona. Darował mu mnóstwo złota i srebra, gdy w tym czasie nasi jęczeli z biedy i głodu, bo był to czas nieurodzaju i podwyższonych danin!

– Na szczęście wymienili się i innymi skarbami – roześmiał się Witoń. – Cesarz dał Bolesławowi w darze gwóźdź z krzyża, na którym umarł ich Bóg, wraz z kopią włóczni jakiegoś świętego, w zamian za co Bolesław ofiarował mu ramię świętego Wojciecha.

– I mogliby na takich darach poprzestać – podsumował Gosław.

– Ejże! Nie zapędzacie się zanadto?! – sfukał ich Mojsław przezornie lustrując otoczenie. – To w końcu nasz władca, nie godzi się tak mówić.

– Może nie godzi, ale mój ojciec powiada, że i twój ojciec, panie, mocno się wówczas obruszał – odburknął Witoń. – Poza tym wiesz, że nie tylko my tak to komentujemy. Wśród wojów słychać pomruki niezadowolenia.

– Igraszki Bolesława z Przedsławą też nie wszystkim się podobają – wtrącił Gosław. – Niepotrzebnie zraził do siebie wielu Rusinów. Panie, ty przecież byłeś, kiedy to się zaczęło. Prawda to, czy woje tak z nudów zmyślają?

– Niestety, prawda – westchnął Mojsław ściszając głos i kolejny raz zerkając na siedzących przy stołach, szczęście, że od nich oddalonych. – Nie przyniesie to naszemu władcy chluby. Stałem wówczas wraz z innymi dowódcami i dworzanami.

Bolesław podszedł do pochylonej przed nim w pokornej postawie Przedsławy i wskazując na nią zawołał do wszystkich, triumfalnie się zaśmiewając: „Nie chciał mi Jarosław dać jej za żonę po dobroci, to oto biorę ją sobie prawem zwycięzcy jako brankę. Będzie za nałożnicę umilającą mi spędzany tu czas". Chwycił ją za rękę, a gdy mu się wyrwała – złapał za włosy, i szlochającą zaciągnął do swej komnaty. Słyszeliśmy jak przeraźliwie krzyczała, gdy ją gwałcił. Wszyscy osłupieli, czując się niezręcznie. Rzadka to sprawa takie niemal publiczne zbezczeszczenie księżniczki. Jedynie część z jego otoczenia z tego się śmiała, no i Pieczyngowie – Mojsław kręcił głową. – Obrzydliwe!

– Ale przecież tylko co poślubił Odę? – wtrącił Gosław.

– Właśnie. Stąd najbardziej tą sceną zniesmaczeni byli Niemcy.

– Może dlatego tak ich hojnie obdarzył i czym prędzej odprawił? – skrzywił się Witoń.

– Kto wie? – zamyślił się Mojsław. – Tym bardziej że trzyma ją teraz jak niewolnicę i niemal co noc odwiedza...

Zamilkli. Do karczmy weszło pospiesznie, pobrzękując mieczami i ostrogami, kilku wojów. Zdyszani zatrzymali się; jeden z nich zawołał gromko: – Czy są tu jacyś wojowie w służbie Bolesława?!

Podniosło się kilka osób. Mojsław rozpoznał w pytającym znajomego, Nasława. Podszedł do niego: – Coś się stało?

– Stało się, Mojsławie, oj stało! Kniaź Światopełk wyjechał niedawno z jakąś to niby ważną sprawą. Wiemy już z jaką! Podmówiony przez swych doradców, głównie popów, wydał potajemnie rozkaz, by po ruskich grodach wymordować nasze załogi! Zdrajca! Ośmieliło go odesłanie wojsk najemnych. Teraz przybywają niedobitki z tych, którym udało się uciec z pogromu. Zabili wielu naszych! Wielki książę zwołuje wszystkich natychmiast, bo jeszcze i tutaj gotowi są nas wysiec!

* * *

Bolesław zarządził odwrót z Kijowa. Nie opłacił się on jednak jego mieszkańcom. Nim opuścił miasto złupił je z najcenniejszych rzeczy, przejął majątek księcia Jarosława, uprowadził w niewolę jego siostry wraz z wyłapanymi bojarami i mnóstwem ludzi. Przedsławę zabrał jako nałożnicę. Wszystko to uzasadniał prawem wynagrodzenia wojennego, którego nie doczekał się od Światopełka. Wycofywanie odbywało się w należytym porządku i bynajmniej dla osób postronnych nie wyglądało na ucieczkę.

W drodze powrotnej Bolesław ponownie przyłączył do Polski Grody Czerwieńskie. Światopełk się przeliczył; nie miał pod ręką wystarczających sił zbrojnych, by temu przeszkodzić. Rusini poczęli obarczać go winą za wszystkie nieszczęścia, jakie na nich spadły. Wyczekiwali powrotu Jarosława w nadziei, że zaprowadzi w Księstwie Kijowskim ład i porządek.

ROZDZIAŁ XXI
NIEPOKOJE (lata 1019 - 1021)

Książę Bolesław wszelkie sprawy związane z Wieletami i Obodrzycami powierzył synowi. Do Mieszka skierowano więc wiadomość, że delegacja Wieletów, której przewodził znany mu Brosław, przybyła pełnomorską łodzią do Gdańska, a stamtąd Wisłą do Włocławka. Zatrzymali się w grodzie, nie wiedząc, w którą stronę teraz się udać. Następca tronu często bowiem objeżdżał kraj; szeptano, że dlatego, by jak najdalej być od Rychezy. Mieszko przebywał aktualnie na Mazowszu w Wyszogrodzie; po Wieletów wysłał łódź z wojami pod komendą Czębora.

Statek o bogato rzeźbionym dziobie i rufie ze znakami Związku Wieleckiego wzbudził sensację wśród okolicznych mieszkańców. Spora ich grupa przypatrywała się jak wypływał w towarzystwie książęcej łodzi rozwijając duży, barwny żagiel. Łagodny wiatr i pogodny letni dzień zapowiadały przyjemną podróż.

Czębor zaprosił Brosława na swój pokład. Ciekaw był nowin ze swojej dawnej ojczyzny. – A to co za przeszkoda? – odezwał się w pewnej chwili zdziwiony i zaniepokojony widokiem łodzi obsadzonej sporą załogą, zmierzającą wprost na nich.

Wojowie patrzyli z uwagą; kilku dyskretnie sięgnęło po łuki. Po chwili ujrzeli jak jedna z osób wstaje i wyciąga dłoń w geście prośby o zatrzymanie się.

Czębor zmrużył oczy i wytężył wzrok. Dostrzegł białe szaty i długie opadające na ramiona włosy stojącego. – Ejże! Na Bogów, to żerca! – krzyknął. – Taki odważny? Toż my jeszcze na terenie Polan. Czego mogą od nas chcieć?

Zatrzymali się niemal dziób w dziób. – My rodzimowiercy! – zawołał żerca. – Wiemy, kim jesteście. Czekamy tu na was. Prosimy i błagamy o wysłuchanie. Zapraszamy na brzeg. Niewiele czasu zajmiemy.

– Żercy należny jest szacunek, ale też nie sztuka przebrać się w taki strój – burknął podejrzliwie Borko. Zerknął instynktownie na leżący przy nim topór. – Chociaż… – zawahał się – takich włosów na poczekaniu się nie zapuści…

– Mamy poważanie dla rodzimowierców – odkrzyknął w odpowiedzi Czębor. – I chętnie przy każdej innej sposobności byśmy pogawędzili, lecz teraz spoczywa na nas powinność bezpiecznego dowiezienia poselstwa do księcia Mieszka. Więc skoro wiecie kim jesteśmy i kogo wieziemy, to jaką mamy gwarancję, że z poduszczenia chrześcijan nie szykujecie na nas zasadzki? Dziwna to śmiałość tak oficjalnie występować w szacie żercy. Może cię do tego przymuszono?

Zapanowała cisza. Żerca pochylił się do pozostałych; wymienili ze sobą uwagi. Wreszcie się wyprostował i zwrócił do Czębora:

– Istotnie, panie, po chrześcijanach wszystkiego można się spodziewać i macie prawo do takich obaw. Zatem nie zapraszamy na brzeg, gdzie mieliśmy zamiar zgotować wam mały poczęstunek. Tu zaś, jak widzicie, ludzie są nieuzbrojeni. Ale byście pozbyli się wszelkich obaw, trudno, sam jeden mogę przejść na waszą łódź i przedstawić sprawę w imieniu pozostałych.

– Ci pozostali wyglądają mi na kmieci – zwrócił się do Czębora Brosław. – Nie sądzę, by posiadali jakąś broń. Może istotnie mają coś ważnego do przekazania? Pozwól mu przyjść do nas.

Czębor skinął głową przyzwalająco. Opuszczono żagle. Podpłynęli do siebie burtami. Woje na wszelki wypadek sięgnęli po włócznie i miecze. Żerca ostrożnie przemieścił się na ich pokład. – Sława rodzimym Bogom! – wyciągnął dłoń w geście powitania.

– Sława! – odpowiedzieli Czębor z Brosławem, a za nimi pozostali wojowie.

* * *

Mieszko, oparty na łokciu o drewnianą balustradę, wysłuchiwał Wieletów. Co pewien czas zerkał na panoramę roztaczającą się poniżej niewielkiego gródka, gdzie lekkie zakole Wisły przybierało – w miarę zachodzącego słońca – migocące srebrem kolory czerwieni. Wieczór zapowiadał się ciepły; poprosił służbę o rozłożenie stołu i krzeseł na powietrzu. Obok niego siedział dziesięcioletni już Bolko. Dumny był z przywileju, że ojciec pozwolił mu być obecnym podczas rozmów z posłami. Braki w latach nadrabiał przybieraniem poważnych min. Co rusz podpierał się demonstracyjnie pod bok, przy którym zawieszony miał niewielki miecz w ozdobnej pochwie, z zamiarem, by dorośli mogli ową broń dostrzec. Wyglądało to na tyle zabawnie, że Mieszko, ilekroć na niego spojrzał, z trudem tłumił uśmiech.

– No cóż, książę – tłumaczył Brosław, który najczęściej zabierał głos. – Stało się. Chrześcijańskie kraje nie mogły pogodzić się z powrotem Obodrzyców do rodzimej wiary. Ci zaś dopiero co organizowali się po ostatniej niewoli. Najpierw uderzył na nich król duński Kanut i zadał dotkliwą klęskę. On dodatkowo obawiał się niezależności ich państwa. Potem z tego jeszcze większego osłabienia skorzystali Sasi i dokonali reszty. Książę Bernard saski przymusił kniaziów obodrzyckich, by przybyli na naradę do Wierzbna, gdzie zjawił się sam cesarz. Obłożono ich nowym podatkiem. Musieli na tę chwilę ulec. Zażądano też przywrócenia chrześcijańskiego kultu, ale tu nie poszło po myśli Niemców, zwłaszcza ich biskupa hamburskiego. Trafili na zręcznych negocjatorów, kniaziów Uniedroga, Gniewosza i Przybigniewa. Dwaj pierwsi to zdeklarowani rodzimowiercy, a Przybigniew tylko dla pozoru jest chrześcijaninem.

– Hm... trudna sprawa – westchnął Mieszko. – Chociaż była do przewidzenia. Obodrzyci jawnym buntem przeciwko chrześcijaństwu dali wrogom znakomity powód do interwencji. Wspominaliście jednak, że i wam Kanut przetrzepał skórę, czy tak?

– O nie, panie! – Brosław żywo zaprzeczył; reszta Wieletów też się na te słowa poruszyła. – Źle nas zrozumiałeś! Tylko próbował, ale go odgoniliśmy. Gorzko to popamięta! Już żałuje!

– Żałuje?

– Czy wiesz, książę – wtrącił się do rozmowy Czębor – co znaczy słowo „wiking"?

– No przecież. Tak nazywano niegdyś Normanów wyprawiających się na łupieżcze wyprawy, które oni w swym języku nazywali właśnie „wiking". Czemu pytasz?

– Otóż to. Próbowali tego niegdyś na nas, Wieletach, ale połamali sobie zęby i woleli później pokornie z nami handlować. Za to Wieleci zaczęli ich podpatrywać. Na przykład zerkać na ich długie łodzie. Z jakim rezultatem? Sam oceń przyglądając się pełnomorskiej jednostce, którą przypłynął Brosław ze swoimi towarzyszami. Teraz nasze słowiańskie łodzie są od ich wytrzymalsze i szybsze. To po pierwsze. A po drugie... Wieleci oddają im pięknym za nadobne, to znaczy sami teraz wyprawiają się na wiking. Łupią wybrzeża i wyspy Danii. Ba! Kontrolują cały zachodni Bałtyk i cieśniny oddzielające Danię od Norwegii.

– Norwegów też łupimy! – zaśmiał się któryś z Wieletów. – To ich odstraszy od sięgania po nasze ziemie.

– Niemniej, panie – znów włączył się Brosław – przybyliśmy do ciebie, byś przekazał naszą prośbę wielkiemu księciu, a twojemu ojcu, żeby drogami dyplomatycznymi wyraził swe oburzenie wobec króla Kanuta i jego poczynań. Wszak to wszystko jest skutkiem jego zachowań.

– W tej akurat kwestii możecie na mnie liczyć. Przekażę. To nasz obopólny interes. Tyle że sami borykamy się z narastającymi zewsząd problemami… – Mieszko sposępniał. – Książę Oldrzych ze swoim synem i Węgrami, korzystając, że nasze wojska skoncentrowane były na wschodzie, opanował Morawy. Pojmanych Polaków i naszych sprzymierzeńców sprzedał w niewolę Stefanowi węgierskiemu. Teraz znów zagraża nam książę Jarosław. Z powodu mojego szwagra – skrzywił się – zamiast dobrosąsiedzkich stosunków, jesteśmy z Rusią w ciągłym stanie wojny!

– A, właśnie, książę – wtrącił któryś z posłów. – Starszyzna prosiła, byśmy spytali co się obecnie dzieje u waszych wschodnich granic?

– A dzieje się, dzieje. Prawda, Mojsław? Naświetl naszym sprzymierzeńcom sytuację. Śledzisz ją na bieżąco.

– Tak mi kazałeś, panie. Ale jest to w interesie mojego Mazowsza. Powiem wam zatem tyle, że Jarosław po klęsce i ucieczce do Nowogrodu nie poddał się. Może się i chwilowo załamał, bo chciał uciekać za morze do Waregów, ale Nowogrodzianie odwiedli go od tego pomysłu. Zaklinali się przed nim, że chcą jeszcze z nami i ze Światopełkiem walczyć. Porąbali Jarosławowi łodzie, aby nie mógł odpłynąć i poczęli zbierać pieniądze na zaciężnych. Zebrali ich tak wiele, że zaciągnęli za nie mnóstwo Waregów. Jarosław ruszył wówczas z dużą armią na południe. Światopełk po tym, co naszym uczynił, nie mógł liczyć na pomoc Polaków i wolał zbiec do Pieczyngów. Jarosław bez walki na powrót zajął Kijów. Odtąd już wszyscy Rusini mieli Światopełka serdecznie dość!…

– Siłą sprawczą jednak wszystkich poczynań – pozwól kniaziu, że się wtrącę – włączył się do rozmowy Drzymała – są Nowogrodzianie. Żyją z handlu i obawiają się, że przez nas utraci na znaczeniu dnieprzańska droga handlowa, a Normanowie skierują się przez Szczecin i Gdańsk na szlaki prowadzące przez nasz kraj.

– W każdym bądź razie – ciągnął Mojsław – Światopełk jeszcze raz spróbował szczęścia – zaatakował Jarosława na czele wojska składającego się głównie z Pieczyngów. Nad rzeką Altą doszło do bitwy, no i… po raz już niewiadomo który został pobity…

– I po raz niewiadomo który – zaśmiał się pogardliwie Mieszko – uciekł. Gdzie? Oczywiście do nas! Tyle że Chrobry – jak zaczynają zwać mego ojca od czasu wyprawy kijowskiej – już nie życzył go sobie w naszych granicach. Rad nierad ruszył więc dalej, kierując się do Czech. Są tacy, co mówią, że tam, opętany przez biesa, zakończył życie. Ale wszystko wskazuje na to, że doścignęli go i zamordowali Waregowie Jarosława.

– Krótko mówiąc książę Jarosław wspinając się po łbach Waregów znów sięgnął władzy? – Brosław z uznaniem kiwał głową. – Ponoć w ogóle Księstwo Kijowskie dzięki nim powstało. Prawda to?

– I tak i nie – odpowiedział Mieszko. – Normanowie to dobrzy wojownicy, ale słabi z nich organizatorzy. Słowianie odwrotnie, dobrzy organizatorzy, ale wolą żyć w pokoju, uprawiać rolę i rzemiosło, niż parać się wojaczką. Szybko spostrzegli, że na toporach i mieczach Normanów łatwiej i bez zbytniego narażania siebie zbudują swoje państwa. Toporem i mieczem zostało wyrąbane Rusinom ich księstwo. Dobre z Normanów mięso na ofiarę dla Boga wojny. Mój dziad też chętnie się nimi posługiwał w budowaniu Polski i bronieniu jej granic. Podobnie mój ojciec, chociaż na mniejszą skalę. Ale rządzenie i administracja krajami to już nie na ich poobijane i bogate w guzy głowy.

– Zatem potomkowie Jarosława nie będą mieli tak tęgich głów jak on sam – zaśmiał się Witoń.

– A to czemu? – zdziwili się Wieleci.

– Nie wiecie? Jarosław poślubił niedawno Ingeborgę, córkę Olafa szwedzkiego.

Roześmiali się. Mieszko dał ręką znak dla służby; część oficjalna zakończona, przyszła pora na wieczorną biesiadę. Wszczęła się krzątanina: ustawiano stoły i ławy na wysuniętym w kierunku rzeki tarasie. Na stołach pojawiły się potrawy i trunki. Schodzili się zaproszeni dworzanie i zasłużeni wojowie. Na czele z Dobrą i Jagodą przybyły niewiasty, a wraz z nimi grajkowie, by wzbogacić ucztę muzyką. Płonące łuczywa rozjaśniały wszystko wokół. Jedzono, pito i bawiono się znakomicie do późna.

Brosław, rozochocony trunkami, zaczął opowiadać biesiadnikom anegdotę związaną z synem czeskiego księcia Oldrzycha – Brzetysława, o którym głośno było ostatnio w Niemczech:

– Brzetysław nasłuchał się o niezwykłej urodzie pewnej mniszki imieniem Judyta z klasztoru w Schweinfurcie. Wkrótce okazało się, że była ona jedynaczką, córką księcia Wschodniej Frankonii. Z samych tych opowiadań zapałał do niej miłością.

– Pierwsze słyszę o takiej miłości – Jagoda wzruszyła ramionami.

– A ja nie – wtrącił cierpko Mieszko.

– Nie? – spytały jednym głosem Dobra z Jagodą.

– Nie, ale o tym na koniec. Słuchamy cię, Brosławie, mów dalej.

– No więc biedak rozważał: czy prosić jej ojca o rękę, czy – jako że to mniszka i trudno by tu o dyspensę – lepiej jej po prostu nie porwać? Myślał, myślał, wziął pod uwagę nadętą pychę Niemców i… zdecydował się na drugi wariant. Rozkazał tym, o których wiedział, że można na nich polegać, a przy tym skorzy są do bitki, by przysposobili do podróży wytrzymałe na trud konie. Udał, że ma coś pilnego do przekazania cesarzowi. Wojowie wykonali rozkaz, lecz nie wiedzieli co ich pan zamyśla. Blisko tydzień zajęła im podróż do klasztoru. Nakazał, by pod żadnym pozorem nie dali poznać kim jest i odnosili się do niego jak do równego sobie. Czy tak do końca nie wiedziano kim jest, nie wierzę, bo o dziwo tylko jemu pozwolono przenocować na terenie klasztoru, natomiast pozostali spali w namiotach pod jego murami. Doskonale był poinformowany o zwyczajach tam panujących i tak wycelował swój przyjazd, by jego pobyt przeciągnął się na niedzielę. W ów dzień mniszki wychodziły z klasztoru do kościoła, aby na jego środku dzwonić dzwonkami. Po kiego? Chyba, by poprzeganiać z kątów złe moce, których w tamtych przybytkach nie brakuje. Wśród nich ujrzał wreszcie swą upragnioną. Nie zgaduję po czym poznał, że to ona, nie widząc jej wcześniej na oczy, a i teraz niewiele, bo szczelnie była zakwefiona? W każdym bądź razie wyszedł naraz z ukrycia, porwał dziewicę i w nogi. Dobiegł do bramy, a ta zamknięta i przeciągnięta łańcuchem grubszym niż powróz młyński! Ale cóż to dla naszego chwata – przeciął go swym ostrym mieczem jak źdźbło trawy!

– Noo, tu już przyjacielu zmyślasz – zaśmiał się Witoń.

– W to akurat też nie wierzę, powtarzam tylko co Niemcy powiadają. Brzetysław zdołał uciec w ciemnościach z porwaną panną i zaledwie garstką swoich. Pozostałych jego kamratów schwytano i surowo ukarano: jednych oślepiono i obcięto im języki, drugim odrąbano ręce i nogi tak skutecznie, że natychmiast wyzionęli ducha. Dotarł do Pragi i tam poślubił Judytę. Oldrzych pobłogosławił młodożeńców i wysłał prosto na Morawy. Chciałoby się dopowiedzieć: żyli długo i szczęśliwie, ale na to trzeba będzie jeszcze poczekać. Oto i cała historia.

– Na Morawy? – spytał któryś z dworzan. – Kiedy tak, to chyba pojmuję w czym rzecz.

– Ja również – odezwał się Mieszko. – Powiedziałem, że nie pierwszy raz słyszę o takiej miłości. Teraz powiem dlaczego. Otóż rzecz została w szczegółach ukartowana. To polityka. Jak już Brosławie nadmieniłeś, ojcem Judyty jest jeden z najpotężniejszych panów we Wschodniej Frankonii, czyli Austrii. Ród Judyty sprawuje rządy nad tą marchią. Oldrzychowi i Brzetysławowi chodzi o zabezpieczenie familijne zagarniętych nam niedawno Moraw. Natomiast rodzina Judyty woli mieć za sąsiada znacznie słabszego od nas Czecha. Innymi słowy małżeństwo Brzetysława z Judytą jest korzystne dla obu stron. A ci spośród towarzyszy Brzetysława, którzy zostali oślepieni i pozbawieni języków lub pomordowani, to najwidoczniej ci, którzy za dużo usłyszeli i widzieli. Na przykład: jak Brzetysław jednym cięciem miecza przecina grube żelazne łańcuchy? – zakończył kpiąco.

– Wybacz, książę – odezwał się Brosław, gdy zrobiło się cicho. – Też zdało mi się, że wiele z tych szczegółów to czyste bajdurzenie. Dziwiło mnie tylko, czemu Niemcy, z których przecież zadrwiono, tak chętnie dzielą się z nami tą anegdotą. Teraz pojmuję i przekażę naszym faktycznie ukryte w niej intencje.

Mieszko podumał chwilę, nie chciał jednak psuć nastroju. Zaklaskał na grajków, uniósł puchar; powoli wracał dobry humor. Jedynie Czębor nie dawał się skusić wesołości; co pewien czas zerkał poważnie na księcia. Mieszko szybko to dostrzegł, wreszcie spytał:

– Czębor, co cię gryzie? O co chodzi?

– Cóż, w trakcie podróży trafiła nam się pewna przygoda – odpowiedział zmieszany.

– Ach tak. Widzę po twoim obliczu, że cię raczej nie zachwyciła? To mi o niej opowiedz.

– Nie dzisiaj, wybacz. Nadmienię ci tylko, że zaczepili nas przedstawiciele ludu, a mówili, niestety, całkiem do rzeczy. Ale, jak powiadam – nie dzisiaj, kiedy z głów nam się kurzy i klimat nieodpowiedni...

– Niestety? Zgaduję zatem, że nie padły zbyt miłe słowa? I najpewniej pod adresem mego ojca?

– Jutro, Mieszku, jutro.

* * *

Rankiem Wieleci zorganizowali dzieciom Mieszka i Czębora frajdę – przejażdżkę statkiem po rzece. Bolko uprosił jeszcze, by dołączyli do grupy bliźniaków – Dalbora i Dalibora. Dobra jednak nie odważyła się, by córeczki, trzyletnia Samboja i dwuletnia Świetlana, weszły wraz z nią na pokład. Została na brzegu. Jagoda natomiast rad nierad zabrała się, bowiem jej dzieci nawet nie chciały słyszeć, że którekolwiek miałoby nie skorzystać z takiej okazji. Czębor, dumny, przedstawiał je swoim krajanom:

– Ci dwaj synowie to sześcioletni Zdziewit. Takie imię dostał po dziadku. To zaś czteroletni Swaromir…

– …takie imię dostał po wuju, nieprawdaż? – dopowiedział i roześmiał się Brosław. – Szanowanym przez nas kapłanie Swarożyca.

Czębor, mile połechtany, uśmiechnął się: – Otóż tak właśnie. A to jeszcze moja ukochana córunia, Tomiła – przygarnął ją do siebie i ucałował w czoło. – Skończyła już osiem lat i pomaga mamie poskramiać tych dwóch pędziskoczków.

– A to z kolei dwaj jedenastoletni bliźniacy Dalbór i Dalibór – przedstawił chłopaków Mieszko. – Ich ojciec zginął podczas ratowania mnie i Czębora z niemieckiej klasztornej niewoli. Niebywałe zuchy! Wiem, że kiedyś będę miał z nich dzielnych wojów.

Chłopcy z dumą i wdzięcznością spojrzeli na księcia. A potem, ku przerażeniu Jagody, wszystkie dzieci rozbiegły się po pokładzie: wychylały się przez burty, pytały o każdy element statku, pomagały podnosić kotwicę, wciągać żagiel na maszt, sterować. Śmiały się i żartowały razem z Wieletami. Jagoda, strwożona o rozbrykaną dziatwę, uśmiechnęła się z ulgą dopiero wówczas, gdy na powrót dotknęła stopami ziemi, a przede wszystkim doliczyła się wszystkich dzieci.

Podczas południowego odpoczynku Mieszko skinął głową na Mojsława; podeszli do Czębora: – Obiecałeś mi coś dzisiaj, nieprawdaż?

– Prawdaż, Mieszku. Nie dane na tym świecie zbyt długo się weselić.

– No to uchodźmy z oczu tym, którym dopisuje dzisiaj humor. – Wprowadził obu do przydzielonej mu gościnnej izby w niewielkim dworku tutejszego kasztelana. Wskazał na ławy; nalał do kubków miodu, po czym usiadł i utkwił w Czębora badawczy wzrok: – Słucham.

– Cóż... Wszyscy wiemy co się stało, gdy wielki książę, opuszczając ze znanych nam powodów Kijów, zaczął, wbrew sytuacji, zbyt otwarcie snuć swoje plany...

– Wiemy – przerwał mu Mieszko. – Wy zaś obaj wiecie, że w cichości serca nie ganię polskich wojów za ten bunt, chociaż ganię tych, którzy opuścili mego ojca w momencie, gdy musiał krwawo opędzać się przed Rusinami. Coś tu jednak pęka, skoro nawet wojowie zaczynają mieć dość wojowania. No, ale do rzeczy, Czębor. – Wskazał na pełne kubki.

Przypili do siebie.

Czębor gładził wąsy zbierając myśli: – Wojowie to jedno – zaczął. – Ale teraz dołącza do nich głosy niezadowolenia pozostała ludność. Burzą się nie tylko na twojego ojca, ale i na poczynania Kościoła...

– Ojciec poucza mnie, że to normalne w każdym kraju i nie należy się tym przejmować.

– Mieszku, po twoim głosie wiem, że tak nie myślisz. Otóż niemal siłą zatrzymali nas kmiecie liczący się w okolicach Włocławka. Ponieważ prowadziłem poselstwo Wieletów, więc na swą łódź pozwoliłem wejść tylko ich reprezentantowi, żercy. Prosił, bym jego słowa przekazał tobie.

– Żercy? No, ładnie! – Mieszko nasrożył brwi.

Odgadli, że to tylko poza.

– Ciesz się, Mieszku, że lud darzy cię szacunkiem i zaufaniem. Lojalnie informuje cię o tym, co lada chwila może się stać...

– Umiesz straszyć. Gadaj wreszcie o co chodzi!

– Wrze, Mieszku, wrze! Jeśli twój ojciec dalej będzie prowadził swą politykę... w garncu, zwanym Polska, pod naciskiem pary jego pokrywka: dworzanie, urzędnicy i chrześcijańscy kapłani – wylecą w przestwór jak z procy, co najwyżej majtając bezradnie nóżkami i wiecznie zachłannymi łapkami! Sam powiadasz, że myśl wielkiego księcia, aby stworzyć słowiańskie imperium to nierealna mrzonka. Jak on widzi utrzymanie w ryzach słowiańskich ziem za wysokimi Sudetami i Beskidem, czy na Pomorzu, które chętnie by się z Polską połączyło, gdyby nie chrześcijaństwo? Czy musiał zgwałcić Przedsławę? I musi ją nadal trzymać dla swych chuci? On, chrześcijanin?! Co w ten sposób chce udowodnić Jarosławowi? Tylko czekać jak Jarosław odegra się za te zniewagi, bo Księstwo Kijowskie to nie jakieś tam księstewko. Tymczasem na tych niechcianych granicach trwoni siły swoje i Polaków. Wrogo nastawia do waszego kraju – ale już i mojego – wielu sąsiadów! Lud szczodry jest w daninach, pocie, a i krwi, gdy chodzi o bezpieczeństwo ich granic, lecz nie tych wyimaginowanych. A tu co lud słyszy? Na obcych granicach Bolesław zakłada grody obronne, obsadza silnymi załogami i... ustanawia stróże. Zarządza nową daninę na utrzymanie tych grodów i ich załóg. Nową daninę w chwili, gdy pozostałe są już trudne do udźwignięcia, a na większości obszarów Polski wprost niemożliwą do uiszczenia! Rodzimowiercy też mają swoje racje i coraz głośniej i odważniej je wyrażają. Wspominają starodawne czasy, gdy każdemu żyło się dostatnio. Dają za wzór – wyobraź sobie! – nas, Wieletów. Bo w naszym kraju nie ma biednych, nie ma żebraków, ale też nie ma chrześcijaństwa. Bolesław zaś wyciska z ludu ostatnie krople potu stawiając kościół przy kościele i szczodrze je uposaża, zwłaszcza te katedralne. A zakładanie parafii? Czy wiesz Mieszku z jakimi wiąże się to kosztami? Z jakimi ciężarami materialnymi dla okolicy? Czy wiesz, co znaczy przekazanie darmo rozległych majętności, które z pokolenia na pokolenie należały do poszczególnych rodzin! A dziesięcina? A te niemądre posty, zwłaszcza czterdziestodniowy na przednówku, gdzie i bez niego ludność słania się na nogach? To, Mieszku, kazano bym tobie przekazał. Coraz głośniej i coraz powszechniej mówi się: Dość!...

ROZDZIAŁ XXII
POWSTANIE (1022 r.)

wypowiedziach brały górę emocje. Przyboczni z niepokojem śledzili zebranych. Zważali, by który nie przybliżył się do księcia na niebezpieczną dla jego zdrowia i życia odległość. Niby wiadomo – osoby mu życzliwe, zawsze jednak pozostaje obawa, że może pojawić się prowokator. Przedstawiciele opoli i grodów mówili jeden po drugim, ale ich żale na ogół się powtarzały. Mieszkowi z trudem przychodziło zachowywanie kamiennej twarzy i robienie wrażenia osoby bezstronnej; w głębi duszy zgadzał się z większością stawianych zarzutów. Zaskoczony był, że wiedziano, iż właśnie tędy będzie podążać w drodze na Ostrów Lednicki.

– Tymczasem – ciągnął kolejny mówca – ilekroć kmieć przybędzie ze skargą na wielmożę – co się dzieje? Jeszcze dobrze nie przedstawi sprawy, a już jest zastraszany, by nie ważył się bez przyczyny oskarżać! Jakby kmieć śmiał bez powodu oskarżać pana, od którego dzisiaj wielokrotnie zależy jego byt? I najczęściej kmieć wraca z niczym! Niekiedy jednak wina pana jest zbyt oczywista i tak wielka, że zasługuje na śmierć. Co wówczas się dzieje? Oskarżony zostaje łaskawie przyjęty przez księcia, zapraszany do stołu i dopiero po iluś tam dniach książę, jakby z musu, wszczyna wobec niego dochodzenie. Najczęściej znajduje okoliczności łagodzące i po udzieleniu skarcenia ułaskawia. Ale bywa i tak, że z powodu licznych zbrodni grzmi cała okolica i zbyt wiele osób czeka z niecierpliwością na ogłoszenie jedynego w takich okolicznościach wyroku. Istotnie, winny zostaje skazany na śmierć. Lecz cóż dalej?! Oto, co stało się w wypadku pewnych wyrodków, dzieci możnych, których imion nie muszę tu wymieniać, bowiem wszyscy je znamy. Rozleniwieni przez majętność pozyskaną po ojcu, zmarnowali ją prowadząc życie rozpustne. Kiedy zajrzała im w oczy bieda, do której nie przywykli, przedzierzgnęli się w zbójców, mordując i dopuszczając się gwałtów na publicznych drogach. Skazani zostali przez wielkiego księcia i jego doradców na śmierć. Ale wówczas małżonka księcia wstawia się za nimi i dzięki jej gorącym prośbom, niby z ociąganiem, zostają przez władcę ułaskawieni i puszczeni na wolność! Tak się to zwykle kończy, gdy chodzi o przybocznych naszego pana, członków jego drużyny i ich dzieci. Wielki książę, niby sprawiedliwy, skazuje. Lecz zawsze jego małżonka, dworzanie, drużynnicy błagają o litość, o przebaczenie dla skazańców. Bolesław się opiera, lecz w końcu się poddaje i okazuje winnym miłosierdzie, czyli puszcza ich wolno!

– Żeby to tylko tak! – wtrącił ktoś z boku. – Ale wielki książę po „ojcowskim napomnieniu" wręcza im jeszcze na drogę bogate stroje i podarunki. Nie trzeba dużej wyobraźni, by wiedzieć jak ci „skazańcy" mszczą się wówczas na tych, którzy ośmielili się wnieść przeciw nim skargę! Miłościwy panie, dłużej tak być nie może!

Przewijali się mówcy. Mijał czas; cienie drzew okalających sporą, wypełnioną ludźmi polanę wydłużały się. Mieszko odpowiadał w sposób ostrożny, wyważony. Postawiono go w wyjątkowo niezręcznej sytuacji.

Mimo że do wieczora sporo jeszcze brakowało, naraz zrobiło się szaro. Zgromadzeni poczęli zerkać na niebo, coraz to bardziej zasnuwające się granatowymi chmurami. Gdzieś w oddali dało się słyszeć pierwsze pomruki burzy. Mieszko poruszył się niespokojnie.

Widząc to zaniepokojenie wysunął się do przodu wiekowy starzec, który wcześniej otworzył zgromadzenie. Ten niegdysiejszy woj służący jeszcze pod dziadem Mieszka prawdopodobnie był organizatorem spotkania. Wszyscy odnosili się do niego z dużym szacunkiem.

– Książę i nasz panie – przemówił. – Wybacz, że tak nieoczekiwanie zabraliśmy ci czas. Do Lednicy jeszcze trochę drogi a zanosi się na burzę. Pora zatem, by uszeregować powody, które skłoniły nas, Polaków, do wywołania powstania. Jako były woj, a nie żerca, ograniczę się do tych, które nie mają związku z chrześcijaństwem. – Wsparł się na kosturze i śmiało spojrzał Mieszkowi w oczy. – Od zarania naszych dziejów budowaliśmy własne, rodzime prawa. Są one sprawiedliwe i nie potrzebują ulepszeń. Wystarczy, by je przestrzegano. Na ich straży stali mędrcy, starszyzna i książę. Teraz przewodzi naszemu ludowi wielki książę Bolesław, a twój ojciec, panie. Oczekiwaliśmy po nim tego, co po jego poprzednikach – by sprawował sądy sprawiedliwe. Tak się jednak nie stało! Sądy są surowe jedynie dla pospolitego ludu, a jeszcze surowsze, gdy ktoś z nich złamie któreś z chrześcijańskich nakazów. Zbyt długo to trwało i nie było odzewu na nasze skargi. W czasie, kiedy my już do granic wymęczeni przeróżnymi daninami, stróża przelała czarę goryczy. Kmiecie nie mają co dzieciom włożyć do ust. Ich potomstwo więdnie na oczach i ze słabości popada w choroby, często umiera. Tymczasem rodzice zmuszani są zaopatrywać w paszę i żywność coraz liczniej budowane grody nadgraniczne. Żeby to chociaż były nadgraniczne! Ale są one stawiane na obcych ziemiach, poza naszymi granicami. Mnożenie przez księcia Bolesława wrogów skutkuje tym, że grody te i ich załogi ciągle wymagają zaopatrzenia. Tymczasem Bolesław stawiając tamte, niepotrzebne nam, równocześnie burzy i zrównuje z ziemią setki rodzimych, plemiennych, pod pretekstem, że są one siedliskiem buntu. To nieprawda! Rządziły się one zdrowym, dawnym prawem i bynajmniej nie były nielojalne wobec panującego nam władcy...

Niebo rozświetlił zygzak błyskawicy; rozległ się głuchy, przeciągły grzmot.

– Wystarczy – Mieszko podniósł się. – Jeśli wielki książę burzy jakiś gródek, to najczęściej na jego miejscu buduje solidny gród. Natomiast jaki przykład wy dajecie?! Co ja widzę jadąc przez nasz nieszczęsny kraj? Oto zgliszcza po domach panów, oto zburzone lub spalone do cna przybytki chrześcijańskie! Wszczęliście wojnę domową! Mówicie o wrogach, których przymnaża mój ojciec? Ale czy jest coś gorszego od szukania wrogów we własnych ziomkach, ustawiając syna przeciwko ojcu, brata przeciwko bratu, przyjaciela przeciwko przyjacielowi? A postronni władcy? Nie bierzecie tego pod uwagę, że tylko czekają, byśmy wzięli się za łby? Niechybnie skorzystają z okazji, by zaatakować osłabiony na ten moment kraj. Owszem, widzę wiele racji w tym, co tu wobec mnie dowodziliście. I przekażę to memu ojcu. Zresztą... i bez was z tym właśnie celem zmierzam do Lednicy, gdzie wielki książę obecnie przebywa. Ale powtarzam, źle uczyniliście! Nie wykorzystaliście wszystkich narzędzi służących negocjacjom.

Mieszko ukłonił się zebranym i skinął na sług. Podprowadzono mu konia. Wskoczył na jego grzbiet, spiął boki ostrogami i zmusił do galopu. Towarzyszący mu przyboczni i orszak w pośpiechu pozbierali się i pognali za panem.

Stanęli przed Lednicą przemoknięci do cna. Burza szalała w najlepsze. Strażnicy, w obawie przed powstańcami, nieufnie wychylali się przez blanki; dopiero gdy na czele orszaku dojrzeli Bolesławowica, czym prędzej otworzyli bramę.

* * *

Mieszko, znalazłszy się w palatium, skierował kroki do swojej komnaty, niegdyś rezydencji Rychezy. Zrzucił przemoczone ubrania, sięgnął do skrzyni po nowe; przebrał się. Wyszedł na poszukiwanie ojca. Straż, gdy spytał o niego, zrobiła dziwne, zakłopotane miny; wskazała w milczeniu na drzwi pobliskiej komnaty. Sądził, że owo zmieszanie wynika z tego, iż ojciec jest w niedyspozycji i wymaga spokoju. Zaaferowany tym, co go spotkało w drodze, nacisnął klamkę bez pukania.

Uchylił drzwi i... zastał ojca w niedwuznacznej postawie z Przedsławą. Księżniczka, bardziej niż skąpo ubrana, wyrwała się na jego widok z objęć Bolesława, okryła błyskawicznie płaszczem i bez słowa szybkim krokiem opuściła pomieszczenie. Mieszko, acz przez chwilę, mógł ją wreszcie zobaczyć, i to... w całej okazałości. Rzeczywiście, była piękna. Jakiż kontrast! Młode, zwinne, długonogie ciało naprzeciw opasłego, starego zbereźnika. Zrobiło mu się nieprzyjemnie. Przypomniał sobie wszystkie epitety, jakimi ojca obrzucali Rusini i Niemcy, właśnie z powodu tej lubieżności. Poczuł za niego wstyd.

Bolesław, zmieszany, ogarniając się wskazał synowi miejsce. Mieszko usiadł. Przyglądał się twarzy ojca. Zwykle nalana, czerwona, teraz jakby zmizerniała, pożółkła, z podkrążonymi oczami i obwisłymi policzkami. Słyszał, że co rusz wzywa medyków, lecz w obliczu postronnych nadrabia miną i pozuje na silnego, czerstwego mężczyznę i władcę. „I jeszcze te wyczyny!" – ironizował w duchu.

– No, co tak się gapisz?! Jakbyś nie wiedział do czego służą dziwki? – rzekł Bolesław, siląc się na beztroski śmiech. – Niedaleko pada jabłko od jabłoni, ale widać, że niedaleko jest jabłoń od jabłka. Mamy ze sobą wiele wspólnego. Ty do swej dziwki wędrujesz na Mazowsze, a ja tu, do Lednicy. Zresztą, pierwszy wpadłeś na pomysł z Lednicą, gdyś umieścił tu na długo Rychezę.

– Od kiedy to księżniczki określa się tym mianem, ojcze? I nie obrażaj mnie i Dobrej, bo to moja prawowita żona, a z Ryksą nie sypiam. Ty się tu zabawiasz z Rusinką, a tymczasem na zewnątrz wrze! Siłą mnie powstrzymali przedstawiciele ludu, gdym udawał się do ciebie w tej właśnie sprawie. Nie, żeby mi uczynić krzywdę, lecz by pożalić się na ciebie, Kościół i powszechne łamanie praw przez tych, którzy powinni stać na straży ich przestrzegania! To, co się tu dzieje na Lednicy, też chwały ci nie przynosi, ojcze, a jedynie rozpala gniew łacinników. I nie chodzi bynajmniej o Przedsławę, bo księża są niezmiernie wyrozumiali w tych sprawach, gdy dotyczą one głów królewskich, książęcych i ich samych... Nie mogą natomiast strawić, że z Lednicy uczyniłeś jakby dom misyjny dla Kościoła greckiego. Powiadają, że chcesz zarzucić obrządek łaciński i na odmianę przymusić lud do przyjęcia obrządku greckiego. Ledwo przyjechałem a natknąłem się na kilku popów. Ponoć sam Anastazy z kijowskiej Dziesięcinnej Cerkwi tu przebywa i czuje się jak we własnym domu.

– No, no, synu. Nie tak ostro! – w miarę tych słów Bolesława ogarniała złość. – Dla Niemców my zawsze będziemy na wschodzie. Więc może dobrze, jeśli Wschód ze Wschodem przynajmniej na tej płaszczyźnie dojdą do jakiegoś porozumienia, nie uważasz? Warto ich trzymać w zanadrzu, gdyby raz jeszcze zachciało mi się zawładnąć Kijowem – zaśmiał się ze swego konceptu.

– Po tym, ojcze, jak postąpiłeś z Przedsławą i co z nią nadal wyczyniasz, nie licz na to! Zresztą, Światopełk nie żyje, ustały powody, by kierować tam wzrok. Za to z powodu Przedsławy Jarosław ciągle u naszych granic. Na Anastazego też miej baczenie. Ten Grek to znany zdrajca. Niegdyś przystał na służbę do księcia Włodzimierza, pomagając mu w zdobyciu Korsunia, to znaczy popełniając zdradę wobec swych rodaków – wskazał Rusinom ukryty rurociąg doprowadzający wodę do oblężonego miasta. Wodę odcięto i Korsuń musiał się poddać. Potem zdradził Rusinów na twoją rzecz, ojcze. Ale kto wie, czy nie jest to udawana zdrada i czy nie jest tu po to, by śledzić twe poczynania i informować o nich Jarosława?

– O ile z Kijowem oczywiście żartowałem, to w kwestii religii nie do końca – Bolesław wyprostował się. Znajomy Mieszkowi błysk w jego oczach dowodził, że było to przemyślane zamierzenie. – Nie minęły dwa lata jak papież Benedykt na polecenie cesarza zarządził synod w Pawii. Potępiono na nim żonatych duchownych i zarządzono celibat dla wszystkich, już nie tylko mnichów. Wyobrażasz to sobie?! Odtąd żaden ksiądz lub biskup nie ma prawa pełnić funkcji religijnych, jeśli nie porzuci żony i dzieci! Mniejsza o żony, te zawsze znajdują sobie pocieszycieli. Bardzo jednak ukrzywdzono dzieci z tych związków – odtąd mają stać się one niewolnikami przynależnymi Kościołowi, a ktokolwiek będzie ich uważał za ludzi wolnych, zostanie wyklęty.

– Słyszałem o tym. Tyle że nie wiem co to ma do rzeczy?

– A ma, ma. Do uchwalenia tych kanonów celibatowych zmusił papieża cesarz Henryk. Miał swoje powody. Wysocy rangą duchowni pełnią, jak wiesz, ważne funkcje w państwach. Do tych funkcji cesarz podczas inwesty-tury dodawał im rozległe posiadłości ziemskie, nieraz tak rozległe – zwłaszcza w Niemczech i Italii – że biskupi stali się władcami udzielnych księstw. Teraz zaś, po śmierci samotnego, pozbawionego rodziny biskupa, jego posiadłości na powrót wrócą do cesarza. Duchowni wiedzą, że te kanony nie mają w istocie podstaw biblijnych, tylko narzuciła im je polityka. Dlatego są oburzeni! Podzielili się grecy z łacinnikami, a kto wie, czy i sam Kościół rzymski teraz się nie podzieli? A jeśli dojdzie do podziału to osłabnie, a jeśli osłabnie to... no wiesz... Grecy mogą być górą. Cesarz zatem ma swoją politykę, czego ja nie mogę prowadzić swojej, hę?

– No, dobrze, ojcze. Ale to tylko margines sprawy, chociaż daje kolejny argument rodzimowiercom...

– Rodzimowiercy?! Zamilcz, synu! – Bolesław w jednej chwili poczer-wieniał z wściekłości. – Odkąd światem rządzi chrześcijaństwo – tacy jak ja, a w przyszłości ty – musimy je wspierać! I nie ważne czy wewnętrznie jest skłó-cone, czy biorą się za łby. Nie ma innej drogi, jeśli chcemy w obecnych czasach zachować państwo i swą władzę. Nie ma! I póki żyję nie pozwolę, by jakieś prostactwo wywlekało nam na powrót swe stare zabobony. Nie pozwolę, rozu-miesz?! – huknął pięścią w stół. – Zduszę, zduszę te dżdżownice co poczuły cie-pło i próbują wyłazić na powierzchnię! Rozdepczę je z pomocą moich wojów! Już to czynię. A ty przestań raz na zawsze być ich mentorem, bo jeszcze uznam ciebie za swego wroga, tak jak ci buntownicy chcieliby widzieć w tobie mojego przeciwnika!

* * *

Wokół wawelskiego dziedzińca stali w milczeniu bodaj wszyscy Bolesławowi dworzanie wraz z licznym duchowieństwem. Na środku wzno-sił się długi pomost z kilkunastoma szubienicami i ustawionym tuż obok nich pieńkiem. Pomost był szczelnie otoczony kordonem wojów uzbrojonych we włócznie. Ale teraz obecni częściej zerkali na księcia, a właściwie na znak, jaki miał dać.

Bolesław siedział wyprostowany, patrzył przed siebie ponuro: twarz ścią-gnięta, zastygła, surowa, tylko oczy gniewnie błyskały. Nie miał powodu czuć się inaczej. Arcybiskup Gaudenty, brat świętego Wojciecha, obłożył kraj interdyktem. Zamknięto na głucho nie tylko kościoły grodowe, ale nawet książęce kaplice. Powodów było kilka; oficjalnie z racji powstania antychrześcijańskiego, ale nieoficjalnie również z powodu tolerowania przez wielkiego księcia na swym terytorium zarówno Kościoła greckiego, jak i Kościoła słowiańskiego. Do tych nieoficjalnych „grzechów" dochodziło też utrzymywanie przez niego kochanki, o zgrozo – grekokatoliczki! Wieść o powstaniu docierała już do sąsiednich państw. Szczególnie zainteresowani w jego nagłaśnianiu byli cesarz i książęta niemieccy – im więcej będzie się mówiło o Polsce jako kraju pogańskim, tym bardziej usprawiedliwione będą podjęte przeciw niemu kroki wojenne. Nic dziwnego, że całe odium Bolesławowego gniewu spadło na rodzimowierców. Gdy tylko donoszono mu o wzniecanych przez nich gdziekolwiek tumultach, paleniu kościołów czy siedzib chrześcijańskich możnowładców, tam wysyłał swoje poczty drużynników, które krwawo rozprawiały się z ich uczestnikami. Ponieważ duchowni z jego otoczenia ostrzegali go, że takie skłonności do zarzucenia chrześcijaństwa mogą się pojawić nawet wśród jego najbliższego otoczenia, postanowił jedną z egzekucji zorganizować tu, na Wawelu.

Książę skinął głową. Straż więzienna wprowadziła na pomost powstańców wywodzących się z co znaczniejszych kmieci – dla nich przewidziano szubienice. Mimo że bladzi, nie histeryzowali, nie wydali z siebie ani jednego głosu; godnie stali, gdy kaci nakładali im na szyje pętle, zaciskając mocno wokół szyj. Kiedy po odczytaniu wyroku zawiśli, przyszła kolej na schwytanych powstańców spośród możnych, na ogół młodych ludzi – dla nich przewidziano ścięcie toporem. Zachowywali się podobnie. Rodzimowiercy głęboko wierzyli w reinkarnację, więc nie straszna im była śmierć. Na ich widok na dziedzińcu zapanowała przejmująca cisza. O ile kmieciów nie miano tu w zbytnim poważaniu, o tyle widok skazańców równego lub wyższego im stanu, robił na zgromadzonych duże wrażenie. Teraz w pełni zrozumiano, co może im grozić, gdyby zechcieli zejść na tę śliską drogę. I na ten właśnie efekt liczył władca. Spadała głowa po głowie męczenników za wiarę ojców wprost do przystawionych koszy, ukazując oczom widzów tryskające krwią bezgłowe szyje.

Bolesław zerkał ukradkiem po twarzach: im więcej widział w nich paraliżującego strachu, tym większą odczuwał satysfakcję. Zupełnie inne oblicza przedstawiali duchowni – niekiedy był to wyraz zawziętości, niekiedy satysfakcji; przeważał wyraz ulgi, nadzieja na niezakłócone jutro przynależne jedynej monoteistycznej religii.

ROZDZIAŁ XXIII
RODZIMOWIERCY (1023 r.)

Nacław, rozebrany do pasa, leżał na brzuchu sycząc, ilekroć młoda i zwinna znachorka, jedna z tych, które z racji wiedzy medycznej zwano wiedzącymi lub wiedźmami, smarowała mu starannie plecy czymś wyjątkowo piekącym.

– Wiedźminko, litości! – stęknął. – Bo jeszcze pomyślę, że Bolesław cię tu podesłał, niesyty tego, co mi uczynił.

Dziewczyna zaśmiała się i spojrzała figlarnie na siedzącego w pobliżu Gosława, przybocznego Mojsława; zawtórował jej.

– Wyobrażam sobie – odpowiedziała wesoło, prostując się i odgarniając z czoła niesforny kosmyk włosów – jak musicie się wydzierać na polu bitwy. Czy to dlatego zabraniacie niewiastom wstępować w szeregi wojów? – uśmiechnęła się dobrodusznie. – Musiałam to uczynić – spoważniała. – Trzeba odkazić. Sam wiesz, panie, co się działo z tymi ranami, gdyś tu przybył. Licho nie śpi, choć organizm silny siłą wieku. Jeszcze trochę cierpliwości. Zaraz przyłożę maść, która sprawi ci ulgę.

– Wiedźminko – wtrącił Gosław, przypatrując się z upodobaniem dziewczynie. – Żarty żartami, ale tak na poważnie to masz przed sobą mężnego woja, co wsławił się w walkach z Niemcami i Rusinami. Tyle że nabyte wówczas rany bitewne, a dzisiaj blizny, są widoczne na piersiach.

– I odwdzięczył mi się wielki książę – odburknął Nacław.

– No, właśnie. Żeś oberwał za rodzimowierców, to wiem, tylko nie rozumiem za co te cięgi, skoroś chrześcijanin?

– Prawda, chrześcijanin – odpowiedział Nacław. – Ale wówczas. Już nie dziś!… A historia tych wstydliwych, zaognionych ran, nad którymi znęca się wiedźminka jest raczej krótka. Bolesław wysłał mnie na czele niewielkiego oddziału w miejsce, gdzie zebrało się ponoć grono ludzi słuchających podżegaczy do buntu. Mieliśmy ich wypatrzeć, a potem wtargnąć na to leśne zgromadzenie, rozpędzić na cztery wiatry, a prowodyrów ubić. Zakradliśmy się i słuchamy. A tam żadni prowodyrzy, tylko przemawia siwy starzec, żerca.

Prawi o krzywdach, a tak do rzeczy i słusznie, że zdało mi się niegodne pol-skiego woja, bym miał go sam lub któryś z moich ludzi zabić. Na dodatek sta-rzec z wyglądu bardzo przypominał mego nieżyjącego już dziada, też zresztą wiernego rodzimowierstwu. Nakazałem po cichu odwrót. Drużynnicy zrobili to chętnie, bo i ich sumienie gryzło na samą myśl, że mieliby zrobić mu krzywdę. Aliści jeden z nich był na usługach Kościoła i rzecz się wydała. Bolesław zarzą-dził, by publicznie mnie oćwiczyć wraz z kilkoma innymi wojami z jego dru-żyny, którzy mieli podobne wątpliwości. No i natychmiast zostałem zwolniony ze służby. Kazał zabrać żonę, dzieci i zniknąć mu z oczu na zawsze. Witoń poradził mi wówczas, bym udał się do was, na Mazowsze, gdzie już wcześniej książę Mieszko, na wszelki wypadek, nakazał przenieść się Częborowi i jego Wieletom.

Ze słów Nacława wyzierała tak wielka gorycz, że dziewczyna, zasłuchana, zamarła w bezruchu zapominając o swej powinności.

– Tak też zrobiłem – ciągnął. – Tyle że w drodze zaczął mi mocno doskwie-rać nasilający się ból pleców i dostałem wysoką gorączkę, bo oprawcy celowo moczyli knuty w gnojówce. Pod wpływem zasłyszanych słów żercy począłem też stopniowo uzmysławiać sobie, że moją religią jest ta, w której rodzili się i umierali nasi ojcowie i dziadowie. Chociaż – dodał po chwili – niewiele o niej wiem...

Gosław otrząsnął się z zadumy: – Teraz rozumiem, czemu Mojsław kazał mi iść po ciebie i zaprowadzić na spotkanie z żercą. Za wolą Władywoja i Dobrej uczy on regularnie Bolka naszej wiary. Młodziutki kniazin nad wyraz chętnie nadstawia ucha na te nauki i sam pilnuje terminów spotkań.

Dziewczyna drgnęła: – Wybacz, panie, zasłuchałam się – wyszeptała prze-praszająco. Na powrót pilnie zajęła się pacjentem. – No i gotowe – odezwała się po dłuższej chwili, przerywając przykrą ciszę. – Ale jutro też koniecznie zajdź. Zmienię opatrunek i przygotuję mieszankę ziół, którą będziesz pić w kolejnych dniach.

– Przyjdziemy – pomachał jej na odchodne Gosław.

– Przyjdziemy? A ty tu po co?! – wiedźminka wzięła się pod boki. Próbowała nasrożyć brwi, ale zamiar się nie powiódł, za to twarz oblał wiele znaczący rumie-niec. Odwróciła się czym prędzej i bez słowa przeszła do sąsiedniej izby.

– No, no – Nacław mrugnął znacząco, gdy minęli chatkę dziewczyny i wąską ścieżką zanurzyli się w las. – Nie jesteście sobie, jak zauważyłem, obojętni. Zgaduję?

– Zgadujesz, Nacławie, ale w połowie. Żywia, bo tak ma na imię, rozmiłowana jest, i owszem, tyle że w ziółkach.

– Jedno nie przeszkadza drugiemu.

– Niestety, przeszkadza – Gosław westchnął ciężko. – Jaga, staruszka i sławna w okolicy wiedźma zapowiedziała, że przekaże swą wiedzę tylko tym, które w zamian ślubują zachować panieństwo. Odstraszyło to większość dziewcząt, ale nie Żywię, od dzieciństwa lubującą się w zbieraniu ziół, no i... ślubowała – ponownie westchnął.

– A czemuż tak ciężki warunek? – Nacław przystanął zdziwiony.

– A temu, że staruszka powiada, iż uczyć przyszłe mężatki to strata czasu. Mąż, dzieci, dom, obowiązki domowe – wszystko to nie pozwoli na zgłębianie tajemnic uzdrawiania, zbieranie ziół i leczenie chorych na każde zawołanie.

– Hm... jakaś racja w tym jest. Ale... przeciem nie głupi. Widziałem twarz wiedźminki i przysiągłbym, że i ona wyraźnie coś czuje do ciebie.

– Po prawdzie to tak... Ślub jednak zobowiązuje.

– Ee tam. Umrze stara, a wraz z nią i ślub straci moc.

– Nie straci – Gosław posmutniał. – Nie straci. Ona nie Jadze, a Kupale ślubowała.

– Kupała to przecież święto?

– Owszem, święto. Zresztą będziemy je za kilka dni obchodzić. Ale zwie się tak od imienia Bogini wiedzy medycznej. Stąd Kupałę nazywamy również Boginią Zielną. Więc sam wiesz... A z Bogów i Bogiń nie należy żartować.

– I nie ma na to żadnego sposobu? Nie można takiego ślubu rozwiązać?

– Niby jest, ale... – Gosław zamilkł; z rezygnacją machnął ręką i pomarkotniał.

* * *

Na świętym, okolonym lasem uroczysku, równo na jego środku rósł od niepamiętnych czasów dąb – potężny i rozłożysty. W pewnej odległości od tego drzewa, lecz jeszcze w zasięgu jego cienia, ustawionych było kilka ław wyrzezanych z pojedynczych drewnianych klocków. Na najbardziej okazałej siedzieli Władywoj z Mojsławem, między nimi Bolko. Część pozostałych ław zajmowało kilku młodzieńców, synów co znamienitszych mężów Władywojowego dworu.

Osobno, na kamieniu, zwrócony do nich twarzą, zasiadał dostojny białogłowy starzec – żerca; coś tłumaczył. Na widok nadchodzących Gosława z Nacławem zamilkł, przyglądając się z zainteresowaniem temu drugiemu. Najwyraźniej został poinformowany o jego wizycie. Przybyli oddali mu pokłon z szacunkiem, w podobny sposób pokłonili się kniaziom. Mojsław przytknął palec do ust i oczami wskazał im na pustą ławę w pobliżu. Usiedli.

Żerca, wyciągnąwszy dłoń w stronę dębu, kontynuował po chwili: – Oto drzewo poświęcone Swarożycowi, Perunowi i pozostałym Bogom. Czemu ono? Bo na jego przykładzie łatwiej jest nam objaśnić i opisać istotę Wszechświata – świat widzialny, i ten niewidzialny, stanowiący domenę Bogów. Bo w jego wielkości, sile i latach widać moc i odwieczność Bogów. Sam Perun, uderzając najczęściej swymi płomienistymi włóczniami właśnie w dęby, ukazał jaki rodzaj drzewa uważa za godny, by stanowił dla nas – kapłanów i pozostałych rodzimowierców – obraz wszechrzeczy. Nie oznacza to bynajmniej, jak zarzucają nam chrześcijanie – mimochodem zerknął na Nacława – że oddajemy drzewu cześć boską. My oddajemy cześć i szacunek temu, co ono symbolizuje. Podobnie, gdy w modłach zwracamy się w kierunku Słońca, to nie po to, by je wielbić, lecz okazać w ten sposób cześć temu, który nim zawiaduje – Synowi Bożemu Swarożycowi, opiekunowi rodzaju ludzkiego i całej Ziemi. Mówię i często to powtarzam – powiódł wzrokiem po słuchaczach – że na przykładzie drzewa najłatwiej przedstawić stworzoną przez Ojca Wszechświata – Swaroga – oś przenikającą trzy sfery tegoż wszechświata: niebo, ziemię i krainę zmarłych.

Najwyżej – co odpowiada koronie drzew – znajduje się niebo i zamieszkujący je Bogowie. W nim też umiejscowiony jest Raj, przez niektórych zwany Wyrajem – dziedzina duchowego bogactwa i szczęścia. Ale o tym za chwilę. Pień drzewa to nasz świat – ludzi, zwierząt i roślin. Świat ziemski, materialny, widzialny. Natomiast korzenie drzewa, a więc ta jego część, która jest niewidzialna, to świat dla nas najmniej znany i rodzący wiele pytań, często bez odpowiedzi – świat tych, którzy zakończyli życie na ziemi, kraina umarłych. Tak więc wszechświat składa się zasadniczo z trzech elementów: Prawii, Jawii i Nawii.

Niebiańska Prawia, dziedzina Bogów, to równocześnie siła, która nadała prawa Wszechświatu, a tym samym i nam – to od niej wywodzi się słowo „prawo".

Jawia, czyli „to, co jawne", to nasze „tu i teraz", nasza obecna, widzialna egzystencja, nasza rzeczywistość.

I jeszcze pozostaje Nawia. Otóż kiedy giniemy lub umieramy nasze ciało przeistacza się stopniowo w proch, bez względu czy spocznie w ziemi, czy oddane zostaje płomieniom. Lecz temu procesowi śmierci nie podlega nasza jaźń, nasza dusza. Ta wędruje do Nawii. Tam opiekujący się tą krainą Bóg Weres dokonuje wstępnej oceny każdej przybyłej duszy na podstawie jej karmy – sumy dobrych lub złych myśli, słów i uczynków. Myśli najmniej ważą, słowa znacznie więcej, ale największą wagę mają uczynki. Z tą wiedzą odsyła duszę do Raju, ale nie każdą. Jeśli bowiem jakiś człowiek za życia popełnił zbyt wiele zła, musi na jakiś czas powrócić na ziemię jako zjawa i tułać się po niej, by odkupić swe winy. Potem i ona dostaje się tam, dokąd z Nawii wędrują wszystkie dusze – do Raju. Raj – jak wspomniałem – stanowi część Prawii, gdzie dusze przebywają dopóty, dopóki Bogowie nie zadecydują o ich powtórnych narodzinach: czy mają się narodzić we własnym rodzie, plemieniu, kraju, a może wśród zupełnie innych, obcych jego przodkom ludzi? Dusze są jak ptaki, które przylatują, by założyć nowe gniazda lub zasiedlić stare. Potem odlatują i… znów przylatują, w wiecznym i powtarzającym się cyklu – kole życia. Dlatego zwykłym ludziom, którym lepiej utrwala się w pamięci obrazujący coś symbol, najłatwiej jest sobie wyobrazić, że ptaki – wiosną bociany, zimą kruki – przybywają z tymi duszami, by wstąpiły one do łon obcujących ze swymi mężami kobiet…

Żerca, prowadząc wykład, wchodził jakby w trans; jego wzrok sprawiał wrażenie, że ogląda owe światy, o których mówi. Wreszcie zakończył swoje wywody, przywrócił wzrok rzeczywistości i począł z uwagą przyglądać się zebranym. – Tak więc – po dłuższym milczeniu przeszedł do podsumowywania tematu, ponownie wskazując dłonią dąb – w drzewie najpiękniejsza jest jego korona okryta listowiem, które – gdy się wsłuchamy – przemawia do nas delikatnym, tchnącym boską energią szeptem. Ukryte w niej ptactwo też raduje nas swym śpiewem. Niemniej trudno nam przebić się wzrokiem przez ów gąszcz listowia. Podobnie jest z niebem, siedzibą Bogów. Słyszymy ich głosy, pouczenia, obecność, odczuwamy ich stwórczą radość, niby śpiew ptaków – ale zbyt głęboko wzrok się nie przebije. Najbardziej jednak szczelna, nieprzenikniona jest Nawia, chociaż niekiedy Weles stara się żercom coś z niej przekazać, nazywamy ich wówczas nawiedzonymi. Oba te światy są w istocie dla nas niewidzialne, choć zadziwiająco bliskie, równoległe do naszego świata… – zakończył tajemniczo. – A teraz proszę o pytania – dodał po chwili.

Młodzi kręcili się na miejscach, znać chcieliby zapytać o niejedno, ale milczeli skrępowani obecnością kniaziów. Wreszcie wziął się na odwagę Gosław:
– Czcigodny, powiedz nam, co się dzieje z naszą duszą przy ponownym narodzeniu w kołowrocie życia? Bo na ogół nikt nie jest w stanie odtworzyć w pamięci swego poprzedniego istnienia i uczynków. A przecież byłoby to wskazane, jeśli mamy pracować nad sobą, stać się lepszymi w porównaniu z poprzednim wcieleniem, nieprawdaż? Cóż to wreszcie za jaźń, gdy mi ją wymazano, gdy nie wiem kim byłem?

Wszystkie oczy ponownie skierowały się na żercę.

Kapłan przeniósł wzrok ponad kołyszące się delikatnie wierzchołki drzew. Dumał przez chwilę wpatrzony w błękitne niebo. – No cóż... – zaczął. – Bogowie nie chcą nas skrzywdzić i najlepiej wiedzą, co dla nas stanowić będzie korzyść a co nie... – uśmiechnął się pobłażliwie do Gosława, jak matka do swego malca zadającego naiwne, dziecięce pytanie. – Już samo odrodzenie się na Ziemi dowodzi, że nie najlepiej sprawowaliśmy się w poprzednim życiu, inaczej nie bylibyśmy tu trafili, lecz na inną, doskonalszą Ziemię. Ale źle, bardzo źle byśmy się czuli z pełną świadomością i ciężarem grzechów, jakich dopuściliśmy się w przeszłości. Bogowie są miłosierni i inaczej to obmyślili. W Raju przed oczami duszy przebiega jej ostatnie życie w ludzkim ciele, a sędzią staje się samo sumienie wypunktowujące rzeczy złe. Bogowie odsyłają duszę na Ziemię symboliczną łodzią przez równie symboliczną rzekę zapomnienia, zostawiając w jaźni tylko te bolesne punkty, niby czułe miejsca na ciele. Nie po to jednak, by ją dręczyć. Zachodzi tu zupełnie inne zjawisko. Otóż człowiek ten w kolejnym wcieleniu, ilekroć będzie próbował wchodzić w te same koleiny zła, jego sumienie zareaguje tak, jak ktoś, komu naciśnięto na odcisk. Jego jaźń w swej podświadomości będzie go ostrzegać przed tym złem. Ba! Sam będzie je piętnował u innych.

– A czy to prawda, że małżonkowie schodzą się ponownie po śmierci? – spytał na odmianę Mojsław. – Bo tak utrzymuje moja siostra. A jeśli ma rację, to przecież muszą zachować w swej pamięci, kim byli dla siebie w przeszłości?

– Nie myli się twoja siostra, kniaziu. Zdarza się tak właśnie, ale jest to obłożone pewnymi warunkami. Dotyczy wyłącznie partnerów, którzy od pierwszej chwili, gdy się ujrzeli, poczuli do siebie miłość, przez całe swe życie – jako małżeństwo – pielęgnowali i zachowali to uczucie, zaś po śmierci któregoś z nich drugie nie zawarło kolejnego związku. Poza tym dobrze traktowali bliźnich i nie było w nich fałszu. Tyle że takie małżeństwa nie wracają już tutaj. Bogowie w nagrodę odsyłają je na wyższy poziom życia, na inną Ziemię. Bo Wszechświat stworzony przez Bogów to nie tylko nasza Ziemia i nasze Słońce. Te gwiazdy, które widzicie na nocnym niebie, stanowią w rzeczywistości inne odległe słońca i odległe ziemie. A wieczny kołowrót życia nie ogranicza się wyłącznie do naszego świata. Jednak ta wiedza, czy też jak nasi pradziadowie mówili – weda – jest trudna do zrozumienia, jest wiedzą tajemną, w dużej mierze wewnętrzną, przekazywaną przez starych kapłanów jedynie swym młodym następcom. Zresztą bez większej straty dla pozostałych. Bowiem tak jak niewielu z was zrozumiałoby obecnie, że poza wysokością, długością i szerokością istnieją jeszcze inne wymiary, tak jeszcze mniej zrozumielibyście o boskich skomplikowanych prawach rządzących całym przeogromnym Wszechświatem.

Żerca ponownie zamilkł. Jego spojrzenie zetknęło się ze spojrzeniem przybysza. To ośmieliło Nacława. – Czcigodny, czy jeszcze ja mogę zadać pytanie? Mnie interesuje coś zgoła innego.

– Pytaj, synu.

– Zaskoczyło mnie, że wszystko co ma tutaj związek z rodzimowierstwem, odbywa się pod gołym niebem. Nie widzę tu kącin, o jakich mi prawił mój przyjaciel Czębor, Wielet z pochodzenia. Czemu tam są, a tu ich nie ma? A może i są, tylko ich nie widziałem?

– Majestat Bogów, synu, najlepiej się uwidacznia w przyrodzie… i tej ożywionej i tej nieożywionej. Żaden człowiek nie wzniesie się ponad te dzieła, żadna ludzka ręka ich nie poprawi, co najwyżej może z mizernym skutkiem naśladować, a jeszcze dużo częściej… zepsuć. Dlatego my, Słowianie, od zarania naszych dziejów uważaliśmy budowanie Bogom przybytków za coś zbędnego, za coś, co wręcz… uwłacza boskiej wielkości i godności. Lecz cóż, część naszych braci osiedliła się na chłodnej, smaganej częstokroć wichrami i deszczami północy. I prawdopodobnie ten trudny klimat sprawił, że zaczęli oni podpatrywać Normanów i chrześcijan i stawiać na wzór ich przybytków swoje kąciny. Sądzimy, że po to, by w razie niepogody mieć na czas obrzędów dach nad głową. Podobnie, pod wpływem jednych i drugich, zaczęli rzeźbić wizerunki Bogów, tak jak tamci czynią to rzeźbiąc wizerunki swoich świętych. My pozwalaliśmy sobie dotąd jedynie na rzeźbienie Świętowita, a to dlatego, że na tym w istocie graniastosłupie uczymy tego samego, co ja was uczę na przykładzie drzewa. Stawialiśmy też i stawiamy przydrożne świątki, jako znak naszego szacunku dla miejscowych bożków i boginek, którym naczelni Bogowie powierzyli pieczę nad określonymi terytoriami i aspektami naszego życia. Nie mnie jednak rozstrzygać, czy nasi bracia, Słowianie Północy, czynią to zgodnie z wolą Bogów.

– Pewnie nie sprzeciwia się to ich woli, czcigodny – odpowiedział Nasław – skoro bez przeszkód odprawiają swój kult, podczas gdy w Polsce jest on krwawo tłumiony…

ROZDZIAŁ XXIV
KUPAŁA (1023 r.)

Zdłuż brzegu rzeki Narwi, jak okiem sięgnąć, widać było ciągnącą się w nieskończoność ludzką rzeszę. Dzieliła się ona na większe lub mniejsze grupki. Wszyscy ubrani byli odświętnie. Dorośli i starsi na ogół siedzieli: na skórach, kocach, derkach lub wprost na trawie. Dzieci bawiły się w gromadkach w ich pobliżu. Młodzież natomiast krzątała się żywo przy osobnych zajęciach: chłopcy ściągali z pobliskich lasów gałęzie na ogniska, pochylone dziewczęta skrzętnie zbierały zioła na niewysokich, lecz rozległych pagórkach.

– Te dziewczęta w kolorowych sukienkach same wyglądają niczym kwiaty.

Czębor z Jagodą, przytuleni do siebie, podążyli za wzrokiem Wioli, żony Nacława.

– Rzeczywiście – orzekła po chwili Jagoda. – Zielona łąka jakby się pokryła żywym i kolorowym kobiercem pięknych kwiatów.

Obydwoje przyglądając się i przysłuchując Nacławowi i Wioli odczuwali satysfakcję. Przybyli tu małżonkowie nie kryli bowiem szczerego zainteresowania wszystkim, co się wokół nich działo. Widać było, że wiele rzeczy stanowi dla nich odkrycie i autentycznie zachwyca. Zwłaszcza Wiola, urodzona i wychowana w Krakowie, ograniczona w zasadzie do tego grodu, chłonęła wszystkimi zmysłami bujną przyrodę okolic, w których się tak nieoczekiwanie znalazła. Lecz nie tylko... Ta drobna i wątła szatynka mocno przeżyła niesławę i upokorzenie, w jakie popadł Nacław u księcia Bolesława – publiczną chłostę i nakaz opuszczenia grodu na zawsze. Rana zadana jej psychice gorzej i dłużej się goiła, niż rany na plecach męża. Jednak otoczona troskliwą opieką nowych przyjaciół stopniowo dochodziła do równowagi.

Wiola, zapatrzona w pejzaż, znów głęboko się zamyśliła. Od najmłodszych lat starała się być gorliwą chrześcijanką. Nauczona nienawidzić pogaństwa, widziała w nim uosobienie wszelkiego zacofania, rozwiązłości i zła. Dochodziły ją słuchy, że krypto-poganie znajdują się jeszcze tu i ówdzie, a nawet ponoć wśród dworzan samego wielkiego księcia. Czasami zastanawiała się, któż to ewentualnie mógłby być? Z podejrzliwością patrzyła na tych, którzy znani byli z niecnego charakteru. Ów ułożony w umyśle wzorzec pogaństwa począł się rozsypywać od czasu egzekucji na wawelskim dziedzińcu. Ten spokój wyprowadzanych na śmierć powstańców... A potem?! Pośród skazańców dojrzała kilka znajomych twarzy – młodzieńców znanych jej z dobrego prowadzenia się i powszechnego szacunku. Ani wówczas, ani później wśród osób skazanych przez Bolesława i napiętnowanych przez duchownych nie znalazła się żadna, którą by posądzała o pogaństwo. Wreszcie sprawa jej męża. I ta reakcja otoczenia: w jednej chwili odstąpili od niej, omijając jak dotkniętą zarazą. Za co?! Czyż nie powinno być odwrotnie? Czyż nie powinni otoczyć ją jeszcze większą troską? I te oczy księży... naraz zimne, pozbawione choćby iskierki miłości, o której z takim upodobaniem potrafili wiecznie prawić. Wzdrygnęła się na tamte wspomnienia.

– Co ci? – Nacław, zgadując powód, objął ją ramieniem.

– Nic... nic... – wtuliła się w niego, zapatrzona na dziewczęta zbierające zioła. Po chwili ponownie popadła w zamyślenie. Czoło zaczęło się jej wypogadzać. Ten przyjazd na kresy... Ta zupełnie inna mentalność spotykanych tu ludzi: radość z każdego dnia życia, serdeczna gościnność, silne poczucie wspólnoty, żadnych świętoszkowatych min na pokaz, w zamian – naturalność. Dzień po dniu, stopniowo, wymazywała z umysłu wsączony w nią obraz „pogaństwa", dając w to miejsce coraz ufniejszy przystęp rodzimowierstwu – religii jej dziadka i babci, jej przodków. W jakże odmiennym świecie naraz się znalazła! Dla niej to już była Nowa Ziemia, o której opowiadał mąż po spotkaniu z żercą. Zmrużyła oczy: – A czemu one tak pilnie szukają ziół? – spytała, zwracając się do Jagody. – Zgaduję, że ma to związek z dzisiejszym świętem, nie zgaduję tylko jaki?

– W istocie sam początek lata poświęcony jest Swarogowi – Wszechmocnemu Stwórcy Wszechświata – i jego Synowi Swarożycowi. Ale też poświęcony jest Bogini sztuki medycznej i zdrowia – Kupale. Z czasem to jednak Kupała zdominowała ten dzień, głównie – zaśmiała się, robiąc niewinną minę – za sprawą niewiast. To my bowiem zajmujemy się zbieraniem ziół. W ten zaś najdłuższy dzień roku, gdy dopisuje pogoda, zioła posiadają największą moc.

– Ach, tak... zaczynam rozumieć.

– No więc podczas sobótki zbiera się zioła w pęczki lub wyplata z nich wianki. Potem się je suszy, a gdy przyjdzie potrzeba robi się z nich napary lub okłady.

Te i pozostałe wzgórza, które widzisz wokół, celowo nie są uprawiane, ani zalesiane. Właśnie po to, by mogły na nich swobodnie rosnąć zioła. Dzisiaj zbiera się głównie dwanaście ziół na czele z matką zielną, czyli bylicą.

– Powiedziałaś „sobótka" – wtrącił Nacław. – Nie przejęliście aby tej nazwy od chrześcijan, od ich soboty?

Czębor się roześmiał: – Nijak się to ma do sabatu – odpowiedział za Jagodę. – Niegdyś nasi dziadowie zamiast mówić „sposobić się", mówili – „sobit". I z tego sobit urobiono słowo sobótka, którym się posługujemy w dniu Kupały.

– Czemu?

– A bo – znów przejęła głos Jagoda – sposobimy się do gorącego lata, w którym dominować będą dwa żywioły: ogień słońca i woda. Znakiem tych przygotowań była ta poranna, powszechna i ożywcza kąpiel w rzece. A potem kolejne zadania: zbieranie ziół, i wreszcie – wieczorem – rozpalanie ognisk.

– Mnisi w Krakowie powiadają, że w tym dniu to tylko czarownice udają się na wzgórza, by zbierać zioła potrzebne do czarów i zamawiania zła.

Siedzący wraz z nimi i na ogół milczący dzisiaj Gosław zatrząsł się z oburzenia. – Wstrętne pomówienie! – odparł gniewnie. – Zamiast chwycić się męskich zajęć sami zbierają zioła. Nie w smak im, iż niewiasty demonstrują jawnie, że to ich zajęcie!

– A poza tym co to za straszne zioła? – Jagoda wydęła wargi i pokręciła głową z dezaprobatą. – Każda dziewczynka u nas potrafi je wymienić, opisać i znaleźć. A najgłupszy wie, że służą zdrowiu. Nie zbierają takich, jakich wojowie używają do zatruwania strzał! Pewnie sama znasz większość z nich, a może nawet wszystkie? Zresztą, mogę ci je wymienić na poczekaniu. Posłuchaj i oceń. Są to: dziewanna, jaskier, łopian, macierzanka, piołun, płomyk, psinek, rosiczka, rozchodnik, ruta, szakłak, no i oczywiście bylica. Będziesz miała okazję się im przyjrzeć, a nawet posmakować. Poza tym będą one wieczorem palone, a ich wonny dym stanowi dla Bogów ofiarę.

– Że zaś nasze panny są przy tym czarowne… – wtrącił Czębor – sama je przed chwilą przyrównałaś do kwiatów, więc łatwo złośliwcom przyszło nazwać je czarownicami. Jak widzisz mamy ich tu całe mnóstwo. Moja Jagódka – przygarnął ją jeszcze mocniej do siebie i zaśmiał się dobrodusznie – też jest czarownicą… oczarowała mnie od pierwszego wejrzenia. Wiele mógłbym przytoczyć wam niestworzonych, kłamliwych pomówień, jakie opowiadają na nasz temat mnisi. Tym bardziej że sam nim byłem – dodał cierpko. – I to u boku nie byle kogo, bo Mieszka.

– Naprawdę? – Wiola spojrzała na niego z niedowierzaniem. – Nic mi o tym nie mówiliście.

– Nie stało się to z mojej woli – Czębor skrzywił się. – Poza tym to długa historia i nudna jak samo życie zakonne.

Wiola znów poczęła przyglądać się wzgórzu. – A ta podpierająca się laską staruszka w białej sukni, i ta obok niej panna, też ubrana na biało, kim one są? – spytała po dłuższej chwili, wskazując palcem. – Czemu tak przyodziewkiem różnią się od pozostałych? Co rusz któraś z dziewczyn podchodzi do nich i pokazuje zerwaną roślinkę, jakby znalazła nieznaną jej i pytała o nazwę czy zastosowanie?

– To sławna w okolicy nasza kochana wiedząca Jaga i jej uczennica, wiedźminka Żywia – odpowiedziała Jagoda, przysłaniając dłonią oczy od słońca.

– Znaczy kto? – dopytywała się krakowianka.

– Tak nazywamy kobiety zajmujące się wyłącznie leczeniem. Jak nikt znają się na ziołach i sporządzaniu z nich mieszanek. A ponieważ służą Kupale, więc w jej święto przybierają się, podobnie jak żercy, w biel. Poza tym biel jest symbolem czystości...

– Żywia?! – Nacław zawołał. – Wioluś, to ona sprawiła, że tak dobrze zagoiły się wreszcie moje plecy. – Instynktownie zerknął na Gosława, zresztą podobnie jak pozostali, oprócz nieświadomej niczego Wioli.

Młodzieniec już od dawna miał wzrok skierowany w tamtą stronę. Zmieszał się pod tymi spojrzeniami. Poczerwieniał na twarzy, zagryzł usta i spuścił głowę. Po chwili poderwał się; otrzepał skórznie. – Popatrzę jak idą przygotowania do rozniecenia świętego ognia – skinął głową i pospiesznie odszedł.

– A jemu co się stało? – zdumiała się Wiola. – Minę ma dzisiaj jakąś nietęgą, nieledwie smutną. Nie bardzo z nią do twarzy w taki dzień.

– Widzisz... rzecz w tym – Nacław zdjął rękę z jej ramienia – że nasz Gosław jest zakochany w tamtej wiedźmince.

– Więc tym bardziej mina nie na miejscu.

Nacław szykował się do wyjaśniania kłopotów sercowych przyjaciela, gdy za plecami siedzących odezwał się głos:

– Aaa, tu się rozłożyliście!

Obejrzeli się. Przed nimi stali Mojsław z Bolkiem i sługą.

– Jak mija wam czas? Nie brak czego?

– Nie, skądże kniaziu, niczego nam nie brak – Nasław wstał i pokłonił się z szacunkiem. – A siedzi się wygodnie. Dużo też przy okazji dowiadujemy się o zwyczajach związanych z dzisiejszym świętem.

– No to jak siedzi się wygodnie, to czemu wstałeś? – zażartował Mojsław. – Mamy coś dla was od Dobrej.

Sługa postawił przed nimi dużą kobiałkę z wędlinami, serem, chlebem i słodkimi wypiekami oraz umieścił delikatnie pośród trawy pękaty dzban.

– To miód – wyjaśnił Mojsław, wskazując na dzban. – Ale nie byle jaki, bardzo długo leżakował. Przypijcie do siebie, kiedy rozpocznie się wieczorna biesiada i zabawa. No to na razie, wracamy – skinął na sługę, objął Bolka ramieniem; zawrócili w stronę grodu.

– Tym też nie jest wesoło – pokiwał głową Czębor, gdy już się oddalili. – Bardzo przeżywają śmierć żony Władywoja, a swojej matki i babki. Stary kniaź od tamtego czasu tak się przygiął do ziemi, że wygląda, jakby szukał wzrokiem swej drogi do Nawii. Stracił wszelką ochotę do życia. Lada dzień ma oficjalnie przekazać władzę nad wschodnim Mazowszem Mojsławowi. Dlatego dzisiaj cały ich ród woli z powagą zasiadać pośród żerców.

Słońce wreszcie skryło się za wzgórzem, podążając na najkrótszy w ciągu roku spoczynek. Dziewczęta już zakończyły swoją pracę. Poprzystrajały się w nowo uplecione wianki. Teraz poganiały żartobliwymi docinkami chłopaków wciągających gałęzie i całe pnie drzew na wyznaczone miejsce. Nadchodził czas na wzniecenie świętego ognia, który następnie będzie przekazywany do rozpalania licznych pozostałych ognisk, a nad ranem zabierany również przez każdą rodzinę do swych domostw. Z tego względu już o świcie zwiastującym święto Kupały powygaszano w domach wszelkie paleniska.

Nacław z Wiolą mogli po raz pierwszy przypatrzeć się krzesaniu tego ognia. Powstali; przywołali do siebie swoje kilkuletnie dzieci: synka i córeczkę. Na najwyższym punkcie wzniesienia ułożono na ziemi gruby dębowy pień, w którym uprzednio została wydrążona spora dziura przypominająca dziuplę. Następnie długi na ponad cztery łokcie inny pień dębu, zaostrzony na obu końcach, umieszczono w owym wydrążeniu, bacząc, by był w pionie, a przy tym mógł się obracać wokół swej osi. Potem obłożono słup innymi pniami, tak by jeszcze bezpieczniej stał i zachowywał pion. Słup owinięto ściśle i kilkakrotnie naoliwionym sznurem konopnym. Kilku chłopców przyklęknęło, wsypując do szczeliny w wydrążeniu jakiś proszek, wokół zaś rozsypując posiekaną słomę.

– Co oni takiego wsypują i po co? – spytała Wiola.

– To prawdopodobnie sproszkowany, łatwopalny grzyb. Zwiemy go trutnikiem, a przynajmniej tak go nazywają tam, skąd pochodzę – objaśniał Czębor.

– Ale równie dobrze może to być po prostu wysuszona i sproszkowana huba. U nas, w niektórych miejscowościach, wygląda to jeszcze inaczej. W miejsce obrane na święte ognisko wbija się dębowy kołek. Na ten kołek zakłada się koło z piastą z twardego drzewa, najlepiej z dębu lub jesionu. Koło ma szprychy owinięte smolnymi pakułami i wyobraża słońce. Potem tak długo się nim obraca, aż w wyniku tarcia powstanie ogień. Wówczas te płonące koło się zdejmuje i toczy do przygotowanego na ognisko stosu gałęzi i drewna. Tutaj obrano inną metodę, za to bardziej rozpowszechnioną. Uwaga! Zaraz zobaczycie co się będzie działo.

Chłopcy po skończonej czynności wstali i zrobili miejsca dla rosłych, krzepkich młodzieńców, którzy ustawili się szeregiem po przeciwległych stronach słupa; chwycili za końce konopnej liny. Na dany sygnał poczęli ją na przemian ciągnąć. Niełatwa to była praca i rzeczywiście wymagała osiłków. Zachęcały ich do niej stojące w pobliżu dziewczęta, zapewne ich wybranki. Po pewnym czasie pojawił się nikły dymek, by wkrótce rozwinąć się w ulatującą delikatnie ku niebu smugę dymu. Na ten widok rozentuzjazmowane i głośne dotąd zgromadzenie zamilkło. Zapanowała głęboka cisza, nawet dzieci ucichły, jakby świadome powagi chwili.

Tłum począł się rozstępować: między utworzonym szpalerem kroczył dostojnie najstarszy wiekiem żerca. Ubrany był odświętnie w lśniące bielą długie szaty przyozdobione pozłacanymi chwostami. Towarzyszyli mu dwaj inni, nieco z tyłu, podobnie przybrani. Żerca przyklęknął na jedno kolano na wyłożoną przed nim skórę tura. Wyciągnął z zanadrza niewielką dmuchawkę zrobioną z kości ptaka. Dmuchał nią w dym tak długo, aż buchnął płomień, obejmując wkrótce sobą słup. Wówczas powstał, wyciągnął dłonie ku górze i zaintonował hymn ku czci Swaroga i Swarożyca, który podjęli wszyscy mężczyźni.

Hymn – śpiewany niskimi, męskimi głosami – był tak w sobie dostojny i piękny, że po ciele Nacława i Wioli, słyszących go po raz pierwszy, przebiegały ciarki. Równie wzruszeni byli, gdy żerca ponownie zaśpiewał, zwracając

199

się tym razem do Kupały, a śpiew ten – na odmianę – podchwyciły wszystkie kobiety. To było niezwykłe, niepowtarzalne przeżycie.

Po odśpiewaniu hymnów żerca zwrócił się w kilku słowach do zgromadzonych. Przypomniał, że ogień uznaje się za żywioł pośredniczący między człowiekiem a Bogami. Palenie ogni miało zapewnić siły, zdrowie i pomyślność jej uczestnikom, a płodność zwierzętom i polom. Teraz nastąpiło przekazywanie świętego ognia, zapalanie jego płomieniem innych, licznych ognisk, coraz dalej i dalej…

Rozpoczęła się biesiada: jedna, wielka, obejmująca całą rzeszę ludzi. Życzono sobie wzajem zdrowia i wszelkiej pomyślności. Częstowano się przysmakami, popijając je źródlaną wodą, tego dnia posiadającą szczególnie korzystne właściwości. Dorośli przypijali do siebie miodem. Zapadający zmierzch z coraz wyraźniej odbijającymi się na jego tle ogniskami – niekończącymi się, ginącymi gdzieś w oddali – bratającymi się ze sobą bliźnimi, wesołym gwarem – wszystko to tworzyło niezwykłą scenerię. Postronnemu widzowi zdawać by się mogło, że trafił do przeniknietej baśniową aurą krainy szczęśliwości. Tak to przynajmniej odbierali Nacław z Wiolą.

– Popatrz, mamusiu – zwróciła się do Wioli z zaróżowionymi z emocji policzkami córeczka Dorotka. – Widzisz te dymy i sypiące się wokół iskierki?

– Widzę, widzę – Wiola przykucnęła obok siedzącej na trawie dziewczynki, pogłaskała ją po głowie.

– To Ogniwaczek!

– Ogniwaczek? A cóż to takiego?

– To nie to, tylko on – Dorotka poczęła tłumaczyć z zapałem, dumna, że wie coś, czego nie wie mama. – To taki dobry duszek, który odradza się z popiołów. Jest wesoły, lubi tańczyć w powietrzu, unosi się ku niebu aż iskierki lecą. Pomaga Kupale, bo żeby być zdrowym nie wystarczą ziółka, jeszcze trzeba się śmiać i tańczyć. O, tak! – mała wstała, chwyciła w rączkę rąbek sukienki; poczęła wirować aż jej warkoczyki furkotały.

Dorosłych rozbawił ten widok. Wreszcie mała zatrzymała się zadyszana, łapiąc oddech.

– A kto ci opowiedział o tym Ogniwaczku? – spytał Nacław.

– Tomiła.

– Kiedy tak, to wierzę – Nacław odpowiedział z udaną powagą.

– Ooo! Ja też chcę! – dziewczynka ponownie się zerwała, wskazując paluszkiem w stronę rzeki. – Tatko, mamuś, mogę do wujaszka?

Powiedli wzrokiem za jej ręką. – Możesz, możesz, córuś. Ale uważaj, nie spadnij.

Dziewczynka pobiegła w kierunku starej olchy. Na jednym z jej potężnych konarów zawieszona była huśtawka – długa ławeczka z siedziskiem dla bezpieczeństwa usadowionych na niej maluchów. Potężny Borko huśtał kilku siedzących rzędem chłopców.

– Że też tego olbrzyma dzieci tak łatwo obłaskawiły – dziwił się któryś z siedzących obok Wieletów. – Dorośli wolą obchodzić go z daleka, a te, proszę! Najlepiej weszłyby mu na ten jego żubrzy łeb.

Patrzyli jak Borko zatrzymał huśtawkę i podjął pertraktacje z chłopcami, którzy nie byli chętni ścisnąć się, by zrobić dziewczynce miejsce. – Teraz, przez nią – utyskiwał jej braciszek – nie będziesz, wujaszku, chciał nas tak mocno rozbujać! – Borko znać przekonał w końcu „męskie" towarzystwo; zrobili miejsce Dorotce i zabawa zaczęła się na nowo.

– Mógłby ten Borko znaleźć wreszcie sobie żonę i mieć własne dzieci – odezwała się Jagoda. – To chyba przez ciebie – zwróciła się do Czębora z udawaną pretensją. – Trzymasz go wiecznie przy sobie, że nie ma biedak czasu rozejrzeć się za jakąś dziewuchą. A młody to on już nie jest!

– Nie ja go trzymam, lecz on mnie się trzyma, jak rzep psiego ogona. I powiada, że jeśli się już kiedyś ożeni, to wyłącznie z Wieletką. Ale, utrzymuje, że wojownik powinien być jak mnich – trwać w stanie bezżennym.

– Aha, bo uwierzę! Wygodny jest, ot co. I od kiedy to ten zagorzały przeciwnik chrześcijaństwa tak naraz zapragnął brać z niego wzorce?

– Trzeba by go odkleić od dzieci, to może go w ten dzień, a właściwie noc, jaka panna uwiedzie? – Nacław zaśmiał się porozumiewawczo.

– Uwiedzie? – Jagoda spojrzała na niego uważnie, surowo, marszcząc brwi. – Co chcesz przez to powiedzieć?

– Ano, właśnie – Nacław spoważniał. – Nie tyle powiedzieć, ile się spytać... – poskrobał się po głowie, wyraźnie zakłopotany. Zerknął niepewnie na Wiolę, szukając w niej wsparcia.

– Bo... wiecie... – Wiola wyjąkała. – Mówi się w Krakowie, że w noc Kupały różne rzeczy się dzieją, jakby tu powiedzieć... niezbyt przyzwoite...

– ...że młodzież... dziewczyny z chłopakami – Nacław zebrał się na śmiałość – obcują ze sobą bez skrępowania...

– No, tak! A jakże! Przecież powinniśmy pamiętać, kto wy i jakie odebraliście wychowanie! – Jagoda, nachmurzywszy się, przerwała mu z przekąsem. – Ale cóż, przecież nie możemy was za to winić – opamiętała się, łagodząc głos.

– Odpowiedzcie zatem na jedno pytanie. Jesteście tu przecież jakiś czas. Czy widzieliście choć jedną pannę z brzuchem lub ze swoim dzieckiem, hę?

– Noo, prawda. Rzeczywiście… nie, nie widzieliśmy – odpowiedziała po namyśle Wiola.

– I nie zobaczycie! – ciągnęła Jagoda. – A jeśli to się zdarzy, wszyscy na równi będziemy tym zdziwieni i… oburzeni! To nie powinno mieć miejsca i nie ma, poza nielicznymi wyjątkami, bo złe biesy też nie próżnują.

– Przyglądaliście się dzisiaj porannej, rytualnej kąpieli, prawda? – spytał na odmianę, znienacka, Czębor.

Przytaknęli.

– I co? Kąpali się bezwstydnie, nago?

– No, nie…

– Oczywiście, że nie! Kąpali się oddzielnie, ubrani, chociaż, darujcie to sobie – zaśmiał się pobłażliwie – nie w szatach wierzchnich. A co na temat tej kąpieli w święto Kupały powiadają księża i mnisi?

– Rzeczywiście – potaknął Nacław.

– Podobnie rzecz ma się z tą nocą, która tak po prawdzie jest białą nocą. Sami zresztą zobaczycie. Będą śpiewy, tańce, skoki przez ogień, zabawa – owszem – ale na oczach wszystkich, przyzwoicie. Wiadomo z jakiego źródła wypływa to wstrętne pomówienie. A wzięło się stąd, iż w tym niezwykłym dniu wiele młodych par ogłasza swoje zaręczyny.

– Przepraszamy – Wiola odpowiedziała cicho, zawstydzona. – Tak nam głupio. Wybaczcie… Oczywiście, wiemy kto takie wieści rozpowszechnia, tyle że naiwnie w nie wierzyliśmy.

– Ale… tak między nami, dorosłymi – odezwał się Nacław, przeżuwając coś w myślach. – Jak to się mówi: krew nie woda. Nie jesteście aż tak nieskazitelni, w to nikt nie uwierzy. Tak jak nie uwierzy, że nie dochodzi wśród Mazowszan czy Wieletów do niemoralności.

– Masz rację. Zdarza się, chociaż wyjątkowo rzadko. Jeśli doszło do gwałtu – mężczyzna zostaje uśmiercony. Gdy dojdzie jednak do tego z powodu rozpusty, wzywa się winnych, by się czym prędzej ze sobą pobrali. Zazwyczaj wezwanie to skutkuje przez wzgląd na nasze surowe prawo. Mężczyzna w razie odmowy musi opuścić naszą społeczność na zawsze, a dziewczynę rodzice sprzedają handlarzom niewolników, Żydom, którzy odsprzedają ją potem gdzieś do dalekich krajów. Podobnie, gdy mąż w noc poślubną stwierdza, że żona nie jest dziewicą, ma prawo natychmiast rozwiązać małżeństwo i odesłać niedoszłą mężatkę do rodziców. Kończy się tym samym – sprzedaniem handlarzom niewolników. Kronikarze chrześcijańscy, jak na ironię, szkalują nas w swych pismach, przewrotnie zarzucając to, czego się właśnie wystrzegamy – nieobyczajność.

Lud, posiliwszy się jadłem, rozochocony piwem i miodem, coraz częściej zerkał w kierunku zbierających się grajków. Dziewczęta sięgnęły po swe ozdobne bębenki. Strojono gęśle. Co niecierpliwsi, którym nogi już rwały się do tańca, przynaglali ich przyśpiewką:

Już sobótki poczynione,
Co dobrego też zjedzone.
Teraz chcemy śpiewów, tańców –
Dalej, grajki, bez kuksańców!

Widać taka była tradycyjna kolejność, gdyż w odpowiedzi zagrano uroczyście na rogach, co z kolei stanowiło sygnał dla pozostałych grajków. Ruszyły dziewczęta, wybijając rytm na bębenkach; dołączyły do nich inne, a za nimi czekający na ten moment chłopcy. Potem dochodzili pozostali: dzieci, dorośli, nawet starcy. Z chwili na chwilę tworzyły się wokół ognisk coraz to większe, skrzące kolorami strojów taneczne kręgi. Rozległa się, natychmiast podchwycona przez tancerzy, wesoła, skoczna pieśń:

Hej, Kupało,
Tańczym śmiało!
Dzień nam długi,
Nocki mało.

Już wieczór nastał krótki –
Hej, zapalmy sobótki!
Dalej dziewczęta pięknolice,
Przyozdobione w bylice.
Tańcujcie z chłopcami hoże,
Aż po ranne zorze.
Tańcujcie do świtania,
Ale nie bez grania.

Hej, Kupało,
Tańczym śmiało!
Dzień nam długi,
Nocki mało.

Wiola, której od dzieciństwa wpajano, ze tańce są wymysłem Szatana, nieufnie patrzyła na te przygotowania. W miarę jednak przysłuchiwania się muzyce i wesołym śpiewom, przyglądania radosnym, niewinnym pląsom – nieufność ustępowała, by po niedługim czasie zupełnie się rozwiać. Poddała się atmosferze. Nawet nie zauważyła, kiedy sama wraz z roześmianym Nacławem zaczęła klaskać do rytmu wraz z innymi obserwatorami. Chyba na to czekała Jagoda. Doskoczyła, chwyciła ich za ręce i, po chwili, stanowili część korowodu. Wiola nie oponowała; spojrzała tylko na śpiące już dzieci, ale opiekujące się nimi staruszki odpowiedziały jej przyzwalającym uśmiechem. I naraz poczuła w sobie jakąś niewysłowioną lekkość na duszy, niesłychaną więź i solidarność z tymi oto ludźmi, jednakiej mowy, ale jakże różniącymi się od tych, którzy ją z mężem wygnali…

* * *

Jeśli ktoś, mimo wszystko, nie poddał się nastrojowi święta Kupały, to z pewnością należał do nich Gosław. Spacerował od grupki do grupki, włączał się do rozmów, kiedy jednak zaczęły się tańce, unikał pobliża ognisk, by przypadkiem ktoś nie wciągnął go do zabawy. W końcu usunął się od towarzystwa; usiadł w głębokim cieniu starej olchy z opuszczoną już przez dzieci huśtawką.

Kiedy najkrótsza z nocy istotnie przez chwilę zasługiwała na to miano, dziewczęta zajęły się puszczaniem wianków na wodę. Wianki te, umiejętnie wyplecione z kwiatków i ziół, z przymocowanymi do nich płonącymi drewienkami, powierzane były nurtom rzeki. Obserwowano je z uwagą. Część zaplątywała się w sitowia, inne jednak docierały na środkowy nurt i płynęły z prądem. Te drugie oklaskiwano, bowiem dla ich uradowanych właścicielek oznaczały pomyślny rok, a zwłaszcza dobrą wróżbę co do zamążpójścia. Pływające wianki, jak ogniki na wodzie, również podobały się Nacławowi i Wioli. Znaleźli się jednak w otoczeniu nieznanych im osób i krępowali się spytać o znaczenie tego zwyczaju.

– Myślę – Nacław odezwał się półgłosem – że ma to związek z dwoma żywiołami: wodą i ogniem... – urwał, dostrzegłszy wychodzącego z cienia Gosława. Szturchnął delikatnie Wiolę, wskazując go oczami. Gosław może ich nie dostrzegł, a może udał, że nie widzi? Jakby się zawahał, potem jednak ruszył zdecydowanym krokiem. Obserwowali go. Widzieli jak zbliżył się do ogniska, przy którym spała w kucki stara Jaga. Obok niej siedziała zamyślona Żywia. Regularnie, co pewien czas, wrzucała na żarzący się popiół pachnące zioła. Tworzył się z tego ofiarowany Bogom dym kadzidlany o miłym zapachu. Podszedł do niej; wzdrygnęła się, gdy delikatnie musnął jej ramienia.

Nacław z żoną byli zbyt daleko, by słyszeć o czym mówią, ale nawet gdyby byli blisko, niewiele by usłyszeli – przez wzgląd na śpiącą Jagę młodzi mówili do siebie szeptem. Gosław zmusił Żywię, by wstała. Wiedźminka, zerkając z niepokojem na śpiącą, dała się odprowadzić na kilka kroków. Rozmowa, a raczej monolog Gosława – co rusz gestykulował – musiała być pełna napięcia. Żywia stała przed nim ze spuszczoną głową, jedynie z rzadka otwierała usta. Wreszcie spojrzała mu głęboko w oczy, zdecydowanie zaprzeczyła głową i się od niego odwróciła. Coś jeszcze jej odpowiedział i też odwrócił się na pięcie. Chwilę potem szybkim krokiem udał się drogą prowadzącą do lasu. Żywia wróciła do ogniska i na powrót przy nim usiadła.

– No, proszę – odezwała się Wiola na poły do siebie. – A więc i tutaj zdarzają się dramaty, nawet w taki dzień...

– Taak – zadumał się Nacław. – Wiesz? – uniósł naraz brwi i uśmiechnął się.

– A co nam szkodzi? Podejdźmy do wiedźminki. Przecież wypada mi się z nią przywitać, a przy okazji przedstawić ciebie.

– Co to da?

– Czy ja wiem? Może nic. A może coś da?...

Każda ze stron była zaskoczona: małżonkowie na widok twarzy wiedźminki, po której spływały łzy, Żywia, że dała się tak zaskoczyć. Zakłopotana i zawstydzona prędko rękawem otarła twarz.

– Za dużo dymu, gryzie w oczy... – tłumaczyła nieudolnie.

Nacław przedstawił sobie niewiasty. Rozpoczęli grzecznościową rozmowę, z której nic nie wynikało. Były pacjent w końcu się odważył:

– W tym półmroku niewiele widać. Ale czy to przypadkiem nie mój przyjaciel Gosław rozmawiał z tobą?

Żywia jeszcze bardziej się zmieszała: – Aa, tak, istotnie. Coś tam wspomniał, że wybiera się na poszukiwanie kwiatu paproci…

– Że co? – zdumiała się Wiola. – Pierwsze słyszę. To paproć kwitnie? A jeśli nawet, to po co mu ona?

– Tak, paproć kwitnie, ale to rzecz niebywale rzadka[18]. Kto znajdzie taką paproć zazna w życiu wiele szczęścia, a kto znajdzie ją w święto Kupały, może starym zwyczajem prosić o cokolwiek i nie wypada mu wówczas odmówić…

– Ach, tak… – odpowiedział Nacław, pojmując naraz intencję przyjaciela. Wymienił z żoną szybkie, porozumiewawcze spojrzenie.

Rankiem następnego dnia zapalano pochodnie od sobótkowego świętego ognia, by rozniecić nimi ogień w paleniskach swych domostw. Przyjaciele Gosława, dowiedziawszy się, gdzie desperat podążył samotnie, z niepokojem oczekiwali jego powrotu. Nierozważnie było wypuszczać się po nocy w pojedynkę do boru pełnego dzikiego zwierza, nawet jeśli ta noc była krótka. W końcu ujrzeli go – wymęczonego, w przybrudzonym, poszarpanym odzieniu.

– Znalazłeś kwiat paproci? – zawołał ku niemu Nacław z ulgą w głosie.

– Nie – odpowiedział Gosław markotnie. – Zaraz! – uniósł zdziwiony głowę. – A wy skąd o tym wiecie?!

18 według starosłowiańskiej tradycji królową święta Kupały była paproć, która jakoby zakwitała podczas sobótki. Taką „kwitnącą" paproć zwano „perunowym kwiatem". Oczywiście paproć nie kwitnie, natomiast niekiedy może na niej rosnąć mycena, rodzaj grzyba emitującego zielonożółtą poświatę – zjawisko to zwiemy bioluminescencją. Stwarza to wrażenie, jakby paproć rzeczywiście zakwitała na sposób czarodziejski.

ROZDZIAŁ XXV
KRÓL BOLESŁAW CHROBRY (1024 – 1025)

Na Wawelu przekonanie graniczyło z pewnością, że Bolesław Chrobry w tej właśnie chwili postanawia coś niezwykle ważnego. Kordon straży, składający się z jego przybocznych, od samego rana tak szczelnie opasywał Salę Kolumnową, że mysz by się do niej nie przecisnęła. Oprócz wielkiego księcia uczestnikami tajemniczego spotkania byli Mieszko oraz dwunastu najbliższych doradców Bolesława. Zebrani siedzieli wokół długiego, dębowego stołu: Bolesław i Mieszko u jego szczytów, a z każdej strony po sześciu doradców. Na środku stołu znajdowała się duża, wytworna szkatuła, budząc zdziwienie i zaciekawienie obecnych. Twarz wielkiego księcia – zwykle zmęczona podeszłym wiekiem i dolegliwościami – dzisiaj tryskała nieledwie młodzieńczym zapałem. Co ciekawe, również odeń starszy Stoigniew podobnie był ożywiony, a śmiejące się oczy wskazywały, że rad jest z tego, co usłyszał. Pozostali też wyglądali na podekscytowanych słowami władcy. Jeden Gądziel przybrał kamienny wyraz twarzy i tępo patrzył przed siebie. Mieszko, widząc jak od czasu do czasu przygryza dolną wargę, domyślał się, że nie podziela on opinii większości.

– Zawsze marzyłem o tym, już od początku swoich rządów – ciągnął Bolesław – przecież wiecie. Tak dobrze wiecie, jak to, że Niemcy, a za ich sprawą Rzym, podkładali mi kłody pod nogi i kończyło się na niczym. Ale też wszyscy, jak tu siedzicie, siedzicie dlatego, że uznaję was za swoją radę, darzę zaufaniem i uwzględniam wasze sugestie. Tym bardziej cieszy mnie wasze zrozumienie i przychylność dla sprawy. Powtarzam rzecz oczywistą: w naszych czasach jedynie królestwa mają znaczenie. Tylko one są w stanie obronić swoją niezależność. Były wzloty i upadki, jeśli chodzi o nasze zdobycze terytorialne, zgoda. Coś to jednak dało. Zwróćcie uwagę, że za granicą zwą mnie władcą wszystkich Słowian. Liczą się ze mną, nawet gdy im to nie pasuje. Najwyższy czas! Najwyższy! – wykrzyknął z emfazą, uderzając otwartą dłonią w stół. – O jednym jestem przekonany. Taka szansa dla mnie się nie powtórzy! Papież Benedykt, bezwolne narzędzie w rękach cesarza, zmarł w czerwcu. Tak, tak, wiem – nowy papież Jan jest rodzonym bratem Benedykta. To prawda, lecz on stara się prowadzić własną politykę, niezależną od Niemiec, przynajmniej na ten moment… I wreszcie w lipcu wyniósł się z tego świata nasz śmiertelny wróg – cesarz Henryk. Królem Niemiec został Konrad i jeszcze nie wszczął starań o cesarskie berło. Poza tym wiemy, kim jest. Pamiętamy, jak opowiedział się za swoimi krewnymi w sporze ze zwolennikami cesarza, a w potyczce z nimi został ranny. Na długo utracił łaskę Henryka, został wygnany i to my udzieliliśmy mu wówczas schronienia na naszym dworze. Chyba nie będzie aż tak niewdzięczny, by o tym zapomnieć? Podczas koronacji doszło do rozdźwięków z powodu bliskiego pokrewieństwa jego żony Gizeli Szwabskiej – arcybiskup nie koronował jej. Poza tym nie wszystkie terytoria Niemiec złożyły mu hołd… dotyczy to zwłaszcza Saksonii, Lotaryngii i arcybiskupstwa Kolonii. Inne zatem sprawy go obecnie pochłaniają. A to stwarza dla nas wyjątkowo korzystną sytuację. Pragnąłem i nadal pragnę zostać królem! Więc teraz albo nigdy! Zleciłem naszym złotnikom wykonanie korony. Posłowie tę koronę zawiozą do Rzymu z prośbą, by papież ją pobłogosławił. Przy okazji ofiarujemy papieżowi i kurii cenne dary, co zwłaszcza głowie Kościoła w początkach rządów będzie równie miłe, jak kadzidło Bogu. – Bolesław zamilkł i potoczył dumnym wzrokiem po zebranych. – Poza tym – kontynuował po chwili – pobłogosławienie korony będzie dla nas formą zadośćuczynienia za krzywdę mojego ojca. Każdy bowiem władca, który ochrzcił swój kraj, był i jest z inicjatywy papiestwa koronowany, a po śmierci wynoszony na ołtarze. Jednak mojemu ojcu Rzym odmówił tych zaszczytów i tytułów. Trzeba, by podczas audiencji u papieża posłowie delikatnie to wypomnieli. Niech choć w połowie zostanę obdarzony tymi zaszczytami. W połowie, bo tytuł świętego można mi darować, zwłaszcza odkąd doszły mnie słuchy, że chcą tam kanonizować tę dwulicową za życia postać – cesarza Henryka! Korona i koronacja to coś jeszcze nadto… Polska stanie się Królestwem Polskim. A prawo do korony zyskają moi potomkowie, począwszy od Mieszka – spojrzał z dumą na syna. – I co wy na to? – Zamilkł. Rozgorączkowany własnymi słowami przenosił z uwagą wzrok z twarzy na twarz.

Potakiwano głowami z aprobatą. Wreszcie i Gądziel drgnął; kamień ożył. – Panie… – zrobił zatroskaną minę. – Godny jesteś korony, to nie ulega kwestii. Wszyscy, jak tu siedzimy, jesteśmy tego zdania. Czy jednak aż taki pośpiech jest wskazany? Czy ci raczej nie zaszkodzi? Rzym nie otrząsnął się jeszcze z tego, że nasz pierwszy arcybiskup, świętej pamięci Gaudenty, obłożył Polskę klątwą.

To nie najlepiej nastraja do ciebie Stolicę Apostolską. Nasi przeciwnicy podniosą głosy, poddadzą w wątpliwość, czy jesteś, panie, władcą na tyle chrześcijańskiego kraju, byś godzien był korony? Proponowałbym najpierw ułagodzić papiestwo darami, a nieco później wyjść z tą propozycją. Dobrze byłoby też zaczekać aż Konrad uzyska cesarski diadem, bo że tak się stanie, to pewne. Skoro – jak sam, panie, przed chwilą nadmieniłeś – powinien być wdzięczny, że go tu gościliśmy w trudnych dla niego chwilach, więc nie będziesz miał w nim wroga. Nie wypada zaś, by koronacja odbyła się bez cesarskiej aprobaty...

– Zdaje się, Gądziel, że słabo wsłuchiwałeś się w moją argumentację! – Bolesław przerwał mu cierpko. – Jeżeli mówiłem o wyjątkowej sytuacji, to właśnie z myślą, by działać szybko, nim znowu nie zacznie wszystko biec zwykłym torem, co dla nas zawsze oznacza to samo. Nie jestem lennikiem niemieckiego króla, bym miał prosić Konrada o zgodę. Cesarza zaś, póki co, nie ma. W tej sytuacji chodzi wyłącznie o papieża i jego błogosławieństwo. Jeżeli Henryka chcą ogłosić świętym, chociaż w wojnach z nami, chrześcijanami, posługiwał się poganami i zawierał z ich krajami pakty, to nikt w Rzymie nie ma prawa głosić, że nie rządzę chrześcijańskim krajem, skoro zwalczam pogaństwo, a bunt krwawo stłumiłem.

– Bunt może tak... panie, ale na przykład taki kniaź Władywoj na Mazowszu bez przeszkód patronuje pogaństwu i... podobno znajdują u niego opiekę ci, których skazałeś na banicję lub ścigasz za wspieranie diabelskich nauk. Przygadujesz, wybacz panie za śmiałość, zmarłemu cesarzowi, że wysługiwał się poganami... Ale – począł wolno cedzić – i wśród naszych wojów znajduje się niemało pogan, jak chociażby Wieleci. – Spojrzał wymownie na Mieszka, ale natychmiast odwrócił głowę, spiorunowany jego spojrzeniem.

Bolesław poruszył się nerwowo. – Władywoj to chodzące truchło, któremu starość odebrała rozum. Nie ma sensu z nim walczyć, bo lada dzień zawalczą o niego diabły w piekle! Mazowsze zaś to Płock, nie jakaś tam Wizna na rubieżach. Nie sądzę, żeby te krańce świata znane były Rzymowi na tyle, by się nimi wielce przejmował. Ale i za te rubieże weźmiemy się w stosownym czasie. Zaś co do wojów, o których wspomniałeś, to są to najemnicy. A takich na całym świecie nie pyta się o wiarę, lecz o to, jak walczą włócznią i mieczem. Poza tym... – machnął ręką lekceważąco – nikt nie wynalazł milszej zasłony na oczy nad złoto, a tego kruszcu mam pod dostatkiem i... nie będę go skąpił papieżowi. Czy ktoś jeszcze ma jakieś obiekcje?

Zapanowało milczenie. Przerwał je Stoigniew: – Panie, wybrałeś nas do rady, więc radzimy. Dobrze, że i taki głos się znalazł, gdyż jednomyślność jest podejrzana, zbyt przypochlebna i pachnie prywatą, a nie troską o sprawy nadrzędne. Ja głos Gądziela odczytuję jako ostrzeżenie. Skoro bowiem takie myślenie zakrada się w niektóre nasze serca, więc tym bardziej nie można dać czasu innym, by nimi zawładnęło i przysporzyło argumentów naszym przeciwnikom. Zgadzam się zatem, panie, z twoim rozumowaniem. Należy działać, ot co!

Przytaknięto słowom Stoigniewa. Gądziel się już nie odezwał.

– A jaką drogą wyślesz, panie, poselstwo do Rzymu? – odezwał się któryś.

– Pamiętamy co niegdyś stało się z delegacją wysłaną w podobnym celu przez Niemcy.

– Owszem, pamiętamy – Bolesław odpowiedział gorzko. – Dlatego tym razem poselstwo uda się przez Węgry.

– Kiedy, ojcze, zamierzasz je wysłać? – spytał Mieszko.

– Wkrótce, może nawet jutro. Przedtem jednak wszyscy tu obecni zaprzysięgną, że ani słowo z tego, o czym rozprawialiśmy, nie wyjdzie na zewnątrz, dopóki poselstwo nie dotrze na miejsce…

– Może nawet jutro?!… – wyrwało się zaskoczonemu Gądzielowi. – No a korona?

– Korona? – Bolesław zaśmiał się. – Jest gotowa. Cały czas przed nią siedzicie. – Wstał wolno, przechylił się przez stół i przyciągnął szkatułę do siebie. Otworzył wieko i delikatnie wyjął z jej wnętrza zawartość.

Z ust obecnych wyrwał się okrzyk zdumienia i zachwytu. Na rękach Chrobrego spoczywała połyskująca złotem i skrząca się drogocennymi kamieniami okazała korona! Bolesław spokojnie czekał, pozwalając Mieszkowi i członkom rady nasycić się jej widokiem, po czym zaczął wyjaśniać: – Jest szczerozłota, złożona z dziesięciu części spiętych zawiasami. Jak widzicie, każda część zwieńczona jest wyobrażeniem lilii i wysadzana szlachetnymi kamieniami, obrobionymi starannie i z finezją. Jest ich ponad czterysta! To są rubiny, szafiry, szmaragdy, no i oczywiście perły. – Uniósł koronę na wysokość oczu i pokręcił nią; kamienie, dzięki licznym szlifom, poczęły migotać niczym jakieś magiczne, wielobarwne światełka. – Jest najbogatszą i najbardziej zdobną koroną spośród wszystkich koron świata! A za wzorzec posłużyła korona cesarska!… – zaśmiał się triumfująco.

KRÓL BOLESŁAW CHROBRY (1024 – 1025)

* * *

Mieszko, udając się o tak późnej porze na wezwanie ojca, był pewien, że sprawa ma związek z jego planami koronacyjnymi. Straż rozstąpiła się; zapukał do drzwi komnaty. Wszedłszy dostrzegł za oświetlonym świecami stołem oprócz ojca również Stoigniewa. W zdziwienie wprowadziło go jednak to, co zajmowało na stole poczesne miejsce: szkatuła, w której – jak sądził – spoczywała korona, ale obok niej druga szkatuła, bliźniaczo podobna do pierwszej!

– Korony ci się mnożą, ojcze? – zażartował.

– A mnożą, mnożą – Chrobry uśmiechnął się tajemniczo. – Chyba i mnie kanonizują kiedyś, bo oto, przy świadkach, dokonuję cudu. Uwaga! – Zamachał w powietrzu pociesznie rękoma. – Cudzie, zdarz się! – zawołał, klasnął w dłonie, po czym otworzył obie szkatuły naraz. – Patrz! – roześmiał się.

Mieszko podszedł do stołu i zajrzał do szkatuł. W każdej, wyłożonej purpurowym aksamitem, spoczywała identyczna korona. Takie samo wrażenie identyczności sprawiały, gdy Bolesław wyciągnął je i położył obok siebie.

– A po co ci, ojcze, druga, taka sama? – Mieszkowi trudno było ukryć zdumienie. – Tym bardziej, że już ta pierwsza pochłonęła krocie!

– Pierwsza? – Bolesław wyraźnie bawił się reakcją syna. – Tak, z pewnością... Ale ja wyżej stawiam tę drugą.

– To znaczy, którą?

– A zgadnij.

Mieszko przyglądał się uważnie obu. Po dłuższej chwili podniósł zdziwione oczy na ojca i uśmiechniętego szeroko Stoigniewa: – Nie, nie zgadnę. Może by mi się to udało, ale przy świetle dziennym.

– Wyżej stawiam tę – Bolesław podał koronę synowi. – I już tłumaczę dlaczego. Bo widzisz – wpadał w coraz lepszy nastrój – nie sztuka przyozdobić koronę prawdziwymi kamieniami. Sztuką jest tak urobić szkiełka, by wyglądały na prawdziwe kamienie. Cała zaś reszta to jedynie cienka pozłota. Majstersztyk, co? Siadaj – odebrał Mieszkowi koronę i wskazał mu krzesło. Spoważniał, podobnie jak Stoigniew. Umieścił insygnia na powrót w szkatułach i zamknął ich wieka. Ze srebrnego dzbana nalał do pucharów miodu. – Zdrowie!

Przypili do siebie.

Bolesław otarł wąsy; kiwał się jakiś czas na krześle. – Trochę się tu działo, gdyś objeżdżał dzielnice – zwrócił się wreszcie do Mieszka – To, o czym mówiliśmy rano, na ogół jest prawdą, ale były przemilczenia... Dobrze mówię, stary druhu? – zwrócił się do Stoigniewa. – Objaw szczegóły planu memu następcy.

– Cóż... – Stoigniew przez chwilę obracał w dłoniach puchar, jakby zbierał myśli, po czym go odstawił. Przeniósł spojrzenie na Mieszka; uśmiechnął się znacząco. – W naszej sytuacji czymś naiwnym, nieroztropnym byłoby wysyłanie tak cennej pod każdym względem korony do Rzymu. Pewnie by w nieskończoność deliberowano, jakie przyjąć stanowisko wobec nieoczekiwanej prośby, a tymczasem korona trafiłaby do papieskiego skarbca. Dość szybko wysondowaliśmy, że kuria nie zgodzi się, aby papież ją pobłogosławił, a i sam papież nie byłby temu chętny. Więc obmyśliliśmy z twoim ojcem inny plan... – Stoigniew zrobił przebiegłą minę. – Kuria i papież Jan już zostali dyskretnie ubogaceni stosownymi darami. Uiściliśmy też zaległy trybut. Po tych posunięciach łatwo doszliśmy do porozumienia korzystnego dla każdej ze stron – papież nie pobłogosławi korony, ale też nie wyrazi sprzeciwu wobec samej koronacji. Jak nam niedawno doniesiono, zaciera on ręce, licząc po cichu, że nasi biskupi bez tego aktu sprzeciwią się uczestnictwu w koronacji i trzeba ją będzie znów odłożyć na jakiś nieokreślony czas...

– To całkiem logiczne rozumowanie. A co wówczas? – spytał Mieszko.

– Widzisz, synu – Bolesław ponownie włączył się do rozmowy – założyliśmy i to. Stąd ta druga korona... ten znakomity falsyfikat!

– Nie rozumiem.

– Czy sądzisz, że mimo danego słowa, wśród członków rady nie znajdzie się nikt, kto gotów jest pokrzyżować nasze plany? Nikt, kto gotów jest poinformować o nich króla Konrada, a równocześnie nie sympatyzującego z nami Stefana, króla Węgier?

– Nie, ojcze, nie mam takiej pewności. Powiem więcej – właśnie taką wątpliwością miałem zamiar się z tobą podzielić. Tyle że to dość niezręczne... w końcu to ty, ojcze, dobierałeś sobie tych ludzi...

– Tak, niezręczne... – Bolesław gestem dłoni wstrzymał Mieszka od dalszego wywodu – bo dowodziłoby braku twego doświadczenia. Pora na kolejną lekcję. Otóż warto wśród swoich apostołów mieć chociaż jednego judasza. Wówczas gra, zwana rządzeniem, staje się barwniejsza, a przy tym nie pozbawiona odrobiny humoru. Przykład? Właśnie temu posłuży pozłacana korona z kolorowymi szkiełkami. Po to kazałem ją wykonać! To ją będą posłańcy

wieźć przez Węgry wraz ze sztabkami ołowiu powleczonymi dla śmiechu złotem. Kiedy tylko przekroczą granicę nadamy sprawie rozgłos. Oczywiście nasz
judasz nie śpi, więc Węgrzy ją przechwycą, zyskując cichy poklask Niemców.
Kiedy zaś tylko Węgrzy wypuszczą posłańców, ci czym prędzej powrócą na
naszą granicę, gdzie... No, Stoigniewie, kontynuuj, bo to ty weźmiesz wówczas
sprawę w swoje ręce.

– ...gdzie będę na nich czekał z oryginalną koroną. Wyruszymy z paradą do
Gniezna, wieszcząc wszystkim, że przybywamy z koroną namaszczoną przez
papieża! Wrogom zagramy na nosie, z Węgrów zrobimy durniów, a nim się nasz
kler połapie w dowcipie, zdąży naszego pana namaścić na króla!

– Sprytne. Tylko nie wiem, czy papieża ubawi taki dowcip. A jeśli Rzym
podniesie krzyk?

– Będzie wówczas po fakcie – odpowiedział Bolesław. – W końcu pobłogosławienie korony to akt miły, ale niekonieczny. Liczy się namaszczenie dokonane przez polskiego arcybiskupa! Rzym jednak zmilczy... i ze względu na
umowę, jaką zawarliśmy ze sobą, i ze względu na polskie duchowieństwo...
wymagałoby bowiem pogrożenia palcem Kościołowi polskiemu. To byłby zbyt
niebezpieczny zgrzyt, gdy u wrót czają się grecy, a w kraju nie brakuje słowian-
ników. Poza tym trybut – nie zapominaj. Zbyt często go nie płaciłem, by pojęli,
ile stracą, gdy znów mi się zapomni go dostarczać.

* * *

Koronacja Bolesława Chrobrego na pierwszego w dziejach króla polskiego
odbyła się w gnieźnieńskiej katedrze, tylko co odbudowanej po pożarze w czasie powstania. Uroczystość miała bogatą oprawę – koronowany władca nie żałował pieniędzy, by ją uświetnić. Mimo to wiało chłodem i... pustką, i to bynajmniej nie z winy wczesnej pory roku 1025. Lud po świeżych jeszcze ranach,
jakie zadano mu podczas powstania i próby odstąpienia od siłą narzuconej mu
obcej wiary, nie kwapił się z przybyciem na tę uroczystość. Nie przybyli też
władcy ościennych państw, ale też kogo z nich miałby Bolesław zaprosić, i kto
z nich miałby ochotę przybyć? Jarosław, książę kijowski? Ten, któremu niedawno najechał kraj i splamił cześć jego siostry? Oldrzych, książę czeski, któremu niegdyś oślepił ojca i nienawidził z powodu uwięzienia Mieszka? Stefan,
król Węgier, z którego tylko co zakpił, nadto spowinowacony z wygnanym

Bezprymem? A może król Niemiec, Konrad II, już głośno protestujący przeciw koronacji i ostrzegający, że Niemcy uznają to za „zuchwałą uzurpację"? Legaci papiescy? Najpierw krótka euforia Węgrów, że przechwycili koronę, potem radość Bolesławowych dworzan z powodu „bezpiecznego powrotu z Rzymu pobłogosławionej przez papieża korony" sprawiły, że żaden legat się nie pojawił. To z kolei zwarzyło humory biskupom polskim. Nieledwie groźbami zmuszono ich do obecności na koronacji, a arcybiskupa gnieźnieńskiego Hipolita do namaszczenia Bolesława na króla i nałożenia mu korony.

Wyglądało na to, że tylko Bolesławowi drużynnicy, jego dworzanie i najbliżsi doradcy pojmowali znaczenie faktu ukoronowania swego władcy i okazywali z tego powodu autentyczną radość. Przede wszystkim z myślą o nich Bolesław wydał na Ostrowie Lednickim wielką ucztę, która ciągnęła się niemal bez przerwy już od dobrych kilku dni.

* * *

Mieszko rozpiął koszulę. W zatłoczonej sali było już nazbyt gorąco. Siedział obok sztywnej w zachowaniu Rychezy, która nie do końca wiedziała: czy ma cieszyć się z faktu ukoronowania swego teścia, czy – wzorem króla Konrada i większości Niemców – powinna się oburzać. Pozwała na ascetkę i gorliwą córę Kościoła; przybierała miny sugerujące, że rażą ją głośne krzyki, rubaszny humor i niesłychane ilości wypijanych przez uczestników biesiady trunków. Ale i Mieszka już znudziła ta wielodniowa impreza i towarzysząca jej mało wybredna wesołość. A u boku jeszcze ta niby małżonka, wiecznie nadąsana i wyniosła! Oprócz zdawkowych słów, zwykle dotyczących potraw, nie mieli sobie wiele do powiedzenia.

Robiło się coraz duszniej. Mieszko chciał pod byle pretekstem opuścić salę. Pretekst pojawił się sam. Dojrzał jak z miejsca wstaje Stoigniew – był niesłychanie blady. Ukłonił się przepraszająco Bolesławowi, coś mu rzekł na ucho, po czym ruszył niepewnie przed siebie. Chwiał się na nogach, nie wiadomo, czy ze zmęczenia czy z nadużycia alkoholu – najpewniej z powodu jednego i drugiego. Potknął się, na szczęście jakiś woj podtrzymał go w ostatniej chwili.

– Przepraszam – Mieszko, wstając, zwrócił się do Rychezy. Wskazał głową na Stoigniewa. – Staruszek poczuł się niedobrze. Jeszcze gotów wyrżnąć głową o kamienną posadzkę. Pomogę mu i odprowadzę go do jego izby.

– A czy tu można czuć się dobrze? – Rycheza spytała kąśliwie. – Jedynie ci są zadowoleni, co zachowują w jedzeniu i piciu umiar. Takich tu jednak nie dostrzegam, nie wyłączając tego starucha.

Mieszko nie silił się, by odpowiedzieć, skinął tylko głową. Przepychając się między pijanymi gośćmi, grajkami i wesołkami dotarł do Stoigniewa rad, że ma okazję uwolnić się od towarzystwa. – Stoigniewie! Stój. – podszedł do niego i wziął go pod ramię. – Pomogę ci. Wyglądasz na zmęczonego.

– Nie da się ukryć, Mieszku. Nie da się bowiem ukryć wieku i tego, co on z nami zwykł wyprawiać. Oj, nie udała się Bogu starość, nie udała… To już nie te czasy, gdy biesiadowało się do rana, a zaraz potem dzielnie stawało do boju przy twoim ojcu, naszym oto wreszcie królu – uśmiechnął się i pokiwał białą głową. – Dzięki, Mieszku, rad jestem, że odprowadzisz mnie. Jakoś zrobiło mi się słabo.

Dotarli do izby. Stoigniew poczłapał do okienka i otworzył je szeroko.

– No, wreszcie można zaczerpnąć świeżego powietrza – zwrócił się do Mieszka, oddychając ciężko. Czoło rosił mu pot.

– Ale zanim się położysz, zamknij je na powrót. Noce chłodne, łatwo o przeziębienie, a to w wieku, na jaki narzekasz, jest dość niebezpieczne – Mieszko radził z troską w głosie. – Dobrej nocy, Stoigniewie…

– Zaczekaj – Stoigniew przymusił księcia, by przysiadł na chwilę. Wskazał mu ręką na krzesło, sam usiadł na skraju łoża. – Powiedz mi, Mieszku – odezwał się po chwili, uczyniwszy przedtem kilka głębokich wdechów – ale tak szczerze: cieszysz się z wyróżnienia, jakie spotkało twego ojca?

– Tak, Stoigniewie, bardzo. Wiem, co znaczy koronowana głowa w dzisiejszym świecie i wiem, co znaczy wyniesienie naszego kraju do rangi królestwa. To jest prawdziwe zwycięstwo mojego ojca, znacznie, znacznie większe od tych jego niekiedy wątpliwych, militarnych zwycięstw. Teraz wszystkie państwa chrześcijańskie będą musiały uznać naszą suwerenność. Ale też wiem, drogi Stoigniewie, jak bardzo przyczyniłeś się do tego sukcesu swoją mądrą głową. Starość odbiera siły, to fakt, ale niekoniecznie mądrość, a tej pewnie ci do ostatnich twych dni nie zbraknie.

– Dziękuję, Mieszku, za dobre słowo. Miło, gdy rządzący potrafią dostrzec wierność i oddanie swych sług. Widziałem te wieczne zabiegi Bolesława o uzyskanie korony i wieczne przeszkody, które stawiali nasi wrogowie i fałszywi przyjaciele. To mnie zawsze trapiło. Udało się jednak, wreszcie się udało!

Cieszę się, że dożyłem tego wywyższenia mego pana, że moje oczy zdążyły zobaczyć jego koronację. Teraz już spokojnie mogę je zamknąć. Wymuszone to było, i owszem, ale – jak świat światem – liczą się fakty dokonane – zaśmiał się szelmowsko.

– To prawda – Mieszko też się roześmiał. – Biskupi i arcybiskup Hipolit mieli podczas koronacji takie miny, że trudno mi je będzie kiedykolwiek zapomnieć.

– Z Bolesławem nie ma żartów. Szybko uświadomili sobie, ile mogą stracić na nieposłuszeństwie, a straciliby – istotnie – wiele...

– Słyszałem od ojca, jak Hipolit się odgrażał, że po takim ich potraktowaniu żaden kronikarz nie zgodzi się zamieścić w swym dziele opisu tej uroczystości[19].

– A komu to potrzebne? – Stoigniew wydął lekceważąco wargi. – Wystarczy, że wszyscy, mówiąc lub pisząc o Bolesławie Chrobrym, będą musieli tytułować go królem.

– Ale... wiesz, Stoigniewie?... Kiedy ojciec mówił, że to wysłanie imitacji korony na Węgry pozwoli nam przy okazji zdemaskować prawdziwych zdrajców, pomyliłem się w swych przypuszczeniach.

– Myślałeś, że to Gądziel?

– Właśnie. Omyliłem się i to wierutnie!

– On lubi stawać okoniem, uczynił swoimi radami wiele zła, ale takiej zdrady by się nie dopuścił.

– Za to co do mnicha Ekberta się nie pomyliłem. Wiedziałem, że jest posłańcem tych, którzy są tu po to, by nam szkodzić. Obiecałem mu kiedyś stryczek i... mam nadzieję, że dotrzymam słowa...

---

19 istotnie, wszyscy kronikarze pomijają opis koronacji Bolesława Chrobrego, nie negując jednak przysługującego mu tytułu króla (uwaga autora).

ROZDZIAŁ XXVI
TAJEMNICE RODU PIASTÓW (1025 r.)

yglądało na to, jakby Bolesława Chrobrego w ostatnich czasach przy życiu trzymał tylko jeden cel: zdobycie korony. Tak przynajmniej szeptali między sobą ci, którzy z racji obowiązków stykali się z nim bezpośrednio lub chociażby mieli sposobność obserwować go. Ale były podstawy do takich przypuszczeń. Fakt, widziało się u niego już wcześniej znużenie, a medycy ustawicznie serwowali różne mikstury. Kiedy jednak doradcy delikatnie proponowali mu, żeby przemęczonemu ciału pozwolił nieco pofolgować i ciężar spraw publicznych przerzucił na swego syna Mieszka, zżymał się, pozując na króla ciągle krzepkiego i o jasnym umyśle. Takie udawanie prędko się wydało – od czasu koronacji szybko tracił siły, i w końcu – w palatium w Poznaniu – popadł w niemoc... Zrozumiał wówczas, że rządzenie rozległym krajem z łoża, z którego już nie wstawał, nie jest rządzeniem, lecz miejscem, z pozycji którego można co najwyżej radzić i dzielić się swoim doświadczeniem życiowym. Poddał się. Zaprosił do Poznania wszystkich liczących się możnowładców oraz prałatów. Udzielił im szeregu rad, zaś Mieszkowi powierzył rządy nad królestwem i najważniejsze sprawy sądownicze, które do tej pory trafiały do niego.

Na niebie w tych dniach ukazała się kometa! Ciągnęła za sobą niezwykle długi ogon, a jaśniała tak wielkim światłem, że już dla wszystkich mieszkańców kraju stało się oczywiste, iż wieści ona kres życia ich władcy. Bolesław dostrzegł tę kometę z okna swej komnaty; zrozumiał. Zwołał zjazd do Gniezna, gdzie – mimo choroby – kazał się zawieźć. W obecności panów polskich, wyższego duchowieństwa i przedstawicieli ludu naznaczył oficjalnie swoim następcą na tronie... Mieszka Bolesławowica. Póki jednak żył, zażyczył, by syn po każdym dniu przychodził do niego zdać relację. Wysłuchiwał jego sprawozdań i udzielał mu ostatnich pouczeń.

* * *

Mieszko, zmęczony dniem i ciążącymi na nim obowiązkami, posłusznie i z synowską troską, wszedł do komnaty ojca. Wiedział od dworskich medyków, że jest z nim źle, bardzo źle... właściwie jego dni są policzone. Kiedyś nie cierpiał ojca, zbyt wiele krzywd spotkało go z jego strony. W miarę jednak upływu lat stopniowo ta niechęć malała. Widział i uświadamiał sobie coraz wyraźniej, że ojciec jest przede wszystkim władcą i dla niego tylko to się liczy oraz pomyślność kraju, nad którym tę władzę sprawuje. Mieszko nie zgadzał się z wieloma jego posunięciami. Zżymał się, iż nie dostrzega, że państwo niekoniecznie jest silne swymi rozległymi granicami, lecz przede wszystkim szczęściem i zamożnością poddanych. Ale... ojciec nie robił przecież tego z myślą, by Polsce szkodzić, wręcz przeciwnie – uważał, że czyni tak właśnie w interesie kraju. Zaimponował mu swoją determinacją w ubieganiu się o koronę, w pojmowaniu tego, jakie niesie to ze sobą korzyści. A teraz, kiedy sam przejął ster rządów, coraz jaśniej rozumiał, jak trudna jest to rola i jak często – mimo najlepszych chęci – zdarzają się błędy i potknięcia. Myśl, że oto nieuchronnie zbliża się czas, gdy ojca nie stanie i za wszystko będzie odpowiadał już tylko on sam, wywoływała u niego lęk. W takich momentach najchętniej uciekłby gdzieś w ostępy Mazowsza i przedzierzgnął się w zwykłego kmiecia, bartnika czy myśliwego.

– Siadaj – Bolesław na jego widok wskazał wymoszczone kożuchem krzesło przy łożu. Obok przysunięty był niewielki stolik, na którym stał dzban z wodą oraz kilka kubków wypełnionych jakimiś płynami, zapewne naparami z ziół.

W blasku świec Mieszko dostrzegł jak duże i szybkie spustoszenie robi u ojca choroba: ciemne worki pod oczami, wychudłe, zapadłe policzki na niegdyś pełnej, czerstwej twarzy, i ta cera! – przezroczysta, gromniczożółta, oczywisty znak tego, co wkrótce stać się musi. Zdziwiły go same oczy – odbiegające od całości, błyszczące, takie, jakby to w nich skumulowała się resztka życia. Gorączka? – zastanawiał się w duchu i tym bardziej się niepokoił.

– Albo nie! Wstań jeszcze i sięgnij po tamte pucharki i butlę – Bolesław wskazał na półkę zawieszoną na przeciwległej ścianie.

– Ależ, ojcze... – Mieszko zaoponował. – Nie wolno! Medycy zabronili.

– Nie wrócą mi młodości. Nawet na nogi nie potrafią mnie postawić. Więc co mi po ich wskazaniach, hę? Już sama świadomość nadchodzącej śmierci jest wystarczająco gorzka, nie trzeba mi jej pogłębiać tymi gorzkimi paskudztwami – wskazał na mikstury. – Odrobina syconego miodu jeszcze nikomu nie zaszkodziła, uleczyła zaś wielu, i wolę jego słodycz od tego, tu... No, rusz się, proszę, nie odmawiaj staremu ojcu. Potrzebuję dzisiaj tego eliksiru, żeby móc opowiedzieć ci o tym, z czym zwlekałem do ostatniej chwili... Najwyższa pora objawić ci to, co z ojca na syna przekazujemy temu z potomków, który ma objąć po nas władzę. Takich trochę tajemnic rodu Piastów – zaśmiał się krótko, śmiech bowiem zdławiony został atakiem duszącego kaszlu. Nerwowo, ponaglająco wskazał ręką na półkę.

Mieszko, widząc to zdecydowanie, te błyszczące oczy i zaintrygowany słowami, nie oponował dłużej. Przyniósł miód i pucharki. Ojcu nalał do połowy, sobie do pełna. Poprawił poduszki, pomógł mu usiąść na łożu i podał w drżące dłonie trunek. Przypili do siebie. Zabrał opróżnione naczynie i zastygł w oczekiwaniu.

– Wiesz na cześć kogo nadałem ci imię? – usta Bolesława przyoblekły się w jakiś zagadkowy, na poły kpiarski uśmiech.

– Noo... z szacunku do dziadka, ma się rozumieć.

– Tak, ma się rozumieć. A teraz inne pytanie. Skąd twojemu dziadkowi wynaleźli takie dziwne imię?...

– Po prawdzie... tego nie wiem. Hm... nigdy się nad tym nie zastanawiałem, ale rzeczywiście... jest dziwne...

– Zatem posłuchaj opowieści dla wtajemniczonych. – Bolesław dumał chwilę. – Ale o Popielu, co to go zjadły myszy słyszałeś, prawda? – spytał.

– Tak, tę legendę słyszałem – Mieszko uśmiechnął się rzewnie na wspomnienie o dzieciństwie. – Czyżby...? – zmarszczył brwi. – Czyżby miało to coś wspólnego z moim imieniem?

– Bystry jesteś! Zresztą, inaczej nie obrałbym cię moim następcą. W każdej legendzie tkwi źdźbło prawdy, w tej zaś tego źdźbła jest całkiem sporo. Twój dziad otrzymał imię nawiązujące do bitnego rodu Myszków, wyróżniających się wśród Ledniczan. Wchodzili oni w skład plemienia Goplan, jak niegdyś nazywano rdzennych Polan. Czemu Myszko zmieniono na Mieszko, o tym za chwilę.) Przedtem jednak zajmijmy się innym rodem. Otóż blisko dwa stulecia temu władzę nad Goplanami objęli Popielidzi pochodzący z Kruszwicy. Nazwę rodu wzięli od swego protoplasty – Popiela. Właściwie było to przezwisko nadane mu przez tych, których krzywdził. Popiel nie rządził z nadania. Przemocą zdobył władzę i podporządkowywał okoliczne ziemie, siejąc wokół zniszczenie, pożogę i pozostawiając po sobie popiół. Wbrew intencjom poszkodowanych spodobał mu się ten wymierzony w niego epitet. Uznał go za swoje imię, sądząc, że tym sposobem będą czuli przed nim jeszcze większy respekt. Zmusił do uległości okolicznych naczelników plemiennych. Opuścił też swój pierwotny gród, Kruszwicę – która stała się już peryferią jego ziem – na rzecz bardziej centralnie położonego Gniezna. Popielowi urodził się syn, któremu – jako pierworodnemu – również dano na imię Popiel. Gdy doszedł on do pełnoletności, ojciec przymusił swych braci, bez oglądania się na wiec, by to jego syna wyniesiono na tron. Okazało się wkrótce, że młody Popiel jest jeszcze bardziej nikczemny od swego ojca, a przy tym gnuśny. Większość czasu spędzał na pijatykach, tańcach, w towarzystwie dziewcząt. Natomiast na wojaczce się nie znał. Ponoć nie umiał nawet w ręku trzymać miecza. W ogóle przedkładał towarzystwo niewiast nad męskie. Jego stryjowie, widząc to, zaczęli szemrać przeciwko niemu i się buntować. Uznali, że nie jest godny tytułu kniazia, a obrali go pod przymusem. Dotarło to do uszu młodego Popiela. Począł knuć zemstę. Wspomagała go w tym jego żona, Niemka. Dobrali się jak w korcu maku, jedno bardziej mściwe od drugiego. Wpadli na pomysł, że kniaź uda, iż popadł w ciężką, śmiertelną chorobę. Rozesłał tę wieść do swoich stryjów i krewnych, zapraszając ich do siebie, aby wspólnie uradzili, kto miałby zostać jego następcą.

Zaproszeni stawili się w komplecie. Tymczasem jego żona przygotowała dla gości napój-niespodziankę. Była to silnie działająca trucizna, ale podana przemyślnie i w sposób wykwintny. W tym celu zaopatrzyła się aż u italskich rzemieślników w piękny złoty puchar. Był on sprytnie zrobiony, z myślą o szczególnych nabywcach… trucicielach. Mianowicie wlana do niego choćby niewielka ilość płynu podchodziła natychmiast ku górze. Kielich, nawet w części napełniony, zdawał się być pełen. Płyn dmuchnięty delikatnie opadał na dno. Żona wlała na oczach zebranych z równie wytwornego dzbana do pucharu napój – niby dobrze wystały i zaprawiony ziołami miód, w istocie truciznę zaprawioną miodem – i podała go mężowi. Ten zastosował sztuczkę. Dmuchnął niepostrzegalnie i trucizna opadła na dno, a oczom wszystkich ukazał się niemal opróżniony puchar. To upewniło gości, że w tym geście pożegnania nie kryje się podstęp i mogą bezpiecznie pić podany napój. Żona Popiela nalewała, a goście – jeden po drugim – wypijali ów toast. Gdy już wszyscy go spełnili, Popiel poprosił, by udali się na spoczynek, bowiem od tej przyjaznej z nimi rozmowy ogarnęła go jeszcze większa słabość i senność. Biedacy! Nie uświadamiali sobie, że to nie oni żegnali Popiela, lecz kniaź ich żegnał. Odeszli, dziwiąc się, jak mocnym trunkiem zostali uraczeni – nogi im się mocno chwiały, a co któryś padał naraz jak kłoda. Gdy tylko znaleźli się w obszernej izbie, gdzie mieli nocować, służba zaryglowała za nimi drzwi. Do rana wszyscy co do jednego wyzionęli ducha.

Błędem hardego Popielida było to, że zamiast zwłoki gdzieś dyskretnie zakopać, kazał je porzucić bez pogrzebania. Zdziwionym ludziom tłumaczył, że jego krewni zasłużyli na taki uczynek, zamierzali bowiem targnąć się na jego życie, lecz spotkała ich kara boska i nagle pomarli. Jednego nie przewidział – tą ludzką padliną zaciekawiły się bezpańskie psy, i wkrótce, skowycząc, poczęły zdychać jeden po drugim. Rzecz się wydała! Wieść o tym szybko dotarła do Myszków, nad Gopło. Piastun, czyli Piast, zarządził natychmiastową naradę. Zwano go tak z racji „piastowanej" funkcji i dlatego, że jako człek zamożny opiekował się rodem, był dla niego „piastunem". Nie ulegało kwestii: Popiel dokonał zbrodni, jego krewni zostali otruci! Niepowtarzalna i usprawiedliwiona okoliczność, by wypowiedzieć oprawcy posłuszeństwo! Myszkowie skrzyknęli Ledniczan, swych ziomków. Pamiętaj, synu, że Ledniczanie stanowili wówczas znaczącą siłę. Przez ich terytorium od dawien dawna wiodły dwa główne trakty kupieckie: jeden z Pomorza Gdańskiego na Śląsk, drugi z Rusi do Wolina i dalej aż do duńskiego portu Hedeby. To zapewniało Ledniczanom bogactwo, ale i niezłą wiedzę o otaczającym ich świecie. Do dzisiaj zresztą stanowią serce Polan i do dzisiaj uzyskujemy od nich największy i najbardziej oddany nam, Piastom, kontyngent wojów. Nie mogli też zdzierżyć faktu, że Popiel zaanektował ich święty teren – Gniezno, skąd mógł sprawować kontrolę nad wyspą na Jeziorze Lednickim i rozsianymi wokół osadami. Czy wiesz, że u zachodniego brzegu jeziora istnieje osada Myszki?

– Tak się składa, że wiem.

– Gdy Popiel bezprawnie i pod przymusem kazał Myszkom opuścić wyspę, tam właśnie przeprowadzili się ich co bardziej znaczący przedstawiciele. Założyli osadę i nazwali imieniem swego rodu. Tam teraz dojrzewał bunt przeciwko Popielowi. Popiel rychło się o tym dowiedział i pociągnął ze swoją drużyną na buntowników. Nie zdążyli zaskoczyć Ledniczan, ci bowiem schronili się w solidnym grodzie, z trzech stron oblanym wodą, który dzisiaj nosi nazwę Sława. Według Popiela dowodziło to popłochu, jaki wzbudził. Postanowił więc z marszu na nich pociągnąć. Nie obeznany ze sztuką oblężenia zaatakował nieskładnie dobrze umocniony gród. Szturmy zostały odparte i to tak skutecznie, że jego wojowie zasłali trupami całe przedpole. To wówczas gród zyskał swą obecną nazwę. Jasne stawało się, że nic nie zdziała siłami, które ma w posiadaniu. Oblegających ogarnęło zwątpienie, tym bardziej, że na pomoc oblężonym pospieszyli Gieczanie i Lądzianie. Popiel za radą swego otoczenia odstąpił od oblężenia i ruszył naprzeciw odsieczy. Rozumowano, że drużyna łatwo upora się z zebranym naprędce pospolitym ruszeniem. Doszło do starcia pod Pobiedziskami. Popiel i jego doradcy nie założyli jednego – że obrońcy Sławy wyjdą z grodu i przyłączą się do bitwy.

Znów oberwał. Zarządził odwrót i uciekł do Kruszwicy. I oto z oblegającego teraz on stał się oblężonym. Mimo to kniaź czuł się pewnie – gród był silnie umocniony, obsadzony wystarczającą liczbą obrońców, dobrze zaopatrzony. Były i inne przesłanki. Druga strona, upojona zwycięstwami, zaatakowała gród zbyt odważnie. Teraz atakujący, na odmianę, zasłali przedpole poległymi. Zwyczajowo obie strony powinny przystać na krótki rozejm, by pozbierać ciała zabitych i je pochować. Popiel popełnił tu kolejny błąd, który go drogo kosztował – nie zezwolił na to! Kto próbował podejść do ciał, sam ginął przeszyty strzałami łuczników czatujących na przedpiersiach grodu. To było niegodne Słowian. Pewnie stało się tak za namową jego okrutnej żonichy – Niemki. Oblegający zaprzysięgli srogą zemstę. Było lato, gorąco. Ciała zaczęły się rozkładać. Fetor stawał się nieznośny. Napastnicy pod wodzą Myszków, a właściwie postawionego na ich czele Piasta, usunęli się na pewną odległość. Obrońcy skorzystali z tego i zaczęli potajemnie opuszczać gród – uciekali jak najdalej od miejsca, które groziło wybuchem zarazy. Popiel, widząc, że nie ma kto bronić Kruszwicy, w desperacji zmuszony był wraz z najbliższymi wojami uciec do stołpu – ostatniego punktu obrony. Atakujący, zasłaniając chustami nosy i usta, pozbierali ciała i uczynili kilka ogromnych stosów całopalnych. Ogień z tych stosów podłożono również pod stołp. Obrońcy wraz z Popielem, jego żoną i synem podusili się od żaru i dymu. Na dobre się spopielili... Ich zwęglone zwłoki zwycięzcy wrzucili do Gopła. Myszkowie zastąpili Popielidów. Na zwołanym wiecu obrano kniaziem Piasta. I w taki oto sposób, synu, „Popiela zjadły myszy"...!

Bolesław zaśmiał się. Oddychał z trudem; ponownie poprosił Mieszka, by polał mu miodu. Wypił go łapczywie. Wziął kilka oddechów, po czym kontynuował:

– Piast zrodził Siemowita, Siemowit Leszka, Leszko Siemomysła, a Siemomysł twojego dziada i imiennika – Mieszka. W miarę umacniania się władzy naszych przodków trochę głupio było odwoływać się do nazwy rodowej i naszego praojca – Myszy, na którego zapewne wołano Myszko. Odważył się jednak uczynić to, ku ich pamięci, twój pradziad, i takie imię nadał swemu pierworodnemu. Mógł sobie na to pozwolić, był już zbyt potężny, by wstydzić się swoich korzeni. Po prawdzie, to on był założycielem państwa polskiego. Tyle że otoczenie twego dziada wolało po śmierci Siemomysła zmienić mu imię na Mieszko... Odkąd bowiem został ochrzczony, trudno byłoby tak zwracać się do chrześcijańskiego księcia. To taki nasz pierwszy, rodowy sekret. Czas na kolejną tajemnicę... – począł ciężko oddychać; poprosił o miód.

– Nie, ojcze. Wystarczy! – Mieszko wstał, zdecydowanym ruchem wziął butlę i odniósł ją na poprzednie miejsce. – Ciekawe to, co mówisz, ale jeśli czujesz się nadto zmęczony, odłóżmy resztę tych rewelacji na jutro.

– Nie wiem, czy dane jest dla mnie jutro. Trudno. Siadaj zatem i słuchaj. W słowach tego już niewiele, za to w znaczeniu dużo. Pierwszymi chrześcijanami, którzy dotarli na nasze ziemie byli zwolennicy Cyryla i Metodego. Zaprowadzony przez nich obrządek słowiański na ziemiach polskich był wcześniejszy od obrządku łacińskiego. W czasach młodości Mieszka bardzo się rozplenili, a ich metropolia z siedzibę w Krakowie miała ogromny zasięg.

– Mówisz, ojcze, jak rozumiem, o słowiannikach?

– Właśnie o nich. Twój dziad zaprosił ich na swój dwór, a w rezultacie dał się przez nich ochrzcić!...

– A to ci historia?! – przerwał mu Mieszko, nie kryjąc zdumienia. – A to żeś mnie, ojcze, zadziwił tą nowiną! No i co dalej?

– Mieszko rządził już rozległym krajem. Stał się znany w świecie, jego przyjacielem był sam cesarz. To zaniepokoiło Rzym. Obawiano się, aby wraz z rozwojem terytorialnym ten wybitny książę nie zaczął propagować na swych ziemiach obrządku słowiańskiego. W tym czasie bawiła w Rzymie z wizytą Dobrawa, córka księcia czeskiego Bolesława, panna znacznie już podstarzała i... powiedzmy to delikatnie – przez wzgląd, że to moja matka, a twoja babka – niezbyt urodziwa... Zrodził się wówczas pomysł, aby nakłonić ją do poślubienia Mieszka, pod warunkiem, że książę polski przejdzie na obrządek łaciński. Jako łacinnik nie mógłby szerzyć obrządku słowiańskiego. Jak uradzono, tak się stało – Dobrawa oto miała szansę uniknąć staropanieństwa i klasztoru, a Mieszko miał świadomość, ile ten krok przysporzy mu korzyści. Znał swoją wartość, więc doprowadził do umowy na wyjątkowo korzystnych warunkach. Przede wszystkim odsunął Niemców od wpływów na sprawy polskie. Doszło do ślubu, ale jeszcze przez rok Mieszko wahał się z przyjęciem obrządku łacińskiego. Nie potrzebował się chrzcić. W końcu był już chrześcijaninem. Zresztą, patrząc na sprawę z drugiej strony: czy czeska księżniczka, chrześcijanka, mogłaby zostać poślubiona poganinowi? Tak wówczas, jak i dzisiaj zostałby wyklęty każdy chrześcijański władca, który oddałby córkę poganinowi! To, że zachował swe poprzednie imię, też czegoś dowodzi – jak wiesz, nie do pomyślenia jest, aby ochrzczonemu w obrządku łacińskim pozostawiano dawne imię. Z tego wła-śnie powodu w łacińskich annałach nie znajdziesz wzmianki o chrzcie naszego przodka.

– Rzeczywiście…

– I to jest kolejna nasza tajemnica! Chociaż są tacy, co o tym pamiętają, ale przez wzgląd na mnie boją się puszczać pary z gęby. Jesteśmy, jak Polska długa i szeroka, krajem chrześcijańskim obrządku łacińskiego! Takiego hasła wymaga racja stanu i tak ma być!

Bolesław niemal to wykrzyczał, co zaskutkowało tym, że począł naraz kasłać, dusić się i sinieć. Mieszko zerwał się z trwogą: – Zaraz przywołam medyka!

– Nie trzeba… Nie chcę. Już mi przechodzi… Wracaj!

Mieszko zawahał się, ale istotnie ojciec powoli dochodził do siebie. Podał mu wodę do popicia, poprawił ponownie poduszki.

– Widzisz? To już długo nie potrwa. Co do tajemnic zostałem jeszcze ja, nie-prawdaż? – spojrzał na syna, próbując figlarnie się uśmiechnąć, co niezbyt się mu udało. – Pytaj Mieszku wnuku Mieszka, bo jutro możesz nie mieć tej okazji…

Nie mógł się zdecydować. „Nie dobiję tym ojca? Nie rozeźli się jak zwy-kle, gdy chcę poruszyć tego rodzaju temat?" – walczył z myślami. Wreszcie się odważył: – Chodzi mi o Wojciecha… świętego Wojciecha – poprawił się. – Jak to właściwie było z tą jego misją? Z tym wykupem ciała?

– Wiedziałem! Od dawna wiedziałem, że korci cię, by zadać mi kiedyś to pytanie. – O dziwo twarz Chrobrego pozostała spokojna, nie uniósł się gnie-wem. – A co u ciebie budzi w tej kwestii wątpliwości?

Mieszko poruszył się niespokojnie: – Skoro mam być szczery… Twoi wojo-wie towarzyszyli Wojciechowi morzem, ale gdy tylko wylądowali na ziemi Prusów, pożegnali go i jego towarzyszy czym prędzej i zawrócili… Pozostawili ich samych sobie na łasce pogan. Czemu? No a potem ten wykup ciała… na wagę złota! Wiem od Mazowszan, a oni bezpośrednio od Prusów, że po zabiciu

Wojciecha odcięto mu głowę, a resztę ciała poćwiartowano i rozrzucono na cztery strony świata, również w nurty rzeki. Odciętą głowę, ku przestrodze, nabito na pal. Wiosna była, jak powiadają starzy, wczesna i niesłychanie gorąca. Rozkład szczątków musiał zatem następować szybko. W lasach i pustkowiach, gdzie je rozrzucono nie brakowało dzikiego zwierza, drapieżników, tak jak w rzece drapieżnych ryb. Lecz oto po wielotygodniowej podróży twoi wysłannicy, ojcze, przywieźli bezgłowe ciało. W dodatku takie, które w cudowny sposób samo się zrosło bez najmniejszych śladów... Czyje to było tak naprawdę ciało, ojcze?

Bolesław kiwał głową w milczeniu. Przeniósł wzrok na syna: – Władca, w którego kraju nie ma świętych męczenników, nie ma relikwii, nie jest godzien przyznania mu korony, nie może być koronowany...

– To akurat wiem.

– Więc i znasz całą resztę...

– Czy ta „reszta" ma też związek ze sprawą pięciu męczenników, ojcze? Wiedziałeś, że ślubowali ubóstwo i zgodnie z tym ślubem żyli, prawda? Po co im przekazałeś tak dużą ilość srebra i tak „dyskretnie", że wielu o tym wiedziało? I czemu tych schwytanych rabusiów i morderców nie skazałeś, jak tego od ciebie żądano, na tortury i śmierć? Dlatego, że potwierdzili, iż eremici zginęli śmiercią męczeńską? To śmierć z powodu srebra jest męczeństwem? Dlaczego kazałeś ich jedynie skutych w kajdany postawić u grobu męczenników, by albo zmarli z głodu i pragnienia, albo ulitowali się nad nimi Bóg i święci i wybawili z katuszy? Oczywiście wybawili – dodał. – Pęta w „cudowny" sposób zostały skruszone i nie pozostawało tobie nic innego, jak puścić ich wolno... – nie potrafił stłumić drwiny w głosie. Zaraz jednak przestraszył się własnych słów. Spojrzał z obawą na ojca; zamilkł.

Bolesław nie odpowiadał, ale i teraz nie było w nim gniewu. Osunął się nieco z poduszek; położył na wznak. Wzrok utkwił w suficie. Dopiero po dłuższym czasie, nie patrząc na Mieszka, odezwał się: – Każdy w życiu ponosi jakieś ofiary. Ale państwo to coś znacznie więcej niż człowiek, chociaż z ludzi się składa. I dlatego ono nie ponosi ofiar, natomiast ono ofiar wymaga... zwłaszcza, gdy jest jeszcze młode... Jeśli tego nie pojmiesz, zatracisz siebie i państwo, które ci powierzam!

MIESZKO WNUK MIESZKA

ROZDZIAŁ XXVII
WYSTĄPIENIA ZBROJNE (1025 r.)

Las się przerzedzał wyraźnie za sprawą ludzi – z powodu wyrębu. Świadczyły o tym sterczące z ziemi niskie i w miarę równe kikuty pni, a wokół nich rozsypane na mchu jasne wióry. W prześwitach między rosnącymi drzewami niewielka grupa jeźdźców mogła teraz dojrzeć krwistoczerwone półkole zachodzącego słońca. Dla tych, którym dzień zbyt szybko i nieoczekiwanie się kończył, zajaśniała jeszcze wieczorna zorza. Wszystko jakby uroczyście zamilkło – śpiew ptaków, wiatr, listowie; znieruchomiały wierzchołki drzew.

– Przyroda wstrzymała oddech przed nocą i swoją zmianą warty – Zadar, ulegając niezwykłości chwili, odezwał się do jadącego przy nim Jura.

– Przejmująca martwota – skrzywił się jego towarzysz. – Nie potrafię dostrzec w niej uroku. Zbytnia cisza nieprzyjemnie dźwięczy w uszach. Nic dziwnego, że ciszę dedykuje się zmarłym, niczym jakiś pogrzebowy utwór. Chętnie zadedykuję ją tym, za którymi podążamy – dodał chłodno, zaciskając zęby.

Zbliżali się do skraju lasu. Zadar ściągnął uzdę; dał znak ręką i zeskoczył z konia. Jeźdźcy się zatrzymali. Tropiciel śladów nie wychodził ze swej roli. Końcem miecza obrócił końskie łajno. Potem uważnie przyjrzał się krzakom i drzewom rosnącym wzdłuż drogi. Dostrzegł złamaną, zwisającą gałązkę. Podszedł do niej, dotknął palcami miejsce złamania; analizował lepkość soku. – Zachowaliśmy odległość – orzekł zdecydowanie. – Z pewnością nas nie dostrzegli. Co teraz? – zwrócił się do Jura dowodzącego grupą kilkunastu wojów.

– Nawet jeśli mają przewodnika, nie będą się włóczyć po nocy. Albo rozbiją obóz, albo… – zagadnięty zerknął na jednego z wojów. – Ty znasz te strony. Jest w pobliżu jakaś osada?

– Nie. Ale za tą brzeziną przed nami droga skręca, przy niej zaś stoi okazała chata. Mieszka w niej drwal z rodziną. Nie sposób tej chaty nie zauważyć. Dobrze wiedzą o niej podróżni i kupcy, bo też nie odmawia się tam noclegu i poczęstunku. Kto wie, czy ci zdrajcy nie skorzystają ze sposobności i nie poproszą o to?

Jeźdźcy spojrzeli w kierunku wskazanym przez woja. Istotnie, ponad brzozami unosił się w niebo słup dymu, widomy przejaw bytności człowieka.

– Zaczekamy do północy – zakomenderował Juro. – Jeśli tam są, lepiej, żeby dobrze przysnęli. Schodzić z koni! Dajmy im wytchnąć. Okazja też, żebyśmy sami się posilili. Pościągajcie sajdaki z prowiantem. Ale zza drzew mi się nie wychylać!

Rozsiedli się na powalonych pniach. Łamali się chlebem i jedli go z wędzonym, obsypanym ziołami boczkiem. Między nimi krążył duży bukłak z piwem. Rozmawiano przyciszonym głosem. Konie, mimo mroku, poczęły skubać kępki wiosennych traw. Na niebie zabłysły pierwsze gwiazdy.

Naraz wszyscy, jak jeden mąż, zerwali się na równe nogi. Wieczorny spokój zakłócił przeraźliwy kobiecy krzyk z oddali! Jakiś pies zaczął ujadać, potem wyć, wreszcie zaskomlał. Po chwili wszystko na powrót ucichło.

Wojowie spojrzeli po sobie w milczeniu, ale w gotowości do działania. Skierowali wzrok na Zadara, jakby oczekiwali od niego wyjaśnienia i tych znaków.

Zadar istotnie odezwał się pierwszy: – Wygląda na to, że właśnie podziękowano za słowiańską gościnność.

– Na koń! – zawołał Juro. Ledwo jednak znaleźli się na trakcie, gwałtownym ruchem ręki nakazał się zatrzymać.

W ich stronę ktoś się zbliżał, ale z tej odległości widzieli jedynie jakby sunący cień. Dłonie odruchowo znalazły się na rękojeściach mieczy. Wkrótce cień ów okazał się biegnącym chłopcem. Zadar zeskoczył z siodła i zagrodził mu drogę.

W świetle wynurzającego się znad lasu księżyca przerażone oczy chłopca błyszczały od łez. Widok jeźdźców go zaskoczył; stanął jak sparaliżowany. – Nie zabijajcie mnie! – wydobył głos z zaciśniętej krtani.

– Nikt nie zamierza uczynić ci krzywdy. Co się stało?

– Wy dworscy. Nie zabijajcie mnie, proszę... – chłopiec powtórzył błagalnie.

Zadar w lot pojął: – My rodzimowiercy. Zaręczam, nie zrobimy ci krzywdy – odezwał się łagodnie.

Chłopiec przyjrzał się mu uważnie; z wahaniem rozważał słowa, po czym przypadł do niego, mocno wtulił i rozszlochał.

Zadar pochylił się nad nim i począł go głaskać po głowie. – Zdążysz się jeszcze wypłakać. A teraz musisz się przemóc. Mów co zaszło!

Wojowie otoczyli ich. Dzieciak, drżąc na całym ciele, łapał powietrze. W końcu zaczął mówić przerywanym głosem:

– Przyjechało do nas kilku podróżnych. Wyglądali jak wy, panie, na zbrojnych. Naprzeciw nim wyszli mój ojciec z matką i się im pokłonili. To byli Niemi, ale jeden z nich gadał po naszemu i służył za tłumacza. Ugodzili się z rodzicami na nocleg i obrok dla koni. Matuś poszła zakrzątać się koło wieczerzy, a ojciec pomógł im powprowadzać konie do stajni. Ja stałem i przyglądałem się zza sterty porąbanego drewna, które ojciec kazał mi poprzenosić do drewutni. Zmierzchało i nie zauważyli mnie. Niespieszno mi było iść do chaty, bo co to za przyjemność słuchać gulgotania Niemych i nic z tego nie rozumieć. Zacząłem się bawić z Burkiem, moim psem. Ale robiło się ciemno. Już, już miałem wracać, a tu matuś wychodzi z wiadrem po wodę, a za nią ojciec. Przystanęli, a ojciec mówi: „Trzeba powiadomić Bronisława, pewnie chcą ich wyśledzić i nasłać na nich dworskich"…

– A kto to ten Bronisław? – spytał Juro.

Chłopiec spojrzał na niego nieufnie, a potem skierował wzrok na Zadara. Ten skinął głową przyzwalająco i objął go ramieniem.

– Dowodzi oddziałem naszych. Ukrywają się w lesie…

– Rozumiem. I co dalej?

– Rodzice nie zauważyli, że za nimi wyszedł jeden z Niemych. Tyle że tamten też rozumiał po naszemu, bo się okrutnie zaśmiał i mówi: „A to gdzie gospodarz chcieć iść? Nogi połamać? Ciemno". I… i… – chłopcu głos się załamał. Ponownie się rozszlochał i wtulił się w Zadara.

– Mów – Zadar delikatnie odsunął go od siebie. – Obronimy ich, ale na Bogów, mów.

– Nie obronicie, panie! – chłopiec obrócił ku niemu oczy pełne łez. – Za późno… Ten Niemy wyciągnął miecz! Ojciec nie czekał. Doskoczył do pieńka, wyrwał wbitą w niego siekierę i rzucił! Rozpłatał mu pierś. Tamten padając jęknął, a wówczas wyjrzał zza progu tłumacz. Sięgnął noża i rzucił w ojca, też celnie. Matuś na ten widok głośno zakrzyknęła. Tłumacz dobiegł do niej, zatkał jej usta, a potem tak mocno skręcił jej głowę, że aż chrupnęło. Matuś upadła i już się nie podniosła. Skoczył jeszcze w obronie Burek, ale dostał kilka kopniaków, a potem ktoś inny z nich wyciągnął miecz i uciął mu głowę. Skryłem się za ścianą drewutni i zatkałem usta dłonią, żeby nie zawyć jak mój pies. A kiedy oni wszyscy wyszli i zaczęli gadać po niememu, to ja się po cichu wycofałem. Przez

dziurę w płocie wyszedłem na drogę i biegłem, aż mnie tu, panie, zatrzymałeś...
Zabili mi rodziców! – krzyknął z rozpaczą.

– Cicho, cicho – Zadar przygarnął do siebie chłopca. – Bo usłyszą i ich nie wyłapiemy. A może rodzice żyją? Może ich tylko ranili – pocieszał go, sam w to nie wierząc.

– Nie zorientowali się, że uciekasz? – spytał Juro.

Zaprzeczył ruchem głowy.

– Ilu ich? Zdążyłeś policzyć?

– Było sześciu, ale jednego zabił ojciec. No to pięciu się ostało.

Wszyscy z uznaniem popatrzyli na Zadara. Od samego początku dowodził na podstawie śladów kopyt, że jest ich sześciu, chociaż każdemu z nich te ślady zdawały się jednakie.

– Zmieniać obuwie! – Juro zwrócił się do wojów. – A wy – wskazał na dwóch z nich – zostaniecie przy koniach. Ty też, chłopcze.

Wojowie zrozumieli. Zdjęli po cichu buty z ostrogami. Zmienili obuwie na ciche, z miękko wyprawionej skóry. Pochyleni ruszyli bezszelestnie w stronę zabudowań. Dotarli. Zauważyli jednego z osobników, najwyraźniej pełnił straż. Był spokojny i pewny siebie – spacerował wolno wzdłuż chaty, pobrzękując mieczem i ostrogami; nie silił się, by zapobiec tym dźwiękom.

– Zdjąć go – szepnął cicho Juro.

Łucznik trzymał już w pogotowiu swą broń. Sięgnął po strzałę, nałożył ją na cięciwę; chwilę celował. Znów brzęknęły metale, tym razem zwiastując upadek ich właściciela.

Juro wyciągnął miecz. Błysnęła klinga w świetle księżyca. – Naprzód!

* * *

Dwa oddziały stały naprzeciw siebie w szyku bojowym. Nawet osoby nie-obeznane ze sztuką wojenną łatwo zgadywały, kto będzie tu górą. Z jednej strony kmiecie i przedstawiciele ludności opolnej, z drugiej pancerni Mieszka. Pierwsi pieszo, uzbrojeni w topory (w istocie żeleźdźce siekier gospodarskich umocowane na długich styliskach), włócznie (na ogół w całości wykonane z twardego drewna z opalonym ostrzem, rzadko metalowym grotem), drew-niane maczugi nabijane kawałkami krzemieni; kryli się za zasłoną wiklinowych tarcz. Z drugiej strony siedzący na silnych koniach książęcy wojowie. Każdy z nich w szyszaku na głowie, kolczym kaftanie. Na lewym ramieniu tarcza z metalowym umbem, w prawej dłoni włócznia zakończona stalowym grotem w kształcie liścia, u boku miecz obosieczny, do siodła przytroczony topór. Żyjący z ziemi i rzemiosła naprzeciw żyjącym z wojowania.

– Nie tego rodzaju wojen się spodziewałem i nie przeciwko takim uczyłem się walczyć. – Drzymała, dowodzący pancernymi, zwrócił się do Nacława z wyraźnym sarkazmem w głosie.

– Ani ja. Drogo mnie jednak w przeszłości takie myślenie kosztowało. Tyle że wówczas mieliśmy do czynienia z zupełnie bezbronnymi ludźmi, i działo się to pod Bolesławem. Czemu oni to robią Mieszkowi? Czemu?

– Przecież wiesz. Na południu zwiedzeni zapewnieniami Bezpryma, tu podjudzani przez tych, którzy sterowali bratem Mieszka, Ottonem. Manipulacja rządzi światem, a rządy najłatwiej przechwytuje się pustymi obietnicami, które nic nie kosztują. Lud naiwnie w to wierzy.

– Lud jest po prostu ufny. Niestety, od ufności do naiwności mniej niż krok. A potem już tylko rozczarowanie, gniew i to, co właśnie widzimy przed sobą. Może da się jeszcze ich ułagodzić? – Nacław spytał w zamyśleniu, bez przekonania. – Ktoś tą zbieraniną musi przecież dowodzić. Zauważyłeś może?

– Tak. Ten tam, z boku – Drzymała wskazał brodą, z obawy, by wskazując ręką, woje nie uznali tego za znak do ataku. – Chyba jedyny co ma miecz i przyzwoitą tarczę.

Nacław przymrużył oczy; z uwagą przyglądał się postaci. Z chwili na chwilę rosło jego zdziwienie. – Nie może być!… – twarz mu się naraz rozjaśniła. – Toż to Bronisław!

– Znasz go?

– A pewnie. Ramię przy ramieniu walczyliśmy z Niemcami. Bitny był. Zawsze jednak powtarzał, że woli ścinać łany zbóż niż ludzkie łby. Drzymało! Proszę, wstrzymaj się z atakiem!

Nacław, nie czekając na odpowiedź, spiął konia i pogalopował w stronę samotnej brzozy. Zatrzymał się przed nią. Przerzucił tarczę na plecy, upuścił na ziemię włócznię. Zerwał z drzewa uliścioną gałązkę, uniósł ją w górę i – ku zaskoczeniu wszystkich patrzących na niego – skierował wierzchowca w stronę przeciwników. Uniesiona prawica z brzozową gałązką i opuszczona, nieuzbrojona lewa ręka – od wieków stanowiły dla Słowian znak pokoju, przyjazne zamiary, atrybut posła pragnącego rozmawiać o pokoju. Szanowano ten uświęcony wiekami i tradycją zwyczaj. Powstańcy rozstępowali się przed Nacławem z powagą i pewnością, przekonani, że nie jest to podstęp i że w tym czasie nie zostaną zaatakowani. W oczach niektórych zabłysła nadzieja. Podjechał przed ich wodza. Zeskoczył z konia i zdjął szyszak.

– Bronisławie, poznajesz mnie?!

Zapytany nie krył zaskoczenia. – A jakże – odpowiedział po chwili zmieszany. – Oto ten – celowo mówił głośno, by swoi go słyszeli – z którym walczyłem razem przeciw Niemcom! Ten, który odmówił wykonania rozkazu Bolesława zabicia niewinnych, w tym czcigodnego starca, żercę. Oto widzimy we własnej osobie poważanego dotąd u nas Nacława! Dotąd, bo jedynie do dnia dzisiejszego – dodał z goryczą.

W szeregach uczyniło się poruszenie; szeptano między sobą. Wszyscy znali historię Nacława, nie znając go osobiście. Byli przeświadczeni, że trzeba walczyć o swe prawa, prawa swych ojców, ale też widząc zbrojnych Mieszka, sami widzieli się już martwi. Teraz, mimo gorzkich słów Bronisława, poczęła wstępować w ich serca jakaś nieokreślona nadzieja.

– Przyjacielu i towarzyszu broni! Nic się we mnie nie zmieniło. Jeszcze raz uczyniłbym to samo, gdyby i sytuacja była taka sama. A może i więcej, bo dzisiaj jestem jednym z was – rodzimowiercą... – Nacław wstrzymał głos, świadom, że te słowa zrobią na słuchaczach wrażenie.

– Więc na co czekasz? – Bronisław przerwał niecierpliwie ciszę.

– Jeśli na coś czekam, to na wasze opamiętanie. Inaczej będę musiał podnieść na was miecz, a wierzcie mi, że ani ja, ani wojowie, których widzicie, nie pragniemy tego. Ale jeśli się nie opamiętacie, w imię lojalności względem naszego pana, księcia Mieszka, a wkrótce króla Mieszka, uczynimy to! Uczynimy w imieniu tego, którego wy odrzucacie, chociaż pragnie on waszego dobra...

– Naszego dobra?... – zaśmiał się drwiąco któryś z kmieci. – Kapłani chrześcijańscy też pragną tylko „naszego dobra", zabierając nasze ziemie i obciążając nas dziesięciną i innymi powinnościami. Obejdziemy się bez tej dobroci.

– Nacławie – odezwał się Bronisław. – Lud nie chce Mieszka. Nie chce z prostego powodu... Nie z naszej woli ma on bowiem sprawować rządy nad nami, lecz z woli Bolesława, który wiele krzywd nam uczynił. Dlatego nie ufamy Mieszkowi, niegdysiejszemu mnichowi. Chcemy Bezpryma lub Ottona. Obaj obiecali nam powrót do naszych swobód i obyczajów.

– Ach, tak! Wolicie ufać ich obietnicom?! – Nacław nie mógł opanować wzbierającego w nim wzburzenia. – Przedkładacie Bezpryma i Ottona nad Mieszka? A czy chociaż wiecie, gdzie się teraz podziewają obaj wasi dobroczyńcy? – potoczył po nich gniewnym wzrokiem. Nie doczekawszy się odpowiedzi, ciągnął: – Zaszyliście się głęboko w kniejach i tyle wiecie, co wam dziki zwierz zaryczy. Więc wam powiem… Bezprym udał się do Kijowa, do naszego wroga księcia Jarosława, zaś Otton prościutko do Saksonii i liże obecnie dłonie królowi Konradowi. Obaj proszą na wyścigi o wsparcie. Jeden prosi o to Księstwo Kijowskie, które brutalnie rozprawiło się z tamtejszym rodzimowierstwem, wprowadzając chrześcijaństwo obrządku greckiego, drugi Niemców, którzy jeszcze brutalniej rozprawiają się z naszymi słowiańskimi pobratymcami, zmuszając ich siłą do przyjęcia chrześcijaństwa obrządku łacińskiego. Takich oto pragniecie władców w miejsce Mieszka! Tego, któremu zarzucano i zarzuca się, że sprzyja rodzimowierstwu, chociaż nie odżegnuje się od chrześcijaństwa, bo wszyscy Polacy winni czuć się dobrze i bezpiecznie we własnym kraju. Tego – Nacław mówił z coraz większą pasją – który nie współżyje z narzuconą mu przez Bolesława Niemką, lecz gdy tylko może, wyjeżdża do swej prawdziwej żony, zachowującej obyczaje naszych ojców. Wyjeżdża do swych dzieci, zwłaszcza syna Bolka, który wraz z mlekiem matki wyssał religię naszych przodków. Głupcy! Jak łatwo daliście się omotać w te zdradliwe sieci! Pójść na słodki lep obietnic zaprawionych trucizną!

– Panie, nie obrażaj nas… – odezwał się ktoś z szeregu głosem bardziej proszącym, aniżeli nieprzyjaznym.

– A co?! Lepiej się słucha łechcących uszy pustych obietnic zdrajców, niż ostrych napomnień braterskich?!

Zgodnie z oczekiwaniami Nacława nastąpiła ogólna konsternacja. Przestępowano z nogi na nogę; znikła gdzieś zawziętość, ustępując miejsca niezdecydowaniu, zmieszaniu, a nawet jakby zawstydzeniu.

Nacław nie odpuszczał. Wiedział, że należy kuć żelazo, póki gorące. – Książę Mieszko – mówił z naciskiem – zaraz po koronacji ma zamiar zaprowadzić w kraju ład i sprawiedliwość. Ale wrogowie nie próżnują, podkładają mu kłody pod nogi! I oto zamiast przygotowywać się do tych zmian, musi tłumić bunty! W zasadzie są już stłumione, gdyż po perswazjach same wygasły. Jeszcze tylko u was się tli. Z Poznania, gdzie obecnie rezyduje, wyprawiał po całym kraju wysłanników z prośbą, by zaniechano rozlewu bratniej krwi.

W zamian za posłuszeństwo obiecuje przywrócenie waszych wolności i odjęcie nadmiernych ciężarów, które narzucił wam jego ojciec. Uspokójcie i wy wasze umysły. Uczyńmy rozejm, obradujmy! – Zamilkł. Czekał na reakcję, starając się nie pokazać po sobie napięcia, jakie teraz przeżywał.

Bronisław, po krótkiej konsultacji ze starszyzną, wyraził zgodę. Wyciągnął do Nacława prawicę. – Zróbmy koło – zaproponował.

Nacław przerzucił gałązkę do lewej ręki i podał mu prawicę, a potem przekazał gałązkę. – Wiesz co masz zrobić, prawda? – Wskoczył na konia, zawrócił go i... wolno, wzdłuż tworzącego się przed nim szpaleru, odjechał do swoich.

Wkrótce, znów uświęconym zwyczajem, obie strony wytypowały po siedmiu mężczyzn. Uzbrojeni jedynie we włócznie odmierzyli w swoim kierunku po tyle samo kroków. Następnie każda grupa rozłożyła włócznie na ziemi, promieniście, grotami do siebie. Utworzyli w ten sposób dwa promieniste kręgi – symbole wschodzącego i zachodzącego słońca. Przestrzeń między nimi stała się od tej chwili święta, nietykalna, stała się miejscem, gdzie przywódcy stron mogli bezpiecznie rozmawiać o warunkach rozejmu czy pokoju.

Drzymała, Nacław i dwaj inni drużynnicy zeszli z koni. Rozbroili się i ruszyli ku idącym w ich kierunku. Bronisław i trzej jego towarzysze również pozbyli się broni. Spotkali się na środku wydzielonego kręgami miejsca. Ukłonili się z szacunkiem, po czym usiedli na trawie, tworząc koło. Na ten widok zbrojni obu stron zrezygnowali z postawy bojowej – rozsypały się szyki. Również pousiadano na trawie, czekając na wyniki rozmów.

Rozmowy toczyły się długo, ale w miarę upływu czasu w coraz spokojniejszym i rzeczowym tonie. Wreszcie dobiegały końca.

– Zresztą, pojedziesz z nami do księcia i sam się przekonasz o jego szczerych intencjach... – kwitował Drzymała, zwracając się do Bronisława.

– No, jeszcze czego! – zaoponował jeden z towarzyszy Bronisława. – Poszliśmy na wiele ustępstw, ale w tym, przykro mi to mówić, może kryć się podstęp. Wiemy, że Mieszko przetrzymuje w lochach naszych, w tym kilku przywódców. Jaką mamy gwarancję, że ten sam los nie spotka Bronisława?

– W lochach przebywają ci, którzy dopuścili się przelewu krwi i grabieży, zwłaszcza w majątkach kościelnych – odpowiedział Drzymała. – Gdyby ich teraz książę wypuścił, dałby kolejny argument swoim przeciwnikom utrzymującym, że jest wrogiem chrześcijaństwa. Plan jest inny – ściszył głos i uśmiechnął się porozumiewawczo. – Amnestia z okazji koronacji!

– Rozwieję wasze obawy – przerwał im Nacław. – Stawiam się wam w roli zakładnika. Jeśli Bronisław nie wróci za tydzień zdrów i cały, możecie zrobić ze mną co się wam żywnie podoba, choćby posiekać na kawałki.

– Co ty na to, Bronisławie? Zgodzisz się?

– Nie spotka mnie nic gorszego od tego, co niechybnie dziś mogło nastąpić, gdybyśmy zwarli się w boju. Jadę! Ale i ufam! – dodał.

– Z tą ufnością aż tak bym się nie śpieszył – odezwał się Dobek, zamożny kmieć wspierający powstańców zarówno pieniędzmi, jak i radą. Od pewnego czasu pilnie coś wypatrywał. – Wracają wasi z tym, co to zachęcał nas do oporu. Ale niezbyt przystojnie się z nim obchodzą.

Spojrzeli, idąc za jego wzrokiem. Z pobliskiego lasu wynurzyła się grupka jeźdźców. Wśród nich jeden miał związane ręce, a nadto sznur na szyi, którego koniec trzymał jadący przy nim woj.

– No, proszę! – Nacław zaśmiał się po chwili triumfująco i klasnął w dłonie. – W samą porę. Toż to istne zrządzenie Bogów! Zaczekajcie, zaraz wracam. – Podniósł się z trawy i pobiegł w stronę przybyłych. Chwilę rozmawiali, po czym dwóch jeźdźców zsiadło z koni. Ściągnęli też na ziemię jeńca. Dali znak jeszcze komuś, by zszedł z konia. Był to chłopiec; włożyli mu w rękę postronek przywiązany do szyi jeńca. Rozbroili się, po czym ruszyli w kierunku koła.

– To Juro i Zadar – tłumaczył tymczasem Drzymała. – Oddani bez reszty naszemu Mieszkowi. Rodzimowiercy – dodał z naciskiem. – Tego schwytanego też znam i pewnie się zdziwicie, gdy się przedstawi, kim naprawdę jest. Natomiast chłopca widzę po raz pierwszy na oczy…

– Za to ja go znam – orzekł zdumiony Bronisław. – To Witek, syn mojego przyjaciela, tutejszego drwala. Ale czemu z nimi?… Dziwne…

Popowstawali z miejsc. Skłonili się nawzajem.

– No, chłopcze, mów – Nacław zwrócił się do Witka.

Chłopiec przekazał sznur Jurze. Zawilgotniały mu oczy. – Bronisławie! Ten oto – wskazał na jeńca – wraz z pięcioma Niemymi przybyli do naszego domu, a potem zabił mi ojca i matkę, bo rodzice pragnęli cię ostrzec, że może chcą was wyśledzić…

– Nie może być! Nie może być! – oblicze Bronisława w jednej chwili nabrzmiało strasznym gniewem. – Dajcie tego szczuja w nasze ręce! Już my wiemy co z takim zrobić!

– Nic z tego – odezwał się Juro. – Ścigaliśmy go na rozkaz Mieszka. I dostanie tego łotra w prezencie z okazji koronacji. Ale to nie wszystko. Popatrzcie. – Podszedł do jeńca i jednym szarpnięciem rozerwał mu zapięcia wierzchniego nakrycia; rozchylił obie poły.

Bronisław i jego towarzysze wydali okrzyk zdumienia. Ale i wśród dalej stojących powstańców, którzy nie spuszczali oczu z ciekawego zajścia i poznali postać, rozszedł się głośny szmer wyrażający podobne zdumienie. Oto oczom wszystkich ukazał się strój mnicha, zaś na szyi jego właściciela wisiał na łańcuszku pokaźnych rozmiarów srebrny krzyż!

– To Ekbert – tłumaczył Juro. – Niemiecki mnich w służbie króla Bolesława. Zdrajca od pierwszych dni swego pobytu w naszym kraju. A teraz jeden z tych, co zbuntował Ottona przeciw bratu. Odkrył, że został zdemaskowany i próbował uciec do swoich w asyście mu podobnych. Ale zdążyliśmy go schwytać. Pozostałych powiesiliśmy, jednego zdążył ubić ojciec Witka…

– I ten pies tak nas potrafił omamić?! – wykrzyknął Dobek. – On, mnich, głosił nam o naszych prawach, o tym, że powinniśmy pozbyć się księcia Mieszka i obrać w jego miejsce udającego nad nami współczucie Ottona?! Czy ci wyznawcy jednego Boga pozbawieni są wszelkich zasad? Panie – zwrócił się do Drzymały. – Pewnie, że żywy powinien stanąć przed księciem. I stanie! Ale pozwól, że go wezmę za ten postronek i oprowadzę jak psa między naszymi. To ich ostatecznie przekona jak bardzo byliśmy w błędzie!

ROZDZIAŁ XXVIII
KRÓL MIESZKO II (1025 r.)

Naprzeciwko księcia siedzieli arcybiskup Hipolit wraz z dwoma towarzyszącymi mu biskupami. Mieszko nie krył znudzenia graniczącego ze zniecierpliwieniem, podczas gdy jego rozmówcy silili się, by ich oblicza wyrażały chrześcijańską pokorę i szacunek należny władcy. Duchownych drażniła postawa księcia. Wchodził w dyskusję nad każdą kwestią, z którą przyszli, a co gorsza, odrzucił większość ich rad i postulatów.

– Czcigodni – Mieszko przerwał przykrą ciszę, jaka zapadła po jego oświadczeniu, że żadną miarą się nie zgadza, by w orszaku koronacyjnym Rycheza kroczyła obok niego. – Gdyby to się działo w czasach moich pradziadów, to kto wie?... Ale obecnie, kiedy – jak sami powiadacie – wiele w naszym kraju jest jeszcze do zrobienia na niwie Pańskiej, uczmy lud zasad, które Pismo Święte wyraża słowami apostoła Pawła, że „głową niewiasty jest mąż". Ten sam apostoł powiada też: „Niewiasty wasze niech milczą w zgromadzeniu, albowiem nie pozwolono im, aby mówiły, ale aby poddane były". Zrównanie mojego kroku z idącą przy mnie ramię w ramię Rycheza mogłoby zostać źle odebrane. Nasuwałoby myśl, że ona chce współrządzić Polską, a na to nikt się tutaj nie zgodzi – nie lubią jej zarówno chrześcijanie, jak i niechrześcijanie...

– Ano właśnie, książę – przerwał arcybiskup. – Skoro powiadasz o niechrześcijanach... to czy nie powinieneś, nim cię koronujemy, oczyścić lochy i więzienia z tych, którzy podnieśli bunt przeciwko tobie, państwu i Kościołowi?

– Jak to sobie czcigodny Hipolicie wyobrażasz?

– No, cóż... – arcybiskup zmieszał się pod badawczym wzrokiem księcia. – Trzeba się pozbyć kąkolu, nim się rozpleni i zadusi łany wschodzącego zboża... Jako władca świecki masz prawo miecza i wymierzania sprawiedliwości...

– Gdy byłem w zakonie, mógłbym przysiąc, że czytałem słowa Jezusa, gdzie powiada on, iż należy pozwolić kąkolowi rosnąć do żniw. A ty mi tu, czcigodny, prawisz o wschodzącym dopiero zbożu. Pamiętam też inne słowa Jezusa z Kazania na Górze, że należy miłować nieprzyjaciół i okazywać im miłosierdzie. Rozumiem, że chodzi o nieprzyjaciół w wierze? Nie pogwałci to mego sumienia?

Arcybiskup poczerwieniał, ale zmilczał.

– Trudna to rola być równocześnie władcą i chrześcijaninem – ciągnął Mieszko nie doczekawszy się odpowiedzi. – Ale zgoda. Okażę sprawiedliwość, a zasługujący na śmierć – śmierć poniosą! Więc sugerujecie mi, czcigodni, że powinienem uczynić to przed koronacją a nie po niej?

– Tak będzie lepiej – odpowiedział Hipolit skwapliwie. Dwaj biskupi poparli go skinieniem głów. – W ten sposób obejmiesz władzę w kraju oczyszczonym ze złoczyńców. To będzie miłe Bogu; dobry prognostyk dla twych królewskich rządów, synu.

Chwilę jeszcze rozmawiali o sprawach już błahych, wreszcie duchowni – widząc, że rozmowa się nie klei – opuścili komnatę. Mieszko wstał. Nalał miodu do pucharu i wypił go kilkoma haustami; odstawił opróżnione naczynie. Podszedł do okna. Dumał wpatrzony w nurt Warty. Naraz odwrócił się i ruszył energicznie w kierunku ozdobnej skrzyni. Otworzył ją, wyjął z niej jakieś dwa dokumenty i rzucił na stół. Uchylił drzwi i rozkazał strażnikowi, by natychmiast przywołano Gądziela.

– Wzywałeś mnie, książę? – w głosie Gądziela nie było już śladu jego dawnej buty. Nosił za to w sobie głęboką urazę do księcia. Ten doradca ojca nie mógł się pogodzić z faktem, że został przez Mieszka odsunięty od rady. Wiedziano, że intrygował przeciwko swemu nowemu panu; był jednym z tych, którzy buntowali Ottona przeciw bratu i optowali za jego kandydaturą na króla.

– I owszem, wzywałem – Mieszko odpowiedział sucho. Jego gniewne spojrzenie sprawiło, że Gądziel się skurczył. – Podejdź do stołu i odpowiedz mi, co to ma znaczyć?! – spytał poirytowany. Wskazał na spisane na pergaminie dokumenty.

Gądziel zerknął na nie; zbladł. – Panie... – zaczął niepewnym głosem. – Owszem, są tu podpisy świadków, w tym mój, ale do podpisania tych aktów zmusił nas... twój świętej pamięci ojciec... Król, któremu nie wypada odmawiać.

– Ach, tak. Królowi nie odmawia się nawet fałszywie świadczyć? Całkiem ciekawa dla mnie lekcja. Więc to też mieści się w twoim kodeksie postępowania? Dziwne, ale kiedy za życia ojca prawiłeś nam te swoje wzniosłe morały, nie wspomniałeś o tym. Czemu? A zatem moje obie córki zrodziła mi Ryksa? Nie przypadkiem moja prawowita żona, Dobra? – Zacisnął pięści: – Ty psie! Ty łgarzu! I niby kto ma w to uwierzyć? Bo chyba nie nasze pokolenie? – Mieszko kipiał gniewem. Doskoczył do Gądziela, rozprostował dłonie i chwycił go za gardło. Opamiętał się dopiero wówczas, gdy tamten zaczął rzęzić i sinieć; puścił go. – Czemu i komu miała służyć ta wierutna bzdura ubliżająca moim najbliższym?! Słucham!

Gądziel potrzebował czasu, by dojść do siebie. Sapał ciężko; odchrząkiwał. Zaczął z trudem: – Krótko przed śmiercią mój pan i król kazał nam sporządzić w kancelarii te dokumenty. Utrzymywał, że to dla twojego dobra, książę, ale i dla dobra twoich córek. Córki przypisane księżnej, a wkrótce królowej Rychezie, będą mogły dobrze wyjść za mąż, a tobie w ich mężach zdobyć stosownych do twej rangi sprzymierzeńców. Nie uczynił tego jednak w stosunku do twojego syna zrodzonego z Dobrej. Powód jest prosty: Bolko urodził się przed poślubieniem przez ciebie Rychezy, natomiast twe córki urodziły się, gdy byłeś już z nią w związku małżeńskim. Ten jakby rodzaj adopcji zapobiegnie też niepotrzebnym plotkom…

– Milcz!

– Jak sobie życzysz, panie. Przedtem jednak muszę coś dopowiedzieć… Król Bolesław, licząc się z taką lub inną twoją reakcją, panie, kazał przekazać ci za naszym pośrednictwem słowa, które – jak utrzymywał – dobrze zrozumiesz: „Kolejna tajemnica rodu Piastów, teraz twoja"…

Mieszko chwycił oba dokumenty, podarł je i wrzucił do paleniska. – Właściwie powinienem kazać ci je zjeść – spojrzał na Gądziela z pogardą. – Zrobiono odpisy?

– Tak, panie.

– Gdzie one są!

– Nie wiem, panie. Król kazał je sobie podać i nie mam pojęcia co z nimi zrobił.

– Gądziel! Zasłużyłeś, by położyć twój niecny łeb na katowski pieniek. I nie mam bynajmniej na myśli tylko tego, tam – wskazał na czerniejące i znikające w językach ognia strzępy papieru. – Wiem, że byłeś jednym z pomysłodawców, by zamiast mnie krajem rządził Otto. To znaczy… by krajem i moim poszkodowanym na umyśle bratem, bezwolnym narzędziem, rządziła wasza klika. Niedoczekanie! Posłuchaj! Nie ukarzę cię przez wzgląd na twą wieloletnią służbę u mojego ojca. Ale natychmiast spakujesz się, opuścisz mój dwór i udasz się do swych posiadłości! Mniej więcej takimi słowami zwróciłeś się przed laty do Dobrej, prawda? Zwalniam cię z wszelkich dworskich obowiązków. Żeby to jednak nie ujmowało nazbyt twojemu honorowi, którego i tak ci niedostaje, poinformuję wszystkich, że odsyłam cię na zasłużony odpoczynek. To wszystko. Aaa... bym zapomniał, jeszcze jedno pytanie – Mieszko zatrzymał chwytającego za klamkę Gądziela. – Czy ta stugębna fama, o której z uszczypliwą wdzięcznością mówił mi arcybiskup, że jestem jakoby fundatorem wielu kościołów, to nie przypadkiem twój pomysł?

– Nie, panie. Podczas twej nieobecności finansowali te przedsięwzięcia twój ojciec wespół z twoją małżonką Rychezą. Podkreślali, że dzieje się tak za twą wolą i przyzwoleniem. Nie było powodu nie wierzyć...

* * *

Najstarsi mieszkańcy poznańskiego grodu nie pamiętali takich tłumów gości: kniaziów, wielmożów, panów z całej Polski, wyższego duchowieństwa. Wszyscy oni przybywali na czele mniejszych lub większych orszaków. Zjechali się, aby uczestniczyć w wyborze nowego króla. Bolesław Chrobry aż takiej zgody nie potrzebował. Jego siła zapewniała mu milczącą zgodę. Mieszko i jego otoczenie tej siły nie posiadali. Woleli, by koronacja odbyła się w majestacie prawa, bez ewentualnych zarzutów o uzurpację. Po ucieczce Bezpryma i Ottona oraz spacyfikowaniu kraju, nie było oficjalnych oponentów Mieszka. Na walnym zjeździe orzeczono więc zgodnie, że skoro wolą zmarłego króla było, by koronę po nim przejął Mieszko, więc należy uszanować tę wolę. Jedynie Mieszko spośród synów Chrobrego dał się poznać jako dobry dowódca i strateg w czasach wojny, ale i równie sprawny administrator kraju. Przyzwalając zaś, by wraz z nim koronowana została Rycheza, spowinowacał się z książętami niemieckimi i cesarstwem. Nikt zatem nie jest bardziej godny i bliższy prawa do tronu Królestwa Polskiego!

Mieszko zmęczony był natłokiem ludzi i spraw. Niemal z każdym z tych przybyłych wypadało porozmawiać, okazać życzliwość, dobrze do siebie nastrajać. Teraz jednak, kiedy walny zjazd podjął już w jego sprawie zadowalającą go decyzję, postanowił nieco odetchnąć i wieczór spędzić w gronie najbliższych przyjaciół. Tym bardziej że na jego rozkaz wrócili z Mazowsza Czębor z Borkiem w towarzystwie Witonia. Kazał stół zarzucić smakowitościami i wyciągnąć z piwnicy wystałe miody.

– Więc już wkrótce koronacja, panie? – spytał Witoń. – Przeszkody też usunięte?

Mieszko przytaknął.

– A Bezprym – jak słyszałem – póki co, niegroźny? – spytał na odmianę Czębor. – Zrzucił habit jak ty niegdyś. A właściwie my – sprostował, uśmiechając się pod wąsem.

– Faktem jest, że ten habit równie mu pasował, jak i mnie. Narobił przy tym hałasu i zamieszania. Kraków przez jego zwolenników niemal do cna spalony. Na szczęście umknął na Ruś. Liczył na pomoc nienawidzącego nas księcia Jarosława, ale się przeliczył. Tam niemal wojna domowa – Jarosław ścina się ze swym bratem Mścisławem i nie w głowie mu angażować czas i siły w nasze spory. Otto też ucichł, a właściwie ci, którzy próbowali nim manipulować. Z Pomorza Zachodniego dał jeszcze o sobie znać kniaź Dytryk, mój stryjeczny brat. Wiedział, że nie ma szans w ubieganiu się o tron, ale chciał coś przy tej zabawie ugrać. No i ugrał. Kazałem posłom zawieźć mu bogate dary, z których wyraźnie się ucieszył, a my być może zyskaliśmy kolejnego sojusznika nad Bałtykiem. Po koronacji usta przeciwników powinny zamilknąć. Dla chrześcijan i państw chrześcijańskich stanę się pomazańcem Bożym, niekwestionowanym władcą sprawującym władzę również nad swymi braćmi i krewnymi. Oczywiście król Konrad i jego otoczenie się burzą. Mam jednak wśród niemieckich wielmożów też wielu zwolenników, to znaczy tych, co opowiadali się przeciw kandydaturze Konrada. Ale lepiej mówcie co tam słychać u mojej rodzinki – zwrócił się do przyjaciół, którzy powrócili z Mazowsza. – Znów im pewnie przykro, tym razem, że koronują wraz ze mną Ryksę. Więc Mojsław nie zdecydował się na przyjazd?

– No, właśnie – do rozmowy włączył się Drzymała. – Na dworze szepcze się pokątnie, że to dowodzi niesubordynacji i graniczy z buntem, jaki tu tłumiliśmy. Inni bowiem panowie mazowieccy, włącznie z komesem płockim, nie mieli oporów, by przybyć na zjazd.

– Doskonale znają powody nieobecności Mojsława. Wiedzą też, że łączą nas więzy rodzinne, a to sprawia, że on należy do moich najzagorzalszych zwolenników. I wiedzą jeszcze to, że dałem mu wolną rękę co do przyjazdu, ze wskazaniem jednak, by raczej pilnował wschodniej granicy. Licho nie śpi, a wraz z nim nie śpi Bezprym. Wiemy, kim są ci ludzie. Przyjdzie czas i na dalsze porządki. Najłatwiej radzić i ostrzyć sobie zęby na wielodniową ucztę, którą wypada mi wydać, i na przywileje, którymi tego i owego wypada mi obdarzyć. Dużo trudniej zachęcić ich do obrony granic. Ciekawe, jak szybko by pospieszyli na wschodnie kresy, gdyby Jarosław z Bezprymem doszli do wniosku, że warto na Polskę uderzyć, skoro ich możnowładcy bawią się na mój koszt w Poznaniu, a za chwilę w Gnieźnie? Mam nadzieję, że to już ostatni afront, jaki uczyniłem Dobrej. A wiecie dlaczego? – spojrzał na przyjaciół przyglądających mu się naraz z zaciekawieniem. Ważył coś w myślach; uśmiechnął się. – Wszyscy przecież wiedzą, że tak naprawdę od lat żyjemy z Ryksą w separacji, prawda? Zaraz po koronacji czeka więc Kłótliwą i jej dwór niespodzianka – wszczynam proces rozwodowy! Stawiają mi za wzór ojca, więc przynajmniej na tym polu wezmę z niego przykład.

Towarzystwo oniemiało na tę nowinę. Trudno było zresztą coś odpowiedzieć, właściwie nawet nie wypadało. Ale wesołe błyski we wszystkich oczach, krzesane dodatkowo sporą ilością wypitego trunku, mówiły więcej niż słowa...

Nacław napełnił usłużnie każdemu kielich, po czym wstał, unosząc uroczyście szkło w dłoni: – Wypijmy toast za naszego władcę, a dla nas już teraz króla Mieszka Drugiego! – zawołał gromko.

Powstali, chwyciwszy za kielichy: – Za króla Mieszka Drugiego!

Pozostała część wieczoru upłynęła tak, jak Mieszko tego pragnął – w wesołym nastroju podsycanym dowcipami i anegdotami. Nieco po północy, gdy mieli się już rozchodzić, poprosił o uwagę. Zamilkli, widząc po jego minie, że to nie próba podzielenia się z nimi ostatnią dykteryjką, lecz coś poważnego.

– Drodzy. Jakiś czas temu miałem poważną rozmowę z arcybiskupem i dwoma bliskimi mu biskupami. Doradzali, bym zajął się przetrzymywanymi więźniami jeszcze przed koronacją. Zwyczajowo książęta i królowie dopiero po oficjalnym objęciu władzy ogłaszają amnestię, by tym sposobem okazać łaskawość poddanym. Tu natomiast radzili mi uczynić gest raczej niełaskawy i jeszcze przed objęciem tronu. Zdobędę się na rozwiązanie godne Salomona – mądrego ponoć żydowskiego króla. W związku z tym mam do niektórych z was prośbę. Szczególną zaś do ciebie, Borko...

* * *

Więźniowie przypadli do krat. Czekali niepewnie, ale na ogół z nadzieją na amnestię związaną z objęciem władzy królewskiej przez Mieszka. Liczyli niecierpliwie dni pozostałe do koronacji. A tu?! Najpierw loch został rzęsiście oświetlony. Po co? A teraz? Jakiś bogato ubrany woj stanął z poważną miną. W prawej ręce trzymał opieczętowany dokument. Nieco za nim inny, niesłychanie wysoki i barczysty, istny tur. Wokół uzbrojony oddział przybocznych.

– Co się dzieje? Co to ma znaczyć? Przed koronacją? Więc to chyba nie amnestia, lecz egzekucja?! A ten olbrzym? Niechybnie kat! A ten uzbrojony oddział? – pytano się szeptem. Narastała trwoga.

Czębor czekał cierpliwie aż zapanowała zupełna cisza, tak wielka i ponura w sobie, że dało się słyszeć skwierczącą w łuczywach żywicę. Złamał pieczęć. Rozwinął wolno dokument. – Oto wola naszego władcy – obwieścił uroczystym głosem i począł czytać:

Ja, książę Mieszko, syn króla Bolesława Chrobrego, wyrażam swą wolę:

Ponieważ wkrótce zostanę namaszczony na króla Polski, pragnę, by mój lud wraz ze mną cieszył się tą nadchodzącą chwilą. Nie chcę, by więźniowie z napięciem i niepewnością czekali, czy jako król zdecyduję się okazać im miłosierdzie, czy też nie. Ogłaszam zatem już teraz powszechny akt łaski, polegający na całkowitym darowaniu prawomocnie orzeczonych kar i nie wszczynaniu procesów i wymierzeniu kar tym, którzy na takie procesy oczekują. Pokładam nadzieję, iż ten akt mojej dobrej woli sprawi, że wszyscy nim objęci poświęcą resztę życia na poprawę i oczyszczanie z hańby swego imienia. Amnestia obowiązuje od chwili, gdy słowa moje zostaną odczytane.

Sklepienia lochu, słyszące do tej pory co najwyżej jęki, rozbrzmiały naraz okrzykami radości. Czębor zwinął dokument i znów czekał. Zwrócił głowę w stronę oddzielnej, niewielkiej i równie okratowanej wnęki. Siedział w niej samotnie, w mniszej sukni, Ekbert. Jego twarz również wyrażała ulgę i zadowolenie. Kiedy spotkały się ich spojrzenia, na jego ustach wykwitł nieznaczny, złośliwy uśmieszek.

Więźniowie, po wybuchu radosnej euforii, na powrót ucichli. Zerkali teraz na Czębora, a właściwie na znak z jego strony, by otwierać kraty i ich porozkuwać.

Czębor uniósł dłoń i nakazał milczenie. – Jest jeszcze ustny aneks do tego aktu. W wypadku tej miejscowości, do której przybyliśmy, i tego lochu, w którym się znaleźliśmy, nasz władca Mieszko orzeka, iż łaska ta nie obejmuje przetrzymywanego tu zdrajcę stanu, mordercę i przeniewiercę ubliżającego swymi czynami chrześcijańskim zasadom i Kościołowi. To ciebie dotyczy! – wskazał palcem Ekberta. – Wyrokiem księcia Mieszka i jego rady skazany zostajesz na śmierć przez powieszenie! Wyrok ma być wykonany również z chwilą przekazania przeze mnie tych słów. Wyprowadzić więźnia z celi – Czębor zwrócił się rozkazująco do strażników.

Wyprowadzono z celi mnicha, który widział się już wolnym; teraz wpadł w przerażenie, nie dowierzał słowom kierowanym pod jego adresem. Krew spłynęła mu z twarzy; trząsł się podbródek, podobnie dłonie, które po otwarciu krat związano mu rzemieniem. – Nie możecie! Nie możecie! – krzyczał rozpaczliwie. – Jestem duchownym, synem Kościoła i tylko Kościół może mnie sądzić!

– Swoimi czynami wykluczyłeś się ze społeczności Kościoła i dlatego obowiązuje cię sąd świecki, a ten już zawyrokował w twej sprawie.

Ta nagła decyzja zrobiła też ogromne wrażenie na pozostałych więźniach. Wielu z nich aresztowano za bunt w obronie rodzimowierstwa. Zdziwiło ich umieszczenie w celi milczącego mnicha. Obawiali się, że sprowadzono go tu specjalnie, żeby ich podsłuchiwał, a osobno, by go nie rozszarpali. Teraz dopiero docierało do ich świadomości, że Mieszko istotnie może jest tym, który ich uszanuje?

Tymczasem Czębor, gdy tylko postawiono przed nim Ekberta, ponownie zwrócił się do niego: – Niegdyś książę Mieszko kazał ci przekazać, że znane jest nam twoje donosicielstwo. Powiedział wówczas: „Jeśli kiedyś obejmę władzę a jego zastanę w Polsce, obiecuję mu – zawiśnie, chociaż mnich. Ale żeby było po Bożemu, zawiśnie na mnisim sznurze, którym się opasuje ten hipokryta!". Skinął na Borka.

Borko nie krył satysfakcji. Podszedł do więźnia, rozwiązał mu mnisi sznur, którym był opasany. Zrobił z niego pętlę – szarpnął, próbując jego siłę; uśmiechnął się zadowolony.

Tymczasem jeden ze strażników obniżył zwisający ze sklepienia łańcuch z hakiem. Borko zawiesił na haku sznur, kazał podciągnąć łańcuch nieco w górę. Wskazał strażnikowi na niewielki stołek. Strażnik posłusznie przeciągnął go we wskazane miejsce.

– No, pora na ciebie – Borko zwrócił się do Ekberta, chwytając go swą potężną dłonią za kark. – Zaraz znajdziesz się w miejscu, którym straszyłeś wszystkich wokół. Jak wy to nazywacie?... Piekło, hę?

Opierającego się nogami, przeraźliwie krzyczącego i rzucającego wokół obłędnym wzrokiem mnicha postawiono wreszcie na stołku. Borko nałożył mu pętlę; zacisnął. Kopnął stołek, chwycił za koniec łańcucha i ciągnął go wolno ku sobie. Patrzył z flegmą jak charczący a potem już milczący mnich unosił się wolno ku górze.

* * *

Poznań opustoszał. Teraz Gniezno i jego okolice pękały w szwach od ludzi przybywających tu na uroczystość. Najznamienitsi mężowie ze swoimi żonami i dziećmi goszczeni byli w kamiennym palatium, mniej znaczni na terenie grodu, zaś rzesze pozostałych ludzi obozowały tuż za wałami najpierwszej stolicy Polski.

Nadszedł oczekiwany dzień. Tłumy gawiedzi utworzyły od palatium po katedrę szpaler, środkiem którego szła procesja. Na jej czele kroczył Mieszko w bogatych, jedwabnych, purpurowych szatach. Niesiono przy nim kopię włóczni świętego Maurycego, darowaną Bolesławowi Chrobremu przez cesarza Ottona III. Towarzyszył mu arcybiskup Hipolit przybrany w ornat, paliusz i infułę, podpierający się pastorałem.

Tuż za księciem, również w towarzystwie duchownego, szła księżna Rycheza. Twarz oblekła w starannie upozorowaną obojętność, tak, żeby nikt nie odkrył, jak silne targały nią sprzeczności. Dumna i ambitna osiągnie za chwilę to, co jest szczytem marzeń wielu wysoko urodzonych niewiast, na ogół nieosiągalnych marzeń – oto zostanie królową. Z drugiej strony będzie to wbrew woli niemieckiego króla, co może skończyć się nawet wojną z jej rodakami. No i jeszcze ta przykra rozmowa z Mieszkiem. A jeśli to, co jej obiecał, okaże się prawdą?... Co wówczas? Czy jako odtrącona królowa, rozwódka – rzecz niesłychana w chrześcijańskim świecie! – zachowa prawo do tytułu?

Dalej w orszaku szli duchowni, niosąc świece i paląc wonne kadzidła. Za nimi kroczyli dostojnicy świeccy, których poznać można było po wykwintnych i bogatych strojach, przybrani najczęściej w złote ozdoby. Jeszcze dalej szli równym krokiem liczni wojowie stanowiący drużynę księcia.

Nie wszyscy drużynnicy księcia uczestniczyli w procesji. Ktoś musiał pilnować porządku, mieć baczenie, by jakiś wróg czy szaleniec nie próbował zanadto zbliżyć się do Mieszka w złych zamiarach. Skorzystali z tego wojowie rodzimej wiary, niezbyt skorzy przekroczyć progi chrześcijańskiej świątyni – książę przystał na ich prośbę. Dotyczyło to również Czębora i jego zaciężnych Wieletów. Szedł teraz na ich czele wraz z nierozłącznym Borkiem, równolegle do orszaku, nie spuszczając ani na chwilę oczu z Mieszka, by w razie najmniejszego zagrożenia osłonić go choćby własnym ciałem. Orszak przystanął przed schodami katedry.

– A wiesz, panie – zwrócił się do Czębora jeden z wojów, pochodzący z okolic Gniezna – że niegdyś na tym Wzgórzu Lecha, w miejscu tej katedry, wznosił się święty gaj, a sam szczyt wzgórza wieńczył kamienny krąg poświęcony Swarożycowi?

– Nie, pierwsze słyszę.

– Tak, to prawda. I tutaj, za dawnych pokoleń, wiec wybierał swych książąt plemiennych. Dopiero dziad naszego Mieszka kazał postawić tu za radą chrześcijańskich kapłanów ich świątynię.

– Mało mają przestrzeni? – żachnął się Borko. – Muszą bezcześcić nasze miejsca święte?!

– Otóż to! Bez najmniejszych skrupułów obrażają nasze uczucia religijne, obrażają pamięć naszych przodków. Kilka lat temu udało się spalić tę świątynię podczas zamieszek, ale Bolesław Chrobry nakazał ją odbudować. Widzisz zresztą, że mury są świeże.

Orszak przekroczył progi katedry. Arcybiskup wraz z kilkoma biskupami poprowadzili Mieszka przed główny ołtarz. Doszedłszy do tego miejsca Hipolit zwrócił się do stojących naokoło ze słowami:

– Oto przyprowadzam wam wybranego przez Boga króla. Jeżeli miły jest wam ten wybór, dajcie znak przez podniesienie rąk.

– Radzi! Radzi! Radzi! – zgromadzeni w świątyni, unosząc wysoko dłonie, odpowiedzieli gromko starodawnym odzewem aprobującym wybór.

Arcybiskup po tej aklamacji udał się z Mieszkiem do ołtarza, na którym spoczywały insygnia władzy królewskiej: miecz z pasem, chlamida z naramiennikami (ozdobiona purpurowym pasem stanowiła od czasów Aleksandra Wielkiego ceremonialny ubiór koronacyjny władców), berło i korona Bolesława Chrobrego.

Kapłan wziął miecz z pasem, zwracając się do Mieszka słowami: – Przyjmij ten miecz, przekazany tobie na mocy boskiej i królewskiej władzy, którym powinieneś wyrzucić wszystkich wrogów Chrystusa, pogan i złych chrześcijan, a to dla pokoju wszystkich chrześcijan.

Mieszko wzdrygnął się na te słowa. „A iluż by ci zostało, Hipolicie, wiernych – ironizował w duchu – gdybym chciał ci wyrzucić z kraju wszystkich złych chrześcijan?".

Kapłan teraz nałożył mu chlamidę z naramiennikami, mówiąc: – Te naramienniki powinny cię napominać, byś gorzał ogniem wiary i do samego końca trwał na straży pokoju. – Z kolei wręczył mu berło: – Tym znakiem będziesz karał po ojcowsku swych poddanych, nie zapominając o miłosierdziu, zwłaszcza wobec sług Bożych.

„Tak, tak – Mieszko znów nie mógł się powstrzymać w myśli z drwiną – karać poddanych, miłosierdzie okazywać duchownym. Sprawiedliwość co się zowie".

Teraz arcybiskup przejął z rąk wspomagającego go biskupa buteleczkę z olejem świętym. Wylał jej zawartość na głowę Mieszka: – Stałeś się pomazańcem Bożym. Niechaj tego oleju mądrości i miłosierdzia nigdy nie braknie twej głowie.

Na koniec nałożono Mieszkowi drogocenną koronę jego ojca. Po konsekracji nowo obrany król szedł wolno po stopniach prowadzących na tron. Było to siedzisko Karola Wielkiego, wydobyte ongiś z krypty grobowej, w której ów władca był złożony, i podarowane Chrobremu przez cesarza Ottona. Świadomość, skąd wydobyto tron, wzbudzała w Mieszku niechęć do tego wątpliwego daru. „Usiadł na nim ojciec i długo nie porządził. Oby wraz z tym siedziskiem nie przyplątała się Piastom jaka klątwa". Obok, na rzeźbionym krześle, posadzono ukoronowaną Rychezę.

Po skończonej uroczystości król Mieszko wydał wielką ucztę dla wszystkich zaproszonych gości i swego dworu. Nakazał też zorganizować liczne stoły biesiadne dla pozostałych mieszkańców grodu i przybyłego zewsząd pospólstwa. Nie miało na nich zabraknąć ani mięsa, ani chleba, ani piwa. Biesiada trwała nieprzerwanie przez kilka następnych dni.

* * *

Jeszcze wiele gości, rozochoconych wspaniałym przyjęciem, nie kwapiło się zbytnio z opuszczeniem Gniezna, gdy zaskoczyła ich wiadomość: król Mieszko wyjeżdża ze swymi najbliższymi przyjaciółmi i przyboczną drużyną na Mazowsze! „Dlaczego zaraz po koronacji i po co właśnie tam?" – zapytywano się wzajem. „Chyba nie uderza na nas Bezprym z Jarosławem?". Niektórzy jednak domyślali się powodów.

Jeden arcybiskup odważył się zapytać wprost o to Mieszka, gdy ten dosiadał podstawionego mu wierzchowca: – Królu, synu. Po co jedziesz na Mazowsze w czasie, kiedy tu, na miejscu, spiętrzyło się mnóstwo spraw w związku z objęciem przez ciebie władzy królewskiej?

– Świątobliwy ojcze. Jestem tego świadom. Dlatego nie zabawię długo. Jadę po moją żonę i dzieci. Ich miejsce jest odtąd przy mnie.

Arcybiskup ze zdumienia otworzył usta i zastygł w takiej pozie. Mieszko skłonił przed nim głowę, po czym szarpnął uzdę i minął go. Ruszył, a za nim reszta orszaku. Przejechali bramę, po czym skierowali się na trakt wiodący na wschód.

Gród zniknął już im z oczu, gdy dostrzegli galopującego za nimi samotnego jeźdźca. Czębor wstrzymał konia, obrócił się, przysłonił dłonią oczy. – Ależ to Nacław! – wykrzyknął po chwili zdziwiony. Zatrzymali się.

Nacław podjechał przed Mieszka. Zeskoczył z konia i nisko się przed nim pokłonił: – Królu, wybacz. Biłem się z myślami, czy mogę ci zawracać głowę głupstwem, ale w końcu uznałem, że to przecież nie głupstwo...

– Nacławie – Mieszko uśmiechnął się pobłażliwie. – Wiem, wiem. Też ciągnie cię na Mazowsze. Ale już ci przecież tłumaczyłem – musi część moich zaufanych pozostać na miejscu do czasu mojego powrotu...

– Panie, wybacz. Nie o to chciałem prosić.

– Nie o to? Więc o co?

– Widzisz, królu. Na dworze kniazia Mojsława przebywa mężny i wierny nam woj – Gosław...

– Gosław? Ależ znam go i cenię. O co jednak chodzi?

– Jest on do szaleństwa zakochany w niejakiej Żywi, wiedźmince...

– W kim?

– W wiedźmince, młodej wiedźmie, wiedzącej.

– Dzięki. Bardzo pomogło mi to zrozumieć kim ona jest – zażartował. – No i co z tego?

– Otóż złożyła ona śluby Kupale, że zachowa czystość i nie wyjdzie za mąż. Żałuje teraz tego, bo i dla niej Gosław nie jest obojętny, ale stało się. Niedawno mi się jednak przypomniały słowa tamtejszego żercy, że śluby te ma prawo rozwiązać świeżo mianowany władca kraju. Proszę, królu, zdejmij z niej to brzemię. Nie pozwól, żeby nam zmarniał z miłosnej tęsknoty tak mężny woj!

– Prawda to! Jest taki obyczaj – przytaknął przysłuchujący się rozmowie Borko.

– Litości! – Mieszko chwycił się za głowę. – Nad jakimże dziwnym to ludem przyszło mi panować? – Roześmiał się serdecznie. – Nacławie, masz moje słowo. Nie omieszkam skorzystać z przysługującego mi przywileju. Trzeba nam ratować dzielnego woja. No i tę tam… Jak ją się zwie? Wiedźminkę?

Zawtórowano mu do śmiechu. Orszak, w pogodnym nastroju, ruszył w dalszą drogę.

SPIS TREŚCI

Powieść: **Mieszko wnuk Mieszka**
stanowi tom 1 cyklu powieściowego pod wspólnym tytułem:
DZIECI SWAROŻYCA
W przygotowaniu tom 2, zatytułowany:
Król Mieszko

ISBN 978-83-943149-5-8

www.ingramcontent.com/pod-product-compliance
Lightning Source LLC
Chambersburg PA
CBHW031127090426
42738CB00008B/1004